ACTION POPULAIRE

Institutrices de France

ACTION POPULAIRE
5, Rue des Trois-Raisinets
REIMS

Librairie LECOFFRE
J. GABALDA & C°
90, Rue Bonaparte, PARIS

INSTITUTRICES DE FRANCE

Institutrices de France

ACTION POPULAIRE

5, Rue des Trois-Raisinets, 5

REIMS

—

Tous droits réservés

SOMMAIRE

LA PROFESSION

Après Françaises et Jeunes Filles de France, pourquoi pas : Institutrices de France? Nous voulons rendre un hommage mérité à ces faiseuses de Françaises, qui, sans pose et sans bruit, nous façonnent des épouses et des mères de famille, lesquelles enfoncent ensuite dans l'âme du peuple l'empreinte qu'elles-mêmes ont reçue à l'école.

On a parlé du sacerdoce de l'Instituteur et de l'Institutrice. L'expression est née d'un souci très laïc : celui de remplacer le Prêtre par l'Instituteur, et l'enseignement religieux par l'enseignement neutre. Cependant, établir le contact entre les intelligences et la vérité, mener les âmes vers Dieu, faire descendre Dieu jusqu'aux âmes, est une partie des fonctions du Prêtre, et en ce sens, la mission de l'Institutrice a quelque parité avec le sacerdoce.

Elle lui ressemble encore par ses épreuves. Toute œuvre féconde est trempée de larmes. Voilà pourquoi l'Éducatrice a une carrière où les causes de chagrins ne manquent pas : ils lui viendront de la stérilité apparente de ses efforts, des difficultés pécuniaires ou autres. Puissions-nous lui donner dans ces pages des leçons et des exemples réconfortants, en même temps que des directions utiles ! Puissions-nous intéresser à son sort et à sa profession les lecteurs de l'Action Populaire !

I

SITUATION & INFLUENCE

Ce premier chapitre est ce qu'il devait être, une entrée en matière, une vue d'ensemble, si l'on veut, sur le pays que nous allons parcourir.

Un fait domine cette étude et l'éclaire : la situation injuste et douloureuse, inique, faite par des lois sectaires à l'enseignement chrétien. Mais maudire ces lois ne suffit pas; le nécessaire est, dans la mesure du possible, de combattre, d'atténuer leurs effets déplorables. L'auteur examine les armées en présence, il compare les effectifs, il dit ce que les Congrégations dispersées ont laissé pour recueillir leur héritage. On trouvera souvent ici une statistique ou un recensement. Première condition pour préparer une revanche.

Situation et influence sociales

Un nombre et une influence, une force numérique et une force morale, voilà ce que représente ce titre :

« INSTITUTRICES DE FRANCE ! »

Leur nombre

Par la force des choses, les cadres officiels sont les plus larges et les mieux remplis. Nous constaterons bien en cours de route, qu'il se produit des craquements et des fissures inquiétantes, dans ce grand corps de l'enseignement primaire public. Tout de même, avec lui il faut compter : l'Etat a des facilités d'organisation que n'ont point et n'auront jamais les particuliers, du moins de ce côté-ci de l'Océan.

Les statistiques officielles (1906-1907) marquent 121.995 maîtres des deux sexes à l'Enseignement public, et 38.460 à... l'autre, le petit clérical qui vit de privations, en attendant qu'il en meure (1).

Pour ne mentionner que les Institutrices, elles sont 62.820 dans les écoles d'en face, 31.928 dans les nôtres, soit un peu plus de la moitié.

Dans l'Etat, Instituteurs et Institutrices pri-

(1) Statistique en 1910-11, concernant écoles et élèves.

	Ec. garçons	Ec. Filles	Mixtes	Maternelles	Algérie
Ecoles publiques 71.491	23.198	23.148	21.074	2.596	1.475
Elèves inscrits 4.135.886	1.556.426	1.511.586	550.363	370.203	147.308
Ecoles privées 14.708	2.918	10.031	411	1.286	122
Elèves inscrits 960.712	256.237	595.234	15.464	80.802	12.975

maires sont en nombre presque égal : 59.175 pour ces Messieurs, 62.820 pour ces Dames.

Mais dans l'Enseignement privé, le rapprochement est tout à l'avantage du dévouement féminin.

Il fait pencher la balance du côté des femmes, et rien n'annonce que l'équilibre puisse être rétabli avant longtemps. Sur les 37.460 Maîtres et Maîtresses primaires, 5.532 seulement sont Instituteurs ; 31.928 sont nôtres : nous sommes six contre un.

62.820 pour « la laïque », 31.928 pour les nôtres, cela porte à 94.748 le nombre des Institutrices primaires de France.

A ce chiffre, s'ajouterait celui des Précepteurs en famille, s'il était possible de le connaître. Les registres des syndicats n'en signalent qu'une partie, la plus faible.

Les Institutrices publiques occupent 26.854 écoles primaires. Ce chiffre est loin d'atteindre les 35.939 communes de France. Il est vrai qu'il faut soustraire les communes de moins de 500 habitants, qui ne sont pas obligées à avoir une école de filles distincte de celle des garçons. Mais comment expliquer, si ce n'est par la pénurie des Maîtres, les 21.243 écoles mixtes, quand l'enseignement libre n'en présente que 443 ?...

Les Institutrices primaires libres occupent 11.728 écoles, plus serrées surtout dans les régions de l'Ouest et du Nord, plus clairsemées dans le Sud, le Sud-Est et le Centre.

Si l'on compare ces deux proportions : nombre de maîtresses disponibles, et nombre d'écoles à diriger de part et d'autre, on verra que nos Institutrices pourraient être trois dans les neuf-dixièmes de nos écoles, tandis que l'Etat parvient tout juste à en maintenir deux des siennes dans les écoles communales. Bien que la population scolaire des laïques (1) aille en diminuant partout où l'école privée est prospère, elle devient de plus en plus encombrante pour les inspecteurs qui voient diminuer aussi leur personnel, de plus en plus lourde pour les Institutrices, qui auront chacune cinquante enfants en moyenne à instruire et à discipliner. En effet, le total dans l'enseignement officiel est de 2.635.029 (2), soit environ une centaine par école. Or, nous l'avons dit, deux maîtresses par école… Donc…

Les Institutrices privées faisant la classe à un ensemble de 793.636 (3) petites filles, dans des écoles de 67 élèves comme moyenne, agiront chacune sur 20 ou 25 enfants. Et c'est appréciable, aux yeux de quiconque estime que l'influence personnelle de l'Éducatrice est pour beaucoup dans l'œuvre de l'Éducation.

Situation Sociale

Publiques ou privées les Institutrices occupent, malgré leur mission sociale, une bien petite place dans le monde des travailleurs……. pourquoi?……

Parce que le commerce, l'industrie, le fonctionnarisme exercent sur les jeunes filles intelligentes l'attrait d'un poste bien rétribué, d'une situation d'avenir, d'une vieillesse à l'abri du besoin. Aussi

		1901-1902	1906-07
1.	Écoles publiques de filles	1.815.932	2.112.072
	Écoles privées de filles	928.374	664.630

Donc une perte pour l'école libre de 263.744 élèves, en 1907.

2. Avec la population des écoles maternelles et mixtes. En 1911, les écoles maternelles officielles comptaient 516.470 enfants.

3. Même remarque. La statistique de 1911 donne pour les filles (écoles libres) une augmentation de 28.685 en trois ans, y compris écoles mixtes et maternelles.

Augmentation des chiffres des élèves	écoles publiques : 17,20/1000.
	écoles libres : 28/1000.

n'ont-elles que dédain pour la carrière de l'enseignement.

On se précipite par milliers vers les situations alléchantes pour obtenir le poste convoité. Rien ne rebute, rien ne lasse ; « on joue des coudes ». Le poste est à conquérir, on le conquiert. Mais pendant vingt ans, nous avons vu, en France, la toquade des examens, l'engouement des diplômes, la course aux brevets... Comme il était enviable, le bout de parchemin qui devait arracher la jeune fille à son milieu de petite ouvrière et la « sacrer » institutrice !.. Institutrice, « la demoiselle », la petite personnalité saluée par monsieur le Maire, reçue un jour par an chez monsieur le Préfet, et qui danserait au bal de monsieur le Recteur !..

Aujourd'hui, l'on se refroidit. Les jeunes filles des classes riches font du brevet le couronnement de leurs études, quelques-unes, par dévouement, l'utilisent à l'école libre ; pour d'autres, il est un en-cas, si la fortune capricieuse refusait ses largesses ; et il est pour le plus petit nombre la porte ouverte sur la carrière de choix:.

Les Titres de capacité

D'ailleurs le remaniement des programmes (sept fois de 1886 à 1911) n'est point fait pour exciter les jeunes filles à subir les épreuves des examens primaires. Les échecs sont nombreux chaque année. 7.000 candidates refusées au B. E., c'est à peu près la moyenne sur 12.000 présentées. Est-ce la preuve de l'incapacité des aspirantes ou de la difficulté des compositions?.. Non ; mais celle du surchauffage et du coup de collier des derniers mois de préparation, et aussi des dispenses d'âge trop facilement accordées. Passer le B. E. à

quinze ans au lieu de seize, le B. S. à dix-sept
au lieu de dix-huit... quelle gloire !.. hélas !..
j'ajouterais volontiers : quelle absurdité !... et
pour les professionnelles : manque de bon sens,
puisqu'une jeune fille n'a pas le droit d'enseigner
comme adjointe avant dix-sept ans.

Suivons les 7.000 échouées. La moitié, à peine,
aborde à nouveau l'examen : ce sont les institutrices
de demain et les jeunes filles que froisse un échec.

Les autres, dépitées par l'insuccès, se tournent
vers une autre carrière. Mais sur les cinq mille
diplômées combien se destinent à l'enseignement !..
Pour faire son chemin dans l'enseignement public,
il est nécessaire de passer par l'Ecole normale (1).
Donc, examen d'entrée à subir, et échecs nouveaux à déplorer, 50 % au moins. Si, en marge des
admissions dans chaque école, des auditrices libres
sont acceptées, l'Etat ne contracte envers elles
aucun engagement, et, à la sortie de l'école, elles
n'auront des places que s'il en reste.

D'ailleurs, quelles chances favorables, si elles
n'ont pu se pourvoir, comme les Normaliennes, du
B. S. et du C. A. P.?

Les cinquante refusées (quand elles n'attendent
pas l'année suivante pour tenter à nouveau le sort)
acceptent un préceptorat ou bien un poste à
l'Ecole libre.

Très peu d'Institutrices, à part les Normaliennes,
poursuivent leurs études jusqu'au B. S., au
C. A. P. C'est pourquoi le nombre des candidates
à ces deux examens est très restreint, et celui des
diplômées plus encore.

Pour établir une statistique approximative, il

---

1. En 1911, sur 7.415 candidates aux Ecoles normales officielles, 1.700 seulement ont été reçues, soit les 2/9..

faut s'appuyer sur le nombre des candidates dans les régions les plus intellectuelles : on constate que sur 50, 28 obtiennent le diplôme. Les 28 diplômées se répartissent ainsi : 16 ou 18 Normaliennes sur 20, 10 non-Normaliennes sur 30.

Il y a lieu de s'étonner de ce que les Ecoles primaires supérieures qui doivent préparer spécialement au B. E., aient depuis trois ou quatre ans si peu de succès. Dans tous les centres, en effet, les échecs sont dans la proportion énorme de 80 °/₀ !..

Un chef-lieu d'Académie semble avoir le record... A la session de juin 1910, une de ses écoles primaires supérieures subissait 25 échecs sur 30 candidates au B. E., une autre école 27 échecs sur 30 candidates au B. S. !..

Est-ce une exception?.. Hélas !.. Et l'on ne peut accuser de parti-pris les commissions dans lesquelles siègent *de droit* les directrices des écoles primaires supérieures. On ne peut alléguer que les questions d'examens sont trop difficiles ou prises hors des cours, puisque les textes des compositions sont choisis dans les programmes des écoles primaires supérieures, ou normales, et bien souvent dans les *cahiers de cours.*

L'échec semble dû à l'incapacité intellectuelle des élèves, et à l'inaptitude professionnelle des Maîtresses.

Il s'ensuit que les rangs des futures Institutrices publiques s'éclaircissent et que la crise du recrutement s'y fait sentir comme dans l'enseignement libre.

Pour remplir les cadres, les inspecteurs primaires font l'office de rabatteurs ; il faut amener coûte que coûte le gibier à l'Université. Et l'on use pour ce faire de toute sa diplomatie, des paroles flatteuses, des promesses éblouissantes,

« Veuillez passer chez moi pour une communication relative aux conditions de votre brevet », écrivait un Inspecteur primaire à une Institutrice libre qui enseignait dans une famille.

« Bon ! pense l'institutrice. Encore une chicane ! »

Du tout. L'Inspecteur demandait poliment à cette Institutrice catholique si elle ne désirait pas entrer dans l'Université.

« Vous irez, à votre choix, dans la ville que vous préférerez. On vous donnera une indemnité de 300 francs par an. Vous aurez de l'avancement au bout de trois ans. »

— Même si je vais à la messe?..

— On fermera les yeux, au besoin, sur cette pratique peu républicaine.

L'Institutrice accepta (1).

« Mademoiselle, vous avez le projet de rester dans l'Enseignement libre? » disait à une Institutrice libre l'Inspecteur primaire, après un examen pratique du C. A. P.

— Oui, monsieur l'Inspecteur.

— Je le regrette sincèrement, car j'avais un poste à vous offrir immédiatement.

A une autre, nantie de plusieurs diplômes, experte dans l'enseignement, et qui allait ouvrir une école libre dans une grande ville universitaire.

— Mademoiselle, (c'est un professeur de faculté qui parle, député pour la circonstance) je vous apporte votre nomination de professeur à X...

— Comment se fait-il, monsieur, que cette nomination ne m'arrive qu'aujourd'hui?... Il y a si

____

1. Rapporté dans la *Libre Parole* sous la signature de Jean Drault. Janvier 1911.

longtemps que mon dossier est déposé au ministère !
Il dormait dans les cartons sans doute !

Une seconde d'hésitation, puis :

« Votre affichage en vue de l'ouverture d'une
école libre l'a réveillé... »

— Mon affichage? — Ah ! je comprends...

Eh bien ! monsieur, dites à ceux qui vous envoient
que je remercie sincèrement l'Académie de penser
que je suis bonne à quelque chose, mais j'ai donné
ma parole à l'enseignement libre et je ne la retirerai
pas !

Je pourrais multiplier les citations, les préciser,
sans crainte d'un démenti.

Résultat : pour un gibier qui se laisse prendre,
dix fuient le filet ; et les postes sont béants, attendant vainement celles qui les rempliront.

Il y a quatorze ans, l'enseignement public
n'ouvrait point ses portes à l'Institutrice libre. Il
vous suffisait d'avoir fait vos études dans une école
congréganiste, pour que votre demande fût mise
au panier, témoin cette réponse adressée par le
Préfet de la Seine à un père de famille qui sollicitait
depuis des mois pour sa fille munie de son B. S., un
poste dans l'Enseignement public.

« Mademoiselle R... ne peut être agréée : l'éducation congréganiste qu'elle a reçue ne présentant
pas des garanties suffisantes... »

Vlan ! Voilà de l'impartialité !

L'enseignement libre, j'ai raison de l'affirmer,
n'est pas seul à souffrir de la pénurie des maîtres !

On ne manque pas toutefois de nous servir
souvent cette même phrase : « Mais il y a une multitude de brevets non utilisés ; beaucoup de jeunes
filles sollicitent des places. »

D'abord *multitude* est douteux ; ensuite le brevet

crée une *diplômée* et non une *Institutrice*. Ne confondons pas.

Répartition des titres

Si maintenant nous jetons curieusement un regard sur la statistique, afin d'y chercher la répartition des titres, nous aurons peut-être la solution de cette question : pourquoi les échecs aux examens supposent-ils l'inaptitude des Maîtresses qui doivent y préparer?

Plus de 10.000 Institutrices publiques ne sont pas munies du B. S. ; exactement 10.419 n'en ont point fait les études, du moins elles ne sont pas passées par l'Ecole normale. (1)

Dans l'enseignement libre, l'écart est beaucoup plus grand. Il s'explique par la lettre d'obédience qui autorisait l'institutrice congréganiste à enseigner sans diplôme, même après la promulgation de la loi de 1886.

La statistique mentionne 4.783 B. S., ce chiffre a sensiblement augmenté depuis 1907. Un certain nombre d'Institutrices libres de haute valeur ayant subi avec succès les épreuves du B. S.

Le C. A. P. complète les titres de l'Institutrice primaire élémentaire.

Convoité par les Institutrices publiques, il ne paraît pas très recherché des Institutrices libres.

Il titularise les premières et leur donne droit à l'augmentation progressive des traitements ; aux secondes il ne procure aucun avantage matériel, ni titularisation, ni avancement. D'ailleurs la situation de l'Institutrice libre ne s'améliore point d'ordinaire avec les années de service.

De là le petit nombre de celles qui affrontent un nouvel examen.

1. Statistique 1907

Que la loi rende le C. A. P. obligatoire à toute directrice d'école : et l'enseignement libre ne disposera que de 2.900 diplômées pour 11.728 écoles ; tandis que l'enseignement public en comptera 29.902 pour 26.054 écoles. Ce serait donc 2.848 diplômes de trop d'un côté, qui feraient bien de passer chez nous.

Si la titulairsaiton avait dans notre enseignement le bénéfice du traitement progressif, un dixième à peine de nos institutrices en pourrait jouir.

Certes, je ne nie pas que beaucoup d'institutrices libres sans le B. S. et le C. A. P. aient autant et plus peut-être de science et de savoir pédagogique que d'autres, pourvues de ces diplômes. Mais je dis que ces diplômes sont une recommandation, une garantie d'études préalables et de compétence spéciale.

Les traitements des institutrices libres

Un autre cause détourne de l'enseignement : on y gagne trop peu.

Comparez nos traitements à ceux des employées de bureaux et des diverses administrations ouvertes à la femme : les 1.100 francs de l'Institutrice stagiaire sont loin des 1.800 francs de l'employée (chiffre moyen d'une première année) (1).

Comparez nos traitements, à nous, libres et

---

(1) P. T. T. Employés 1.100 à 2.000 avec augmentation de 100 fr. tous les 2 ans.

Receveuses :

    3ᵉ classe : 1.100, 1.200, 1.400, 1.600, 2.000

    2ᵉ classe : 1.800, 2.000, 2.200.

    1ᵉ classe : 2.400, 2.700, 3.000.

Heures de travail : 7 et 8 heures.

Retraites maximum, 1ᵉ classe : 1.200.

                  2ᵉ classe : 1.466,

                  3ᵉ classe : 2.000 francs.

privées, à ceux des Institutrices publiques ; l'écart est si marqué qu'on est tenté de crier : salaire de famine ! Tandis que dans l'enseignement officiel, les stagiaires (Institutrices n'ayant pas le C. A. P.) touchent 1.100 francs, *nos* adjointes n'ont que 600, quelquefois 500 francs.

La stagiaire reçoit une indemnité de logement. L'adjointe libre est logée et nourrie à l'école ; mais son traitement tombe alors à 400 et à 300 francs !

Lorsque la stagiaire veut prendre ses repas à l'école, elle paie une pension alimentaire maxima de 400 francs. Il lui reste 700 francs.

Dans les Institutions et pensionnats de province, l'adjointe qui peut exhiber un B. S. et un C. A. P. a des appointements de 400, 500, rarement 600 francs (1).

1. Si les pensionnats et les institutions, par leur enseignement général, peuvent être assimilés aux écoles d'enseignement secondaire, il ne paraît pas que le traitement des maîtresses surpasse celui des adjointes des écoles primaires.

A Paris, les maîtresses chargées de la préparation aux examens reçoivent un supplément de 100 francs.

Pourvues du B. S. et du C. A. P. elles ont au minimum 1600 fr., au maximum 2.100 fr.

Les directrices pourvues des mêmes diplômes et dans une école préparant aux examens reçoivent au minimum 2.100 fr., et au maximum 3,500 fr.

En province, il n'existe aucune différence entre le traitement de l'adjointe (école primaire) et de la maîtresse (institution).

La directrice du pensionnat et celle de l'école primaire ont un traitement égal. Les professeurs externes des maisons d'éducation sont payés au cachet ; la femme professeur 3 francs, quelquefois 5 par heure de cours, le professeur homme, pour les mêmes cours, 8 à 10 francs.

Pour être professeur d'enseignement secondaire, il faut être pourvu du diplôme de professeur, (sciences ou lettres) ou de la licence.

Les institutions de jeunes filles ne comptent pas, dans toute la France, plus de dix professeurs femmes licenciées (Paris excepté) et à peine vingt directrices pourvues à la fois du C. A. P. et du B. S. Trois directrices d'institutions libres sont licenciées ou pourvues du professorat des écoles normales.

L'égalité de traitement entre l'institution et l'école primaire a sa raison d'être, puisqu'il y a égalité de titres.

Dans l'enseignement secondaire (Etat) les professeurs pourvus tous du baccalauréat et de la licence ont des traitements moyens de 3.000 francs, les institutrices qui n'ont que le B. S. enseignent dans les classes élémentaires. La situation du professeur d'enseignement secondaire (lycées et collèges est très supérieure à celle de l'institutrice publique.

Les titulaires de l'enseignement public sont, suivant la classe et les années de service, au minimum de 1.200 francs, au maximum de 2.000. Il ne s'agit évidemment ici que de l'enseignement primaire élémentaire.

Rapprochés des nôtres, ces appointements nous mettent en appétit. Mais comme l'appét't vient en mangeant, ces Dames trouvent que l'Etat leur sert la pension congrue, et elles réclament, au nom de la justice. Elles pensaient naguère avoir obtenu gain de cause, le jour où la Chambre se rallia à cette proposition de M. Buisson : « La Chambre invite le gouvernement à établir dans le prochain budget, le principe de l'égalité des traitements entre instituteurs et institutrices de même classe, les services comptant en sus pour les instituteurs avec application échelonnée sur plusieurs exercices. Hélas ! le ministre de l'Instruction publique mit l'invitation dans sa poche... *Inde iræ* (1) !..

Les Directrices d'écoles libres, de la 1ʳᵉ année d'exercice à la 10ᵉ ou 15ᵉ, et quelle que soit la valeur des diplômes, les degrés de l'école, ne voient jamais s'élever leurs traitements.

Très variables d'une région à l'autre, ils s'étagent sur cette pitoyable échelle, de 600 à 1.200 francs, logement compris.

C'est contre cet état de choses que protestait Monsieur le Chanoine Audollent, Directeur de l'enseignement diocésain (diocèse de Paris) dans le journal scolaire l'*Ecole* (nᵒ du 6 mai 1910), et voici en quels termes : « En demandant que nos maîtres soient mieux rétribués, nous ne voulons pas porter atteinte au principe fondamental du

(1) *Revue de l'Enseignement primaire,* 12 fév. 1911.

dévouement. Nous essayons seulement de rehausser le prestige de la profession ; et, dans un temps où, depuis les terrassiers jusqu'aux cheminots, des électriciens aux postiers, voire aux Instituteurs publics, tout le monde s'agite, se réunit et parfois fait grève pour demander une augmentation de salaire, nous qui connaissons le mérite de notre personnel et qui savons *qu'il ne fera pas grève*, mais aussi qu'il souffre, nous élevons la voix en son nom, et pour lui nous demandons une plus équitable rémunération de services. »

» ... En conséquence, il doit exister un minimum et une progression ; il faut, à l'instar des organisations publiques, introduire parmi nos maîtres *des classes de traitement...* »

De son côté le Syndicat des Institutrices privées de Paris, (5, rue de l'Abbaye) à la suite des vœux émis dans les congrès de la Fédération des Syndicats d'Enseignement libre, « établissait une échelle de traitements des Institutrices dans les écoles, les institutions, les familles. »

« Il est à souhaiter que ces tarifs, mûrement élaborés, soient maintenus avec fermeté et généralisés (1). »

Monseigneur Amette archevêque de Paris approuvant la réglementation des traitements présentée par M. le chanoine Audollent en ordonnait l'application pour l'année scolaire 1910-1911.

La circulaire épiscopale du 1er juillet 1910 indique le traitement qui a été calculé sur une moyenne de 2000 francs.

Cette moyenne dépasse, il est vrai, celle qui pourrait être atteinte en des diocèses moins riches

---

1. *Année sociale internationale* 1910, p. 260.

que celui de Paris ; mais comme le disait encore M. le chanoine Audollent « il faut éviter l'enchère et la surenchère » si nuisible au recrutement et au maintien du personnel enseignant diocésain. Et c'est pourquoi maintes fois les syndicats de l'enseignement libre ont demandé que l'échelle de traitement soit [illegible] e non seulement d'après les

---

TABLEAU
des
TRAITEMENTS DU PERSONNEL DES ECOLES PAROISSIALES,
approuvé par Mgr l'Archevêque

N. B. — Ces traitements entreront en vigueur à partir du 1er octobre 1910

Instituteurs

Stagiaires :
(de 18 Minimum 1.500
à 23 ans) Progression à 20 ans 1.650

SUPPLÉMENTS :
Brevet supérieur . . 100
Certificat d'aptitude pédagogique 100

Adjoints : Minimum.
(âge minimum 23 ans) 6e classe 1.800
5e — 1.900
4e — 2.000
3e — 2.100
2e — 2.200
1e — 2.400

SUPPLÉMENTS :
Brevet supérieur . . 100
Certificat d'aptitude pédagogique 100
Maître chargé d'une classe préparatoire aux examens 100

Directeurs : Minimum

(âge mini. 30 ans)	1re catégorie (Écoles comprⁿᵗ de 1 à 3 cl.)	2e catégorie (Écoles comprⁿᵗ 4 cl.-au des.)
5e cl.	2.000	2.400
4e —	2.250	2.700
3e —	1.500	3.000
2e —	2.700	3.300
1e —	3.000	3.600

SUPPLÉMENTS :
Le logement ou, à défaut une indemnité fixe de 500 fr.

Institutrices

Stagiaires : Minimum (susceptible
(de 17 de tempéraments). 1.000
à 21 ans) Progression à 20 ans 1.200

SUPPLÉMENTS :
Brevet supérieur . . 100
Certificat d'aptitude pédagogique 100

Adjointes : Minimum.
(âge minimum 21 ans) 6e classe 1.500
5e — 1.550
4e — 1.650
3e — 1.750
2e — 1.850
1e — 2.000

SUPPLÉMENTS :
Brevet supérieur . . 100
Certificat d'aptitude pédagogique 100
Maîtresse chargée d'une classe prépatoire aux examens . . 100

Directrices : Minimum

(âge mini. 30 ans)	1re catégorie (Écoles comprⁿᵗ de 1 à 3 cl.)	2e catégorie (Écoles comprⁿᵗ 4 cl.-au des.)
5e cl.	2.000	2.400
4e —	2.250	2.600
3e —	2.500	2.000
2e —	2.750	3.200
1e —	3.000	3.500

SUPPLÉMENTS :
Le logement ou, à défau une indemnité fixe de 500 fr.

itres de capacités, le degré de l'école, mais d'après on milieu.

Nous avons des traitements qui ne sont même pas avouables, aussi bien dans certaines écoles que dans certaines familles.

On offre 400 francs à une jeune fille qui devra s'occuper de cinq enfants d'une même famille,

---

Observations relatives aux Traitements

1. La rémunération des maîtres est basée uniquement sur leurs services personnels. Trois éléments y concourent : les diplômes, les années de services, la valeur constatée de l'enseignement.

2. Le traitement du personnel, sauf pour les directeurs et les directrices, ne comporte pas le logement. Si le logement est assuré, il y a lieu à une déduction ; de même si le maître prend un ou plusieurs repas à l'école. L'évaluation de ces divers avantages est nécessairement conditionnée par les circonstances locales. Toutefois, à titre d'indication, les chiffres suivants sont proposés pour la défalcation à opérer sur le traitement fixe :

20 francs par mois pour le repas de midi ;

50 francs par mois pour tous les repas ;

70 ou 80 francs par mois pour les repas et le logement.

3. Le service dû par les maîtres pour avoir droit au minimum, est, pour les jours écoliers, de 8 heures par jour, en y comprenant le temps du repas et la récréation de midi ; plus 5 heures de service supplémentaire à répartir, par les soins du directeur ou de la directrice, entre le jeudi, le dimanche ou même d'autres jours. Ce service supplémentaire ne devra pas faire double emploi avec les leçons particulières ou les cours particuliers. Ceux-ci, même lorsqu'ils seront assurés par des professeurs ordinaires, seront rétribués à part, comme s'ils étaient faits par des professeurs étrangers à l'école.

4. Les cours particuliers (dessin, langues, chant, gymnastique,) se paient au mois, qu'ils soient assurés ou non par les professeurs de l'école.

5. Les suppléances sont rémunérées à la journée, ce genre de service étant essentiellement transitoire.

6. La surveillance des études supplémentaires, au dehors du temps prévu au paragraphe 3, comporte actuellement, dans le diocèse de Paris, de multiples variétés (gratuite, rétribuée au profit des adjoints seuls ou au profit des adjoints et du directeur, ou au profit des adjoints, du directeur et du comité local des écoles).

L'unification de ces modalités serait désirable ; mais elle aurait compromis peut-être l'adoption du tarif essentiel. Jusqu'à nouvel ordre, chaque école gardera sur ce point ses traditions, d'accord avec Monsieur le Curé.

7. Même observation relativement aux fournitures et livres classiques.

8. Le traitement des maîtres se règle par douzièmes. On remettra aux intéressés avant l'entrée en vacances l'un des deux douzièmes afférents à cette période de l'année et l'autre douzième à la fin du mois de septembre. Pendant les vacances les maîtres devront à l'école les services nécessités par les besoins paroissiaux et qui seront déterminés par le directeur, d'accord avec Monsieur le Curé.

9. Les règles de l'avancement sont les suivantes :

a. Les stagiaires deviennent « adjoints » à 23 ans (âge de la fin du service quand la femme de chambre, non seulement nourrie, mais habillée, en reçoit 600. Une adjointe dans une Institution d'une grande ville de l'Ouest, reçoit 25 francs par mois, quand une femme de service aux mêmes conditions de vie en reçoit 35. L'instruction, les études, le travail intellectuel journalier sont sans valeur apparemment.

Nous voudrions que dans toute a France on fît les mêmes efforts que dans les diocèses de Paris et de Cambrai pour le relèvement du traitement des maîtres. Dans le diocèse de Poitiers le traitement des Instituteurs libres a été sensiblement relevé puisqu'il s'échelonne de 1.200 à 2.000 francs, logement compris. Mais celui des Institutrices, à part les régions du Nord et de Paris, varie entre

---

militaire) pour les instituteurs ; à 21 ans pour les institutrices. Exceptionnellement, on pourra devancer cet âge en présence d'un mérite reconnu, et si le stagiaire est pourvu du C. A. P. ; on pourra aussi le retarder jusqu'à 25 ans, en cas d'incertitude sur ses aptitudes pédagogiques.

b. Le passage d'une classe à l'autre pour les adjoints et les adjointes se fait à l'ancienneté tous les 5 ans au choix, tous les 9 ans d'après les notes résultant des inspections diocésaines et des appréciations de MM. les Curés. Toutefois une promotion à l'ancienneté pourrait être retardée pour insuffisances professionnelles.

c. Pour les directeurs et directrices, la nomination se fait exclusivement au choix. L'âge minimum est de 30 ans sauf exceptions en présence d'aptitudes particulières, le passage d'une classe à l'autre se fait tous les 4 ans.

N. B. — Pour les adjoints, adjointes, directeurs ou directrices actuellement en exercice, le calcul de leur traitement donnera lieu à une entente. En tout état de cause, le personnel ne pourra faire valoir que les services rendus depuis la sécularisation de l'école à laquelle il appartient.

10. La question de la retraite demeure intacte, elle fera l'objet d'organisations ultérieures. Dès maintenant il a été décidé que pour y avoir droit, il faudra réunir les conditions suivantes :

a. Instituteurs : 55 ans d'âge et 30 ans de services comme adjoint.

b. Institutrices : 50 ans d'âge et 30 ans de services comme adjointe.

c. Directeurs et directrices : 60 ans d'âge et 30 ans de services à titre d'adjoint ou de directeur.

11. Les contrats d'engagement demandés par plusieurs de MM. les Curés feront l'objet d'un examen direct. Ils pourraient être mis dès maintenant en usage là où on les croirait utiles.

Paris, le 1er juillet 1910.

G. Audollent,
Chanoine honoraire,
Directeur de l'Enseignement libre.

300 et 1.000 francs si l'institutrice est logée ; et 1.200 si elle ne l'est pas.

Le préceptorat offre une situation matérielle plus avantageuse. A part quelques regrettables exceptions, l'institutrice reçoit de 800 à 1.800 fr. La considération de l'Institutrice-précepteur croît avec son traitement ; à 800 francs, elle n'est guère plus qu'une domestique, à 1.000 francs elle commence à d venir « *Mademoiselle* ».

*
* *

Le traitement est maigre ! Mais l'institutrice est jeune, active, elle accepte courageusement sa situation, elle se dévoue ; toute se vie est dans ce mot *dévouement*. Toutefois, ne faut-il pas, comme dans les autres carrières, songer à la vieillesse et en assurer le repos?

Les Caisses de Retraite

L'enseignement public a ses *retraites*.

Basée sur la moyenne des traitements les plus élevés pendant six années, soumise à la retenue, la retraite ne peut être inférieure à 600 francs pour les Instituteurs, 500 pour les Institutrices.

Dans l'enseignement libre 17 groupements, syndicats et associations ont créé des caisses de retraites. Elles ne sont pas autonomes ; elles se rattachent toutes à la caisse nationale des retraites pour la vieillesse, et leurs adhérents n'auront à 60 ans que 360 francs. Nous sommes loin des 1.200, 1.401, 1.446 francs, ce dernier chiffre atteint après six ans de première classe (1).

1. Plusieurs groupements se rattachent à une Caisse centrale qui travaille devenir autonome, telles sont les Caisses de Bourges et Angers.

Les Déclassées

Telle est la situation de l'Institutrice aujourd'hui pendant qu'elle enseigne, demain quand elle sera vieille ; situation peu brillante, même pour l'Institutrice publique dont la retraite *se liquide lentement, très lentement.* Et cependant, ce sont ces très petits avantages qui ont décidé souvent de la carrière d'une jeune fille, l'ont éloignée d'un métier manuel qui aurait largement fourni à sa vie, l'ont détournée de l'ouvrier honnête, mais qui lui paraissait d'une condition au-dessous de la sienne, et aurait pu devenir le compagnon laborieux et fidèle de toute sa vie.

D'autres jeunes filles du milieu moyen, mais qui n'étaient point faites pour une vie de sacrifices constants, d'études intensives qu'elles n'avaient pas prévus, se découragent, se rebutent. Elles ne sont plus l'Institutrice, l'Educatrice, mais l'enchaînée, l'esclave qui n'a qu'un désir : briser la chaîne, s'émanciper...

Elles sont des déclassées parce qu'elles n'ont demandé à l'enseignement qu'une chose : les sortir de leur milieu pour leur faire gravir un degré de l'échelle sociale.

Les *intellectuelles* se rebutent moins. D'ailleurs elles visent plus haut que l'école publique : l'enseignement supérieur les attire. Professeurs, elles se croient au-dessus des humbles primaires ; pleines de morgue et de vanité, elles sont aussi des déclassées. Dans toute autre carrière industrielle ou commerciale, elles auraient pu déployer leur activité, satisfaire à leur besoin d'avancement, et se créer une situation enviée.

Ni les unes ni les autres n'ont songé au but unique

de la carrière de l'enseignement : *élever l'enfant*.

Les déclassées du premier degré ne restent point à l'école libre, qu'y feraient-elles?.. Quelle compensation matérielle pouvons-nous leur offrir ?

Celles du second degré demeurent peu de temps à l'école populaire, elles entrent dans les internats. Mais il faut vraiment la vocation pour supporter la vie encerclée, sans repos, vie que ne compensent ni le traitement, ni la considération, ni la sécurité d'aujourd'hui et de demain.

Alors le préceptorat leur est une porte ouverte. Elles croient y être plus heureuses parce que les appointements sont plus élevés ; mais combien on les leur fait rembourser !..

Les Reines

A côté de ces jeunes filles qui n'ont pas su choisir leur voie, il y a les vraies Institutrices, entrées dans l'enseignement par vocation. Celles-là vivent leur vie ; elles sont heureuses non par le fait de leur situation, mais parce qu'elles l'ont voulue, parce qu'elles se sentaient prêtes à s'y adapter, décidées à y demeurer. Nommons-les, si vous le voulez, les reines de l'enseignement. Elles règnent en effet sur leur petit peuple d'écolières. Leur sceptre est léger, leurs lois sont douces parce qu'elles aiment !.. Elles sont reines par leur cœur, reines par leur autorité reines par leur supériorité morale et intellectuelle.

Il y a dans l'enseignement officiel des reines par leur situation, mais je ne les rencontre point dans les rangs des primaires ; il faut gravir les degrés de la hiérarchie et aller jusqu'aux Inspectrices. Les Inspectrices sont bien des reines, avec leurs appointements de 6, 7, 8.000 francs ; aucune responsabilité, aucun souci du lendemain. Considérées en haut lieu, elles ont autorité sur tout un monde de titulaires d'écoles à tous les degrés, et sans posséder plus de savoir que leurs subalternes (1).

On arrive assez facilement, si l'on est pistonnée, à cette *haute situation*. L'examen d'Inspection n'est alors qu'une formalité. Théoriquement, Inspecteurs et Inspectrices primaires doivent avoir une science pédagogique très étendue, et être choisis parmi les professionnels. Mais il se rencontre des inspectrices générales qui n'ont jamais enseigné dans aucune école, n'ont fait aucune étude préalable, et ne sont même pas pourvues du B. S. Elles ont passé par-dessus la tête, on devine comment et pourquoi, des directrices de toutes les écoles......... Ces reines-là sont inconnues dans l'enseignement libre...

Restent les *reines* par leur science, celles qui se disent comme les Sévriennes « l'aristocratie féminine ».

L'enseignement libre, lui aussi, a son « aristocratie féminine », femmes dévouées jusqu'à l'héroïsme, qui ont meublé leur intelligence des connaissances variées propres à l'instruction complète de leurs élèves, en même temps qu'elles élargissaient leur cœur pour se donner davantage, qu'elles élevaient leur âme chaque jour un peu plus pour

1. La tyrannie d'une *reine* de l'enseignement.

Une Inspectrice prescrit dès la rentrée d'Octobre l'étude des trois premières opérations dans le cours élémentaire, 2e division.

Elle prescrit aussi la division à 1 chiffre au diviseur en janvier, et la division à 2 chiffres en mars. Elle prescrit, en outre, la division à trois et quatre chiffres au diviseur dès le mois d'Avril.

Une Institutrice ne pouvant faire exécuter ce tour de force à ses fillettes se voit accusée dans les bulletins d'inspection d'être en retard dans l'enseignement du calcul.

(Revue de l'Enseignement 4 X^{bre} 1910.)

J'ajoute que le programme de cette Inspectrice n'est pas du tout conforme au programme officiel.

la rapprocher de Dieu. Voilà *nos* reines : elles valent bien les autres.

Se faire l'âme plus belle, l'intelligence plus vaste, la vie morale plus pure, afin de transmettre à ses élèves le meilleur d'elle-même, tel est le devoir de toute éducatrice, et avant toutes les autres celui des vraies reines de l'enseignement, telle est aussi la mission du corps enseignant tout entier.

L'influence sociale

« De la direction imprimée à l'enfant, des conseils qu'on lui aura donnés, des exemples qu'il aura reçus à l'école dépend, en grande partie, la direction qu'il suivra dans le cours de sa vie (1). » L'école est donc comme le point de départ de la vie sociale.

De ce point de départ l'Institutrice est responsable autant et quelquefois plus que la famille. Dans les milieux ouvriers, trop souvent l'éducation familiale est nulle, parce que les parents ignorent les moyens de formation morale. Dans les milieux aisés, trop souvent aussi les parents, s'ils ne se désintéressent pas de l'éducation de leurs enfants, attendent presque tout de l'école... Alors?.. Si la mère n'a pas la douceur, l'ingéniosité, la science du cœur, tout ce qui l'aide dans la formation morale de sa fille, à qui donc incombe cette formation?.. à l'Institutrice... Et c'est là toute la raison de son influence. Influence qui s'exerce d'abord sur chacune de ses élèves individuellement. Comme le sculpteur, elle pétrit, elle modèle cette nature de petite fille qui sera, que l'on me permette cette comparaison, comme la maquette du beau marbre. Ce marbre, il faudra le sculpter. La maquette est

____

1. Livre du C. A. P., 1re partie Cornot et Gillet.

l'œuvre dans son plan général, le marbre dans sa perfection.

Au lendemain de l'école, l'institutrice s'occupe encore de ses élèves dans les cours d'adultes, l'enseignement ménager et agricole, les patronages, les cercles d'études. C'est dans ces nouveaux contacts qu'elle travaille au perfectionnement de son œuvre. Son influence s'étend, franchit les murs de l'école, pénètre dans les familles et dans leurs milieux.

Ses idées morales et religieuses, ses convictions, ses appréciations, elle les inocule par son enseignement, à tel point que tout observateur peut retrouver dans *l'élève enseignée la maîtresse qui enseigne*. Elle a signé son œuvre. Il se peut que cette signature soit comme les inscriptions recouvertes de mousse ou de toute autre végétation parasite, mais on gratte et l'inscription reparaît, pas toujours en entier, sans doute; pourtant quelques lettres suffisent à la révéler.

Combien il faut savoir tenir le burin et bien graver !.. combien il faut aussi savoir écrire *ce qui doit être écrit* !.. Nos paroles, nos actes s'enregistrent, l'enfant *voit* et *écoute* ; l'influence s'exerce autant par notre exemple que par notre enseignement.

Aussi, combien est néfaste la fausse institutrice, celle qui remplit un rôle plus ou moins pédant, celle qui est entrée dans la carrière par un sentiment de sot orgueil au lieu de s'y être donnée par vocation !...

La vraie Institutrice est *un dévouement* et *une force*. C'est à un groupe de ces vaillantes que les paroles que je me plais à rapporter étaient adressées:

« Si vous savez par votre travail, par vos efforts,

par votre initiative, maintenir à l'enseignement
libre, dans votre école, dans votre classe, le niveau
qu'il doit avoir et le rôle qu'il doit remplir ; si,
sans ménager votre peine, vous travaillez de tout
votre cœur à éclairer les intelligences de vos élèves,
et à les préparer pour le travail et la lutte de la vie ;
si vous faites de cette œuvre, non pas l'accessoire,
mais l'essentiel de votre vie ; si vous y consacrez
votre temps, vos forces, votre intelligence et votre
cœur, vous appliquant toujours à faire mieux et à
faire plus — fussiez-vous la dernière institutrice
du plus petit village de France, obscure, inconnue
de tous, ignorée même et incomprise de votre entourage, sans renom, sans considération, pauvre
petite unité perdue dans la foule, vous pouvez
vous rendre ce témoignage que dans la balance
éternelle où se pèsent les raisons de vie et de mort
de l'enseignement libre, vous avez mis votre
poids — le poids de votre travail, de vos fatigues
ignorées, de votre obscur dévouement, dans le
plateau de la vie (1). »

« La balance éternelle où se pèsent les raisons
de vie et de mort de l'enseignement libre... »
pourquoi raison de vie et de mort?... C'est qu'aujourd'hui deux forces sont en présence, deux blocs
prêts à se heurter : d'un côté, le bloc maçonnique,
de l'autre, le bloc des catholiques. Laisserons-nous
le temps à la Ligue de l'enseignement, aux loges
maçonniques d'organiser sur une grande échelle
les œuvres nées de nous, catholiques?.. L'école
d'abord, les œuvres postscolaires ensuite?... Dans
une apathie absurde courberons-nous le dos pour
laisser passer l'orage?...

1. Mme Ponson, conférence aux Institutrices libres de Lyon et de la région
lyonnaise.

Oui, l'école, nous l'avons créée ; elle ne date pas de la Convention ; et si l'on veut s'en assurer, que l'on ouvre l'*Histoire de la Civilisation* de Rambaud (ancien ministre de l'Instruction publique) que l'on feuillette à partir du règne de saint Louis, et l'on verra si les premières écoles de France sont dues aux pareils de ceux qui aujourd'hui se rient de l'enseignement libre...

Oui... les œuvres postscolaires jusqu'à présent nous en avons le monopole... mais prenons garde.

L'école primaire ébauche, nous le savons, mais n'achève rien. Est-on un homme, une femme à treize ans?.. Avec leur petite science, leur petit talent, filles et garçons entrent dans l'atelier ; et nous croyons naïvement qu'ils demeureront de petits saints parce que nous les aurons habitués à aller à la messe, à faire leurs prières, à communier?... Et l'exemple des autres, et le réveil des passions, et la curiosité des choses inconnues, et le besoin d'indépendance créé par l'éducation moderne, et la profusion des journaux à la portée de tous les yeux... etc., etc...

Alors?... laisserons-nous nos petites filles prendre le chemin des cours d'adultes d'en face, de l'école ménagère d'à côté, des cercles d'études, des cours professionnels fondés, patronnés par les amis de l'école laïque ; nous contenterons-nous, au lendemain de l'école, d'amuser nos jeunes filles et de leur faire jouer la comédie?...

Je sais bien que vous, mes sœurs les Institutrices libres, vous ne pouvez pas vous donner entièrement aux œuvres de jeunesse puisque vous vous devez à l'école... mais !...

Ah ! si les femmes du monde instruites et habiles de leurs doigts le voulaient ! comme vite seraient formées partout, et annexées à nos écoles ou côte à côte, les écoles ménagères ; comme s'ouvriraient partout les cercles d'études du dimanche et des soirs d'hiver !...

Nos filles apprendraient ce que la femme forte de l'Ecriture savait si bien !.. Elles nourriraient leur esprit des fortes études qui éloignent des pensées mauvaises, et des spectacles malsains.

Sous le patronage de la fortune, avec l'aide des bonnes volontés, nos filles seraient sages et économes, le foyer peu à peu redeviendrait le cher foyer de la famille française, on ne le déserterait plus et nous entendrions, non pas une fois, mais cent fois, mais plus, cette parole d'un brave ouvrier dont la fille suivait les cours de l'école ménagère : « Je ne vais plus au cabaret depuis que chaque soir je trouve une nappe propre et une bonne soupe chaude. »

Mais pour toutes ces choses, il faut vouloir s'instruire, savoir se gêner !... abandonner le coin de son feu, les plaisirs mondains de l'hiver, les villégiatures des premiers mois d'été ;...... les autres ne le font-ils pas?...

Le bloc maçonnique met sa griffe sur l'enfant par l'école, sur l'adolescent par les cours publics, les cercles, les bibliothèques, les mutualités ; sur les individus par les places, les appuis d'hommes puissants qui font ouvrir une carrière, ménagent un avenir. Et la griffe s'étend, s'allonge, se referme sur les familles, la société, comme ces puissantes mains de fer qui soulèvent le bloc d'acier incandescent et l'étendent sur les claies en mouvement des aciéries.

Mais étendues sur la claie, ni la famille, ni la

société ne s'affermissent comme la masse d'acier, elles s'effritent, se désagrègent et meurent.

Qui donc empêchera la griffe de s'allonger et de prendre?.. Nous, les femmes catholiques, nous, les Institutrices françaises, vous, Mesdames, qui nous donnerez la main franchement, de plein cœur. Et quand nous aurons préservé la petite fille, la jeune fille et sauvé la femme, nous aurons préparé la génération de demain, une génération au cœur viril, à la foi ardente. Ayons donc le courage du bien, nous ferons mieux que de crier contre les lois iniques, mais tant que nous demeurerons inertes comme les *dieux bornes* qui gardaient les rues d'Athènes, nous n'aurons qu'un droit, celui de nous frapper la poitrine en disant *Meâ culpâ*.

Ce courage du bien, l'élite des Institutrices libres de France le possède ; elles sont les premières à lutter contre le bloc maçonnique, puisqu'elles se dévouent à l'enfance, à la jeune fille ; qu'on ne les laisse pas isolées !... C'était une jeune fille, notre Jeanne d'Arc, celle qui boutait si bien les Anglais hors de France, mais une armée la suivait, la secondait. Que les autres dévouées secondent les institutrices, et nous bouterons les ennemis de notre liberté et de notre foi hors de la société, hors de la famille, hors de l'école.

M. GRELET

II

MON ÉCOLE NORMALE

Le titre dit la chose :

Ecole Normale ou école où se forment les institutrices.

Mon école normale ajoute un je ne sais quoi de personnel, de suggestif. Ce sont des idées longuement mûries qui ont pris corps, c'est un système de formation chrétienne, professionelle, qui a distribué les lieux, les jardins, les communs, les programmes, les leçons. Heureuses les jeunes filles qui suivront ces dernières. Elles en sortiront riches de piété, de savoir et de bon sens.

Mon Ecole Normale

C'est dans un ancien couvent de N***, au milieu d'un parc, à 500 mètres de la ville, que j'ai établi mon école. Longtemps j'ai cherché ce gîte idéal. Je voulais donner à mes élèves le grand air et le soleil ; mais il fallait aussi la facilité des approvisionnements. Me voilà servie à souhait ; et si vous le désirez, nous allons faire ensemble la visite de mon *domaine*.

Gravissons le perron. Voici, à droite du vestibule, le bureau de l'économe et la salle d'études. Voyez comme elle est gaie, notre salle d'études avec ses six grandes fenêtres baignées de lumière !..

Là, à gauche, mon bureau et les trois classes : 1re, 2e, 3e années.

Montons au premier étage : ici, la bibliothèque ; à côté l'oratoire...

Eh oui ! Nous avons aussi notre chapelle ; mais j'aime dans la maison, tout près de nous, l'oratoire où l'on prie avant de se rendre à ses classes.

Voici les chambres de l'Econome, la Surveillante générale, les Professeurs.

J'ai essayé d'apporter à chaque petit appartement un peu de confortable. Nos maîtresses, après une journée laborieuse, doivent se sentir chez elles et à l'aise pour leur travail personnel et la préparation de leur classe...

Où loge la Directrice?.. Dans ces deux petites pièces entre l'oratoire et la bibliothèque. N'est-ce pas une place de choix?..

La prière, l'étude, que voulez-vous donc de meilleur pour celle qui doit à la fois former des intelligences et des cœurs, et s'oublier sans cesse...

Là-bas, à l'autre bout du corridor, ce sont les chambres de bains et les cabinets de toilette réservés aux maîtresses.

Le dortoir, les cabinets de toilette, les lavabos et salles de bains occupent tout le second étage.

Entrons au dortoir.

Chaque Normalienne a sa chambrette. Un lit, une commode-toilette, une table de nuit, c'est tout le mobilier.

Mais il y a l'étagère !.. Nos élèves savent si bien l'orner !.. La statuette de la Vierge, les photographies des parents, les minuscules bibelots, tout ce qui rappelle la petite chambre de la maison familiale, et les souvenirs de chez soi sont si bons !..

Nos surveillantes, maîtresses de service pendant une semaine, ont leur chambrette aux deux extrémités de l'allée centrale. Oh ! leur mobilier n'est pas plus luxueux que celui des élèves. Un peu plus complet pourtant... puisqu'il y a une table pour écrire.

Le Christ domine chaque lit. Les rideaux ferment les chambrettes pendant le coucher, le lever, la nuit.

Les ampoules électriques sont éteintes à 9 h. 1/2 par les surveillantes de dortoir. A dix heures, la surveillante générale fait sa ronde pour s'assurer de l'extinction de tous les feux dans la maison, même chez les professeurs. Pour veiller plus tard, il faut y être autorisée.

Les deux escaliers de service permettent d'accéder dans les ailes latérales de la maison sans avoir besoin de traverser les cours et assurent le sauvetage en cas d'incendie.

Dans l'aile droite les deux classes du B. E. sont contiguës à celle de solfège. Nous les réunissons pour en faire une grande salle de fête.

Le premier étage au-dessus est réservé aux Sciences et aux Arts : Physique, chimie, dessin, musique, et aussi aux lettres, puisque nous y avons notre bibliothèque scolaire.

L'aile gauche est coupée par notre chapelle. Les deux parties de l'aile comprennent la salle de récréation et de gymnastique, le parloir, le refectoire, la cuisine, la porterie. Au premier, la classe des travaux manuels, au second, le vestiaire, la lingerie, les chambres de réserve. Nous disposons de vingt lits pour les Institutrices qui désirent préparer le C. A. P. et le B. S. ou bien se reposer chez nous pendant les vacances. D'ailleurs nous faisons large hospitalité à nos collègues de passage à N***.

Les classes du B. S. ouvrent sur les cours de récréation et le jardin où nos Normaliennes cultivent les fleurs et soignent les arbres fruitiers.

Ce grand bâtiment qui ressemble quelque peu à une ferme avec sa laiterie, son étable, sa basse-cour, son potager, c'est notre *école ménagère*.

Traversons la cour d'honneur. Nous voici à l'école annexe, notre école pratique, avec ses classes, son préau, sa cour, tout l'agencement d'une école primaire modèle.

*
* *

Dans quel but ai-je créé mon école?

Pourquoi ai-je voulu lui donner une physionomie spéciale, en enlevant dès l'abord ce qui prête aux écoles françaises ce je ne sais quoi de sévère, même d'austère, qui fait froid au cœur?...

C'est que le travail que nous allons exiger, travail de quatre années, est lui-même sérieux et sévère ; et nos élèves auront besoin de ce qui détend, plaît et repose.

Les massifs fleuris de la cour d'honneur, les plantes qui enguirlandent les fenêtres des classes, le chant des oiseaux dans le parc apporteront la note gaie au milieu des durs travaux intellectuels.

Nos élèves reçoivent à l'école normale la science religieuse, l'instruction générale, la science professionnelle, la science ménagère.

Certainement notre enseignement les prépare aux diplômes, mais ce n'est pas le but *unique* de l'école, ailleurs elles pourraient s'en munir, mais elles auraient quand même besoin de nous *pour apprendre à élever et à instruire.*

Celui qui lirait superficiellement nos programmes les jugerait semblables à ceux des écoles normales officielles, et pourtant au point de vue éducatif, ils ne se ressemblent pas.

En première ligne, nous avons inscrit *la Religion.*

Nous voulons que l'idée chrétienne soit à la base de tout ce que nous enseignons à nos élèves. Certes, la science profane est nécessaire, mais elle n'est que secondaire. L'âme ne vit ni d'histoire, ni de chimie, ni de littérature, mais de Dieu. Et nos normaliennes seront à chaque minute de leur mission éducatrice en contact avec l'âme des enfants.

Le programme de religion n'est pas dû à notre seule initiative : notre aumônier nous a apporté son concours efficace ; et c'est après approbation de notre évêque que nous l'avons suivi.

Le programme de morale a été, lui aussi, l'objet d'un examen minutieux ; et particulièrement la psychologie, si indispensable à l'éducation.

Dans l'enseignement public, l'étude psychologique ne fait pas partie du programme du B. E. Nous estimons que nos élèves, celles de quinze et seize ans, doivent y être initiées. Plusieurs d'entre elles seront à dix-sept ans adjointes dans nos écoles libres, et souvent c'est à ces jeunes débutantes que l'on confie la classe enfantine. — Au moins faut-il leur donner un peu de la science nécessaire à l'éducation des tout petits.

Nos normaliennes se classent en deux groupes :

1º Les Elèves-Maîtresses.

2º Les Auxiliaires.

Les Elèves-Maîtresses sont pourvues du B. E., quelques-unes du B. S.

Elles sont chargées des cours à l'école pratique.

Les auxiliaires préparent le B. E. Elles secondent les Elèves-Maîtresses, et sous leur contrôle, enseignent de préférence la matière de leur partie faible.

Les unes et les autres suivent les cours du C. A. P.

Ces cours comprennent :

a) Les cours pratiques,

b) Un cours théorique de pédagogie,

c) Les conférences par les Elèves-Maîtresses,

d) Les compositions écrites.

Toutes les normaliennes reçoivent également l'enseignement ménager. Quant à l'enseignement pratique, chaque exercice a son roulement.

L'école annexe (école pratique) qui est dirigée par une maîtresse diplômée du C. A. P. et du B. S., comprend trois classes, une pour chaque cours : enfantin, élémentaire, moyen.

Le total des élèves ne dépasse jamais 60, dont 20 par section, afin d'éviter le surmenage et la difficulté de la surveillance d'une classe nombreuse ; mais l'organisation pédagogique est telle que l'on puisse réunir 40 ou 60 élèves pour habituer à l'enseignement d'une école à deux maîtresses et à une seule maîtresse.

Si l'on veut que l'Ecole soit vraiment *normale*, les professeurs chargés des cours doivent joindre l'expérience à la science. Il vaut mieux en restreindre le nombre et qu'ils soient de haute valeur.

Tous les professeurs de l'Ecole sont pourvus du B. S. et du C. A. P. ; cependant j'ai confié le cours d'histoire à une Institutrice qui n'a point ces diplômes, mais dont l'expérience et les études m'offrent une garantie suffisante. Je n'ai pour les sciences et les lettres que des professeurs femmes, et aussi pour le chant et le dessin, les langues vivantes. Tous mes professeurs sont internes, excepté deux : les professeurs de violon et de gymnastique.

C'est par raison de discipline que je préfère l'internat des professeurs. J'aime les réunir le soir autour de moi, au moins pendant une heure, afin de m'entretenir avec eux de nos élèves, de notre enseignement. Nous gagnons les unes et les autres à l'échange de nos idées ; l'unité de l'école, qui a pour base l'entente des maîtresses avec la Directrice, est un bien nécessaire à la formation de nos élèves, et je ne crois pas que nous puissions y atteindre avec des professeurs qui ne seraient à l'école que le temps de leurs cours.

L'Econome a la direction de l'enseignement ménager ; le personnel domestique lui apporte son aide pour la cuisine, le lessivage, le repassage, le jardinage.

L'adaptation de l'enseignement ménager à notre organisation normale a été difficile, parce qu'il ne fallait en faire souffrir aucun service, ni apporter des troubles dans les attributions de l'Econome.

Nos programmes.

Voici les programmes tels que nous les avons établis :

Enseignement général

B. E. Elèves de 14 à 15 ans

1re année L'Histoire générale,   de l'origine du monde à la chute de l'empire romain.
La géographie générale physique et politique.
L'hygiène.
La comptabilité commerciale.
La géométrie élémentaire.
La morale pratique.
L'enseignement religieux.

Elèves de 15 à 17 ans

2e année L'Histoire générale, de la chute de l'empire romain à 1453. De 1453 à nos jours.
La géographie générale, commerciale, industrielle, coloniale.
Les notions de droit usuel.
Le dessin décoratif avec applications aux travaux manuels.
La psychologie et la pédagogie.
L'enseignement religieux.

Horaire

Ce programme d'enseignement général a pour but de donner aux normaliennes des connaissances plus étendues que ne le comportent les matières du B. E.

A peine pourvues de leur diplôme, nombre d'élèves de cette section s'en iront comme adjointes dans les écoles primaires. Or, la *lecture expliquée* requiert des connaissances générales, variées et précises en histoire, en géographie, et le reste. L'éducation suppose un bagage de psychologie que l'expérience grossira, il est vrai, mais qui doit dès les débuts contenir plus que l'essentiel. Quant au dessin décoratif il a son utilité immédiate dans les travaux manuels de la femme.

L'enseignement religieux : deux heures par semaine pour chaque année.

Psychologie, Morale, Pédagogie
1re année 1 heure par semaine
2e   —   2 heures par semaine

Langue et Littérature françaises
1re année 5 heures par semaine
2e   —   4 heures par semaine
2 heures par semaine sont réservées à la composition française en 1re année; 1 heure en 2e année.

Histoire
1re année 2 heures par semaine
2e   —   2 heures par semaine

Géographie
1re année 2 heures par semaine
2e année 1 heure par semaine

Mathématiques
1re année 3 heures par semaine
2e année 2 heures par semaine

Sciences
1re année 3 heures par semaine
2e année 2 heures par semaine

Ecriture

1re année 1 heure par semaine
2e année 1 heure par semaine

Dessin

1re année 2 heures par semaine
2e année 2 heures par semaine

Chant et Solfège

1re année 2 heures par semaine
2e année 2 heures par semaine

Gymnastique

1re année 1 heure par semaine
2e année 1 heure par semaine

Enseignement spécial

1re année Travaux ménagers 2 heures
2e année Travaux ménagers 2 heures
   »   Littérature   1 heure
1re année Langues vivantes 1 heure
2e année Langues vivantes 2 heures
   »   Hygiène et Eco-
          nomie domestique 1 heure
   »   Comptabilité com-
          merciale   1 heure

Tableau général du B. E.

	1re année	2e année	
Religion	2 h.	2 h.	Les cours de religion ont lieu le Dimanche et le jeudi.
Psych. Morale, Pédag	1	2	
Langue Française	5	4	
Histoire	2	2	
Géographie	2	1	
Mathématiques	3	2	
Sciences	3	2	
Littérature	»	1	
Langues vivantes	1	2	
Hygiène, Economie	»	1	
Comptabilité Comm.	»	1	
Ecriture	1	1	
Dessin	2	2	
Travaux ménagers	2	2	Les cours d'enseignement ménager le jeudi
Chant, Solfège	2	2	
Travaux manuels	2	2	
Gymnastique	1	1	Les cours de gymnastique pendant les récréations.
	29 h.	30 h.	

N.B. — Les heures disponibles dans la première année doivent être occupées à renforcer les parties faibles.

La classe commençant à huit heures, les 29 et 30 heures de travail trouvent facilement à se caser, même si l'on ne compte que cinq jours de classe à six cours par jour.

Les élèves du B. S. et du C. A. P. ont le même nombre d'heures de travail que les élèves du B. E.

B. Supérieur et C. A. P

HORAIRE

	1re année	2e année
Religion	2 h.	2 h.
Psychologie Morale	2	2
Langue Fr. et Litté.	5	4
Hist. et Inst. civique.	2	2
Géographie	1	2
Langues vivantes	2	2
Mathématiques	2	2
Physique, Chimie	2	2
Sciences naturelles	1	1
Écriture, Ad. L.	»	»
Dessin	4	4
Chant, Musique	2	2
Gymnastique	1	1
Enseignement mén.	3	3
	29 h.	29 h.

3e année

	Culture générale	Education profess.
Les doctrines pédagogiques.		2
Administration scolaire	1	
Littérature et comp. Française	3	
Langue Française		1
Histoire	1	
Histoire et Géographie		1
Langues vivantes	3	
Écriture		1
Dessin	2	1
Chant et musique	3	1
Gymnastique		1
Enseignement ménager y compris l'hygiène et l'économie domest.	11	
	24	8

Les élèves des trois années enseignent pendant une semaine à l'école pratique et par roulement ; celles de troisième ont un service régulier d'un mois.

L'obtention du B. S. nous oblige à suivre le programme des Écoles normales primaires. Je ne le rapporterai pas ici. Mais de même que nous formons nos élèves du B. E. à leur profession, dans la préparation au B. S. nous visons bien plus l'éducatrice que la candidate ; et c'est pourquoi j'ai établi des méthodes spéciales, que les professeurs ont adoptées, sachant bien que l'on n'instruit pas la future institutrice comme la jeune fille dont le diplôme sera surtout un certificat de fin d'études. On aurait tort de précipiter la préparation au B. S. Deux ans suffisent à peine à l'examen des matières du programme, et comment penser, qu'après avoir réuni dans son cerveau connaissances sur connaissances, la jeune diplômée saura s'y reconnaître, quand il faudra y puiser pour enseigner ses élèves?

Dans notre enseignement, l'étude de la langue française occupe une place capitale ; car elle comprend l'histoire de la langue, donc les transformations successives des mots et des règles de grammaire ; les œuvres littéraires classiques, et spécialement celles de la liste triennale (1), œuvres qu'il faut savoir lire et expliquer. Certes la mémoire aidera à retenir, elle fournira les matériaux d'une analyse littéraire, d'une composition française ; mais elle ne dira pas comment l'analyse d'une tragédie de Corneille, pourra servir à une leçon de morale faite à des enfants... comment une page captivante de Lamartine, Victor Hugo, Vigny ou Coppée sera utilisée comme sujet de composition française dans les classes élémentaires.

(1 Depuis 1912, portée à 4 ans.

Notre enseignement de l'histoire est plutôt la *philosophie de l'histoire*, c'est-à-dire la découverte de la cause des événements, la déduction de leurs conséquences morales et civilisatrices. Montrer l'enchaînement des faits n'est pas assez, il faut en établir, en s'appuyant sur des preuves, les responsabilités ; c'est le seul moyen à mon sens de juger avec impartialité.

Quand la Normalienne sera directrice d'une école, elle aura à choisir le meilleur des Manuels d'histoire, pour le placer entre les mains de ses élèves ; or si elle *sait* son histoire, elle ne se contentera pas de lire le nom de l'auteur et celui de l'éditeur, elle *lira le Manuel*, elle s'arrêtera aux époques et même aux événements sur lesquels les jugements sont souvent mal établis ; et si elle-même a reçu un enseignement droit et vrai, elle aura vite fait d'accepter ou de rejeter le Manuel.

Or, ce qui vaut pour l'histoire, vaut pour la géographie, les sciences, et toutes les autres matières de l'enseignement. C'est une instruction solide que nos normaliennes ont à recevoir, et non un savoir de surface. Nous ne leur demandons pas de briller, de se poser en savantes, de se faire gloire de leurs diplômes, mais de donner à nos filles la science pratique nécessaire à toute femme et dans la mesure exigée par la situation et le milieu.

Parmi les sciences pratiques, j'insiste à l'école sur l'hygiène et la botanique. D'ailleurs, à le bien considérer, l'hygiène est la base de tout l'enseignement scientifique élémentaire ; ou si l'on préfère, l'hygiène se rattache à toutes les sciences : physique, chimie, histoire naturelle. Là encore, la théorie ne suffit pas.

Les plantes ont des propriétés diverses utilisées

en pharmacie, dans l'industrie et l'alimentation. Ces propriétés sont à indiquer et c'est la raison de l'herborisation.

Le jardin qui permet à mes élèves de cultiver elles-mêmes les fleurs, de soigner les arbres fruitiers, serait insuffisant à l'enseignement de la botanique s'il n'y avait l'herborisation.

Le parc dont j'ai laissé une partie à l'état sauvage nous fournit un grand nombre de plantes intéressantes. Mais chaque semaine, dès les premiers jours du printemps, nous allons dans la campagne étudier les plantes qui commencent à pousser et les petites fleurs des prés. Nos élèves forment chacune leur herbier et avec grand soin ; toutefois plusieurs d'entre elles préfèrent la minéralogie à la botanique, aussi reviennent-elles des promenades avec des spécimens de pierres qui augmentent notre musée. Notre musée scolaire d'ailleurs est dû tout entier à mes élèves ; quand elles seront dans leurs écoles elles n'attendront pas des libéralités des uns et des autres les objets utiles pour leurs leçons de choses, produits agricoles, alimentation, pierres et terres, parce qu'elles auront appris à l'école normale comment on se les procure soi-même.

Dès la belle saison, le parc, le jardin deviennent salles de cours et d'études. Nous aimons la classe en plein air, et jamais nos professeurs n'ont trouvé incommode d'enseigner ailleurs qu'entre les quatre murs.

Aucune ne m'a présenté comme objection les livres à emporter, (puisqu'elles ne s'en servent pas), les tableaux à installer, (deux élèves s'en chargent). On prend des notes au crayon sur ses genoux ; même plusieurs de mes élèves, très ingénieuses, se font une installation originale qui leur permet le travail à l'encre. Assises à la turque, un pliant de bois à leur portée, elles ont une vraie table à écrire.

Je ne m'étendrai pas davantage sur les matières de l'enseignement. Notre école doit répondre aux besoins éducatifs et religieux comme aux besoins intellectuels et pédagogiques, et nous donnons la prépondérance à la Religion et à la Morale.

La formation de l'âme de l'éducatrice est souvent négligée, et j'ai eu l'occasion de constater en certaines écoles que beaucoup plus de soins sont donnés à l'éducation intellectuelle.

Nous avons confié l'enseignement religieux à notre aumônier ; cet enseignement n'est parfait que si le prêtre en est chargé.

Le cours est suivi par toutes nos élèves ; il exige une étude sérieuse, attentive, profonde, à laquelle s'ajoute le devoir écrit.

De même que les Institutrices apprennent à transmettre la science profane, elles apprennent à transmettre la science religieuse ; car il y a une pédagogie religieuse et par conséquent une méthode pour adapter la science religieuse aux divers cours de l'école primaire.

La normalienne doit donc apporter à sa formation religieuse autant de soins qu'à sa formation morale et intellectuelle.

Une quatrième éducation a son importance à l'école normale : l'éducation ménagère. C'est pour la donner que j'ai fait agencer un local spécial. On n'y trouvera point le luxe des écoles ménagères modèles, mais l'outillage d'un ménage ouvrier ; un peu plus d'espace sans doute parce que nos élèves travaillent 5 par équipes, et que quatre équipes sont occupées à la fois.

Voici notre agencement : au centre du rez-de-chaussée de l'école une grande cuisine, communiquant avec une lingerie et la buanderie.

Dans la cuisine, un fourneau central, deux tables de bois blanc, l'une pour le repas, l'autre plus petite pour le nettoyage des légumes, les apprêts des aliments, etc... Au bas d'une des fenêtres — il y en a deux — l'évier. Deux tableaux noirs pour y inscrire les menus et les recettes. Un buffet pour le linge de cuisine, un vaisselier, une batterie de cuisine.

La buanderie contient une lessiveuse assez grande pour blanchir le linge de semaine de 10 élèves. Trois grands baquets de bois servent pour le lavage.

Nous avons établi dans la cuisine deux séchoirs mobiles, montant et descendant à l'aide de petites poulies afin de permettre le séchage du linge quand il ne peut être étendu dans la cour.

La lingerie est munie d'une table à repasser, d'un fourneau pour le chauffage de six fers.

C'est dans la lingerie que travaille l'équipe du raccommodage.

Je ne détaille pas le service, il est le même que celui de toutes les écoles ménagères. Les élèves cuisinières confectionnent le repas de onze heures des vingt ménagères, mais rien que le jeudi. Les autres jours, elles s'occupent du service de la cantine scolaire de l'école annexe. Ce service ne comporte que la soupe, un plat de viande ou de légumes. Les élèves qui mangent à la cantine sont reçues dans un réfectoire attenant à la cuisine.

Toutes les normaliennes sont appelées par roulement à l'école ménagère ; lorsqu'elles seront institutrices, le plus grand nombre n'aura aucune domestique à son service. Il est bon que chacune sache se tirer d'embarras toute seule et se fasse au moins un repas confortable. Un traitement minime oblige à être souvent sa lingère et sa couturière, l'école normale doit en fournir les moyens.

Une équipe est chargée du nettoyage des classes et du dortoir ; ce service dure une semaine.

Si nous avons à l'école une basse-cour et une laiterie, c'est pour initier nos élèves aux principales occupations de la ménagère rurale.

Il me semble que les écolières du village qui verront leur institutrice s'intéresser aux choses de la campagne, ne mépriseront plus ces travaux ; elles se décideront alors à demeurer des paysannes.

Telle est la physionomie de mon organisation normale, et un aperçu de l'ensemble de nos travaux. Je n'ai pas l'ambition de former pour nos écoles des *intellectuelles*, mais je travaille à faire des éducatrices, c'est-à-dire des femmes capables de conduire et d'élever. Je les voudrais non seulement d'une science morale irrépréhensible, mais des *maîtresses* en science religieuse. Ni mièvreries, ni religiosités, ni dévotionnettes, mais la fidélité, l'exactitude dans la pratique des devoirs de religion. Je désire qu'elles sortent de l'école avec une *foi éclairée*, que ni les livres qu'elles seront peut-être obligées de lire, ni les conversations, ni les contacts avec le monde ne puissent jamais faire vaciller.

L'accès de la chapelle est toujours ouvert, afin que nos normaliennes aillent dans leurs minutes libres, puiser au pied de l'autel le courage, la persévérance, la patience. Près du Maître par excellence, elles apprendront ce que lui seul sait enseigner : comment on devient apôtre.

Une Directrice

III

ÉCOLE DE FORMATION SOCIALE

Nombre de femmes qui ont une certaine aisance, un certain loisir, voudraient bien faire œuvre sociale, mais où? mais comment? Si le cœur est dévoué, la main est maladroite. On craint en touchant à une blessure de l'irriter au lieu de la guérir.

Mademoiselle Gahéry ouvre à ces bonnes volontés un peu hésitantes sa maison, son école de formation sociale, sise rue de Charonne.

Entrons: voir ce qui s'y passe sera toujours utile.

L'école se propose de remédier aux souffrances de la classe ouvrière par l'éducation des *Tout Petits*. Plus tard, pense-t-elle, il sera trop tard ; le pli sera formé.

L'instruction n'est pas très livresque. On ne condamne pas les petits enfants à une immobilité douloureuse et dangereuse ; au contraire, ils ont toujours quelque chose à faire, soit à l'école jardinière, soit à l'école ménagère. Vraiment c'est l'école de la vie, utile aux enfants, plus utile aux maîtresses.

Ecole de formation sociale
de Charonne

En février 1907, dans un article très intéressant de la *Revue des Deux-Mondes*, sur les Œuvres sociales des femmes, nous lisions les lignes suivantes:

« Nous n'avons pas un Collège social pour femmes. Mademoiselle Gahéry a bien formé le plan d'une école pratique d'action sociale qu'elle appelle l'Ecole de Formation Sociale. Elle voudrait un bâtiment de trois étages ; au rez-de-chaussée seraient installées les œuvres économiques les plus diverses, au 1er et au 2e étage résideraient la directrice et les élèves ; au 3e seraient la salle de cours et de conférences et les locaux nécessités par l'Enseignement ménager, etc... mais ce ne sont là que des projets encore, ajoutait l'auteur, non sans une pointe de scepticisme. » Il lui semblait voir là un beau rêve destiné à ne quitter son domaine que dans un avenir très, très lointain. Et moins de trois ans après, les bâtiments de la future Ecole de Formation Sociale s'élevaient au 185 de la rue de Charonne, à la place des masures qui composaient l'ancien immeuble. La persévérance et la foi accomplissent de ces prodiges. Ajoutons aussi que cette Ecole répondait à un très réel besoin de notre époque : celui d'un personnel pour les œuvres sociales. Jamais, en effet, les problèmes sociaux n'avaient si vivement préoccupé les esprits, jamais on n'en avait si ardemment cherché la solution, jamais on n'avait vu en France se fonder tant d'œuvres : dispensaires, mutualités, cours ménagers populaires, etc. — Hélas ! combien parmi elles avaient été éphémères, et étaient tombées après avoir semblé jouir d'une prospérité relative. A quoi était dû cet insuccès? Était-ce le manque des bonnes volontés? Non, car par tempérament nous sommes généreux, prêts à nous dépenser sans compter et ce n'est pas en France qu'un appel au dévouement reste sans réponse. Ce n'étaient pas non plus de véritables difficultés matérielles: ici encore, en dépit des jours mauvais, on trouvait des ressources pour équilibrer un budget souvent très chargé. Ce qui faisait défaut — et plus d'une œuvre l'a appris à ses dépens — c'était le manque d'organisation, de formation du personnel. Que de jeunes forces, que de généreuses activités ont été ainsi gaspillées, faute d'une mise en valeur suffisante! On sentait confusément le bien à faire, on se lançait dans la mêlée, à l'aveugle, sans plan bien défini, comptant sur l'inspiration du moment et on courait ainsi au devant des mécomptes, des déceptions, des échecs, car, chose très grave, on froissait parfois, sans s'en douter, ceux vers qui on était allé avec tant d'élan et d'ardeur. On voulait s'occuper des milieux ouvriers et parce qu'on les connaissait insuffisamment, on risquait de blesser leur amour-propre, de porter atteinte à une indépendance toujours jalousement défendue contre toute intrusion trop directe, d'envenimer enfin maladroitement les blessures qu'on venait panser et guérir. C'est pour avoir méconnu cette vérité qu'il ne suffit pas de vouloir, mais qu'il faut encore savoir se dévouer, que plus d'une œuvre a connu l'insuccès.

« La femme qui veut pratiquer l'action et coopérer aux réformes ouvrières, doit avant tout se former elle-même au point de vue social. » Telle était l'opinion émise au Congrès général des femmes catholiques tenu à Francfort en 1904 ; tel fut le but de Melle Gahéry en fondant à Charonne l'Ecole de Formation Sociale. Voici, en effet, quelques extraits du programme : « En créant l'Ecole Pratique de Formation Sociale au sein de l'Union Familiale, les fondateurs se sont inspirés de la pensée qu'il y a, pour toute femme, quelle que soit sa condition, un devoir familial et un devoir social, et de les préparer à l'accomplissement de ce double devoir. C'est une école où l'on apprend, non seulement à se dévouer, mais encore et surtout à bien utiliser son dévouement, à l'éclairer, et à le féconder par la méthode et la science éducatives. »

Ainsi donc l'idée première de l'Ecole fut inspirée par le besoin de recruter des collaboratrices joignant à la bonne volonté le savoir-faire. Ce besoin, toutes les œuvres l'éprouvent à l'égal de l'Union Familiale; c'est pourquoi cette initiative ne peut pas les laisser indifférentes. Si souvent on pourrait redire, non sans appréhension, les paroles prononcées autrefois dans les plaines de Judée : « La moisson est grande, mais il y a peu d'ouvriers. » Et encore, qu'importerait le petit nombre, si chaque valeur habilement développée, donnait son maximum? Or, c'est cette culture préalable, cette préparation méthodique et individuelle pour la tâche future, que s'efforcera de donner l'Ecole de Formation Sociale. Le grand nombre d'œuvres dont l'Union Familiale est le centre permet précisément de se spécialiser, après des études générales, selon ses goûts et ses aptitudes..

De la Formation Sociale à l'U. F. — Elle est avant tout pratique. Il ne s'agit point de former des conférencières, de savantes théoriciennes, mais bien au contraire, on veut lutter contre cette démangeaison qu'ont assez les femmes à notre époque, de vouloir parler et se produire en public à tout propos et hors de propos. Pas de bruit, beaucoup de besogne, voilà ce que l'on veut à Charonne. Aussi, sans être négligée, la théorie n'y occupe pas une place prépondérante: c'est en prenant une part active aux divers services de l'Œuvre, que l'élève apprend à connaître son double devoir, tant au point de vue social, qu'au point de vue familial. N'est-ce pas, en effet, au lit des malades, à l'hôpital, directement en face du mal, que le médecin apprend à le combattre et à le vaincre? De même, c'est en vivant la vie de settlement, qui se rapproche dans la mesure du possible, au point de vue matériel, de celle des ouvriers, que l'on arrive à mieux comprendre à la fois leur psychologie et leurs besoins. Jamais les livres les mieux écrits, les plus compétents même ne vaudront cette observation vécue, cette vue directe des choses. C'est devant ces réalités dont le contact et la révélation sont souvent douloureux, que l'élève acquiert la conviction qu'au lieu de disserter, il est plus à propos d'agir.

Vous rappelez-vous la malicieuse fable où La Fontaine nous montre un grave maître d'école faisant bien à contretemps des remontrances à un jeune enfant que son imprudence vient de faire tomber dans une rivière — au lieu de lui porter un prompt secours.

> *« Hé ! mon ami, tire-moi du danger ;*
> *Tu feras après la harangue. »*

Voilà une critique que ne connaîtra pas l'Union Familiale, qui est avant tout une œuvre d'action, où la formation s'acquiert par l'expérience de chaque jour. C'est en forgeant qu'on devient forgeron. Que ce soit au Jardin d'Enfants ou à l'Ecole Ménagère, les élèves prennent immédiatement une part active à la collaboration générale, et c'est en leur laissant une grande initiative et une certaine liberté d'action qu'on les prépare à remplir leurs devoirs sociaux.

Jamais enseignement ne fut moins livresque et ne fit plus appel à l'expérience personnelle. La base de cette formation, c'est le Jardin d'Enfants et ceci ne sera peut-être pas sans surprendre ceux qui savent que le but de l'Union Familiale, c'est la réorganisation de la famille ouvrière, de ce foyer des travailleurs si mal protégé, même par les lois inspirées par le progrès des idées sociales ; mais comment atteindre ce foyer sinon par l'enfant? Espère-t-on réformer une génération dont les habitudes sont prises et qui est trop vieille déjà pour vouloir les changer? Ne vaut-il pas mieux semer la bonne graine dans un terrain jeune où les chances de maturité sont plus nombreuses? D'ailleurs, pour les élèves elles-mêmes, l'expérience a prouvé que leur véritable formation se faisait au Jardin d'Enfants, et nous verrons par des extraits de leurs carnets d'observations qu'elles ont pu en faire la remarque.

Laissez-moi vous citer ce passage écrit environ six mois après l'entrée à l'Union Familiale :

« En revoyant toutes ces lignes, toutes ces pensées exprimées qui sommeillaient auparavant dans notre cerveau, ne pouvons-nous pas dire que nos chers tout petits ont été pour nous une cause d'épanouissement, d'éclosion, puisque ce sont eux qui les ont fait surgir?

Ainsi, en cultivant le sol vierge qu'est l'enfant, nous cultivons le nôtre, et sur cet admirable labeur luit un soleil très doux, qui le rend fécond. »

Et plus loin, la même élève constate : « On s'imagine qu'il est facile de s'occuper de tout jeunes enfants et de les occuper, parce qu'on ne se rend pas compte de la difficulté que crée l'importance de ce genre tout particulier d'éducation.

Il ne s'agit pas seulement de surveiller l'enfant, mais de vivre avec lui, de vivre pour lui, et cela en lui donnant de soi-même et du meilleur de soi-même. Quelle somme il faut de ce don de soi pour l'intéresser, l'entraîner à la joie saine et disciplinée! C'est une extériorisation qui suppose chez l'éducateur et qui exige de lui une grande richesse d'imagination et l'intelligence de l'œuvre à laquelle il se dévoue. » (1)

Double constatation bien intéressante et bien précieuse : l'élève a observé d'une part les progrès de sa formation et d'autre part les difficultés, parfois insoupçonnées au début, auxquelles elle s'est heurtée et qu'elle a su vaincre. Ce n'est pas sans peine, sans efforts qu'elle est arrivée à ce résultat dû en grande partie, il ne faut pas craindre de le répéter, à ce qu'on a fait appel à son initiative, à son observation personnelle et vécue des faits. La psychologie qu'elle devait apprendre, elle l'a étudiée dans ce livre vivant qu'était le petit être confié à ses soins, livre hélas ! souvent fermé, même pour bien des mères, car ces petites âmes sont plus

____

(1) Nous devons compléter cette appréciation d'une élève, en disant qu'un éducateur chrétien doit employer toutes les qualités de son intelligence et de son cœur à éveiller et à cultiver dans l'âme enfantine la connaissance et l'amour de Dieu.

complexes qu'on ne l'imagine et il faut un doigté particulièrement délicat pour manier ces rouages fragiles qui composent une conscience d'enfant. Comme il est facile d'en fausser le mécanisme et cela, chose grave, pour toute la vie ! Quelle responsabilité pèse sur celles qui assumeront cette belle, mais lourde tâche !

Il est indispensable de connaître l'enfant, car c'est seulement par lui qu'on atteindra la famille que l'on veut réformer. A l'heure actuelle, celle-ci est frappée de trop de tares, a contracté trop de mauvaises habitudes pour qu'un essai de réforme ne soit pas frappé de stérilité, c'est indirectement qu'on peut espérer la sauver, en élevant une nouvelle génération avec des principes plus sains et plus rationnels.

Le Jardin d'Enfants, voilà la base des œuvres sociales de l'avenir. Prétendre se passer de lui, c'est vouloir bâtir sur du sable mouvant... le moindre coup de vent ébranlera l'édifice aux fondations instables.

L'Ecole Ménagère. — Lorsque l'Elève a achevé sa première année de formation au Jardin d'Enfants, elle passe à l'Ecole Ménagère, c'est là qu'elle doit apprendre la science du ménage, indispensable à toute femme, que ce soit l'ouvrière ou la femme du monde. En effet, comment cette dernière pourrait-elle donner des conseils à propos et bien appropriés aux situations, si elle est incapable de les mettre en pratique, si elle n'a pas été initiée à tous les secrets de l'économie domestique, de la cuisine, du vêtement, etc. et cela, dans les limites étroites du cadre de la vie populaire? Aussi on comprendra pourquoi, à l'Ecole de Formation Sociale, on cherche à se rapprocher des conditions matérielles du foyer ouvrier ; on veut avant tout montrer par l'exemple comment, avec une économie bien entendue, un ménage arrivera à équilibrer son budget, ce budget dont la balance est si difficile à établir.

Certes, s'il est une question qui a préoccupé à bon droit un grand nombre d'économistes : c'est celle du budget ouvrier, si étroitement lié à la question du salaire et c'est bien certainement aussi une de celles que l'Union Familiale a étudiées d'une façon toute spéciale : articles dans le Bulletin, cours, questions traitées par les élèves, causeries aux Cercles d'Etudes, nous nous trouvons là en présence de tout un ensemble de travaux intéressants sur cette matière et qui prouve à quel point on attire l'attention des élèves de l'Ecole de Formation Sociale sur cette importante question — et ceci non pas tant par un cours théorique très savant, mais en les mettant directement aux prises avec les difficultés. Toujours le même appel à l'expérience personnelle, toujours le même enseignement concret. Et, croyez-le bien, le cours le mieux documenté ne vaut pas, au point de vue de la formation pratique de l'élève, la simple préparation de quinze jours de menus populaires qu'elle devra exécuter ensuite. Si c'est à l'œuvre qu'on doit juger l'artisan, c'est aussi par ce travail pratique que l'on peut mettre en lumière les connaissances et les aptitudes d'une élève. Telle qui, bien servie par sa mémoire pourrait admirablement répondre à des questions théoriques, serait fort embarrassée s'il s'agissait de composer une série de menus qui doivent satisfaire à une triple condition : être variés, sains et économiques. Le prix de revient est déterminé, il ne doit pas dépasser 90 centimes par personne et par jour, et même pour les plus anciennes, celles qui ont déjà quelques mois de stage, ce prix sera réduit à 65 centimes. Dans la composition de ces menus l'élève doit supposer qu'il s'agit d'une famille de 6 personnes : le père, la mère et 4 enfants en âge d'école (1).

Les personnes qui n'ont pas serré de très près et pour ainsi dire les chiffres en main, le problème budgétaire, seront peut-être tentées de nous accuser d'une économie exagérée. Pourtant, si l'on prend le budget d'une famille ouvrière dont le père gagne 8 frs par jour ; — combien d'ouvriers ne touchent pas cette somme !— on constate que l'on ne peut accorder qu'une moyenne de 65 centimes par personne pour la nourriture journalière. Donc, ce chiffre n'est pas une fantaisie, une difficulté que l'on veut imposer à l'élève; il a été fourni par l'étude des salaires ouvriers et il faudrait s'y tenir pour rester dans les réalités.

Quiconque observe de près le foyer ouvrier ne peut manquer d'être frappé de la façon irrationnelle dont l'ouvrier se nourrit. Les enquêtes de grands médecins parisiens ont montré de la façon la plus évidente quelle fantaisie et quel manque d'hygiène régnaient en matière d'alimentation, entraînant comme conséquences les maladies, le chômage, la misère. Si on veut le relèvement moral de la famille ouvrière, il faut avant tout s'occuper de sa santé physique, de son bien-être matériel. Est-ce qu'un de nos plus grands Papes n'a pas déclaré lui-même qu'un minimum de bien-être était nécessaire pour pratiquer la vertu ?

N'a-t-on pas constaté plus d'une fois au Jardin

---

(1) Depuis le renchérissement des vivres, ces menus à 65 c. par tête n'ont pas été maintenus à l'École Ménagère de l'U. F.

d'Enfants qu'un enfant devenait insupportable parce que son état de santé devenait défectueux? Cette étroite relation entre le physique et le moral a été constatée tant de fois que c'est un lieu commun de le redire ici ; cependant il n'était pas inutile de montrer quelle peut être la portée de l'Enseignement ménager et quelle influence il pourra exercer au foyer ouvrier. Les besoins de l'ouvrier sont plus grands à notre époque qu'ils ne l'ont jamais été, et il est plus que certain qu'ils n'iront pas en suivant une courbe descendante ; le salaire qu'il reçoit suffit-il pour leur faire face? Problème de l'heure actuelle, dont la solution est singulièrement complexe. Il peut être intéressant de citer à ce sujet quelques lignes empruntées au Bulletin de l'Union Familiale..

« Nous avons retourné le problème sous toutes ses faces et nous avons acquis la conviction que le salaire annuel du père est insuffisant pour faire vivre humainement sa famille. D'autre part, nous proscrivons le travail de la mère au dehors ; il y a un trop grand intérêt moral, et même une réelle économie pécuniaire à ce qu'elle reste au foyer où la besogne ne lui manque pas.

Il faut admettre que nous nous trouvons en présence d'une des crises de la vie ouvrière, crise passagère il est vrai, car le ménage n'a pas eu dès le début des charges aussi lourdes, et d'autre part que ces charges iront en s'atténuant, lorsque les enfants devenus grands, commenceront à défrayer leurs parents. La période difficile peut donc être celle qui s'écoule entre la dixième et la quinzième année du mariage.

La conséquence et la solution, c'est qu'on ne devrait pas se marier à la légère, sans s'être tracé une sorte de programme économique. La prudence voudrait que les jeunes gens apportassent en mariage un trousseau et le pécule nécessaire pour monter leur ménage. Ils devraient aussi s'imposer, alors que les charges sont modestes, de réserver chaque année quelques économies pour les années difficiles. S'ils mettaient ainsi de côté dans les premières années de leur mariage un pécule de 2.000 francs, ils auraient de quoi traverser les cinq ou six années plus onéreuses. Après quoi, les enfants apportant leur contribution, il serait normal que les parents puissent assurer leurs vieux jours.

Telle serait la solution désirable ; hélas ! pourquoi n'est-elle pas toujours possible? Retenons cependant ce fait d'une grande importance sociale : c'est que le travail de la femme mariée et mère de famille n'a qu'une valeur fictive dans le budget. Il y a pour elle une économie véritable à rester dans son foyer, surtout si elle a été formée par un enseignement ménager réellement populaire. L'Ecole de Formation Sociale cherche à atteindre ce but en formant des directrices et des maîtresses capables de donner aux femmes du peuple un enseignement pratique, à la fois ennemi de toute routine et de tout préjugé. Elles seront bien préparées pour cette tâche, parce que, vivant dans un quartier ouvrier une vie très simple, elles peuvent mieux s'identifier avec la vie du travailleur, avec sa mentalité, ses besoins et ses ressources. Ayant fait de sérieuses études pratiques, elles sont en mesure de rendre de très réels services au point de vue social, car elles ont vu de près les luttes pour la vie matérielle, elles ont été aux prises avec les difficultés d'un modeste budget qu'il fallait équilibrer coûte que coûte, parfois même au prix de larmes, pour plus d'une débutante.

Ne seront-elles pas en droit de dire aux femmes qui travaillent : « Nous aussi, nous avons connu vos peines, vos obscures angoisses, votre incessant labeur, nous pouvons vous aider, parce que nous avons porté un égal fardeau. » Et c'est la vraie fraternité, celle-là, née du même travail courageusement accepté.

Ce sera plus que leurs paroles ou leurs conseils, ce sera la puissance de leur exemple, la seule efficace.

Que de fois, au cours de la construction des bâtiments de cette Ecole de Formation Sociale, n'avons-nous pas vu des ouvriers s'arrêter longuement devant le tableau noir où le menu du jour était inscrit avec le prix de revient et faire cette réflexion : « Ce n'est pas cher ! » et après un coup d'œil du côté du fourneau « et ça sent bon ». je devrais bien vous envoyer ma femme pour qu'elle apprenne à me faire de la bonne cuisine et pas chère. Ainsi ce menu économique leur avait suggéré le désir de voir s'améliorer leur intérieur et ce désir c'était déjà un premier pas vers le mieux possible. Une autre fois c'est une mère qui disait : « Ah ! si j'avais eu les cours que suit ma fillette et les conseils qu'on lui donne, je serais souvent moins embarrassée pour joindre les deux bouts. »

Non, ce n'est pas la bonne volonté qui manque toujours à ces femmes d'ouvriers, mais bien plutôt des initiatrices qui ne craignent pas de joindre l'action à la parole et qui en sont capables. Dans le champ de travail social ouvert à tous, il importe de former une élite qui puisse diriger et qui accepte vaillamment les responsabilités.

Les responsabilités. — En parlant des responsabilités, nous touchons à une grave question.

Former un être conscient des responsabilités, c'est former une personnalité qui n'abdique pas devant une tâche difficile, qui sait se décider et accepter les conséquences de ses actes. Celles-là sont d'autant plus précieuses pour les œuvres, qu'elles sont plus rares. En effet, combien peu savent prendre énergiquement un parti, avoir de l'initiative : devant un fait accompli, ils se cherchent des excuses, s'écrient: « Ce n'est pas ma faute », essayent de se dérober aux suites fâcheuses de leurs erreurs au lieu d'avoir le courage de les supporter. Il y a une belle vaillance à reconnaître qu'on s'est trompé, afin de ne pas faire fausse route une seconde fois.

C'est aussi ne pas avoir le sentiment de ses responsabilités que d'accepter une tâche au-dessus de ses forces ou pour laquelle on est insuffisamment préparé. Pour être pleinement responsable, il faut la pleine conscience de ses devoirs, de ses propres aptitudes. « Un aveugle pourra-t-il conduire un autre aveugle et ne tomberont-ils pas tous deux dans le fossé ? »

Connaître ses devoirs et vouloir les accomplir, se connaître soi-même, ignorer la présomption comme le découragement, chercher inlassablement le progrès, c'est, disons-le, le fait d'une véritable éducation chrétienne. Cette base précieuse qu'est la foi catholique, l'Union Familiale cherche à la fortifier chez ses élèves pour les conduire à une meilleure compréhension des devoirs d'état et du devoir social.

On ne confie pas un navire à un pilote inexpérimenté, et c'est pourquoi dans certains ports, on a fondé des écoles de pilotes. Pourquoi, au point de vue moral, l'École de Formation Sociale ne serait-elle pas, elle aussi, une école de pilotes, donnant à ses élèves le sentiment, beaucoup plus rare qu'on ne croit, de l'orientation de la vie? C'est bien en effet, un but que vise l'Union Familiale, en fondant cette école essentiellement pratique. Par l'exercice, les élèves apprennent à se connaître et elles voient mieux ce dont elles sont capables, surtout lorsqu'en troisième année on leur confie la direction d'un des services de l'Œuvre. Pendant deux ans elles ont été des élèves, des étudiantes, elles ont travaillé pour elles ; n'était-il pas nécessaire d'acquérir et beaucoup pour pouvoir donner ensuite? Maintenant elles sont à l'œuvre dans un service qui ne leur est point imposé, mais qu'elles ont la possibilité de choisir. C'est un peu comme l'étudiant en médecine, qui après avoir passé par tous les services d'un hôpital, a le loisir de se spécialiser, suivant ses goûts et ses aptitudes. Quelque chose d'analogue a lieu à l'Ecole de Formation Sociale : en première année, l'élève a suivi les cours et la pratique au Jardin d'Enfants ; en seconde année à l'Ecole Ménagère, elle est libre de choisir en toute connaissance de cause dans quel service elle fera le stage exigé de toutes celles qui postulent le Diplôme de Formation Sociale.

Pour les unes, ce sera la direction d'un groupe du Jardin d'Enfants, d'un Cercle d'Etudes, des Cours d'apprentissage manuel du jeudi ; pour les autres, ce sera, sinon pour un an, du moins pour quelques mois, la direction de l'Ecole Ménagère, la tenue de la comptabilité. — (Oh ! ce livre des comptes, si peu aimé et combien redouté !)

Une certaine indépendance morale est toujours laissée aux élèves, car c'est toujours leur initiative qu'on demande, et tout est organisé en vue de leur donner au plus haut degré le sentiment et le souci de leurs responsabilités.

Organisation des Cours

Il est intéressant de connaître le fonctionnement pratique des Cours de l'Ecole de Formation Sociale, et son Programme d'Etudes.

Ce programme complet nécessite un minimum de deux années de formation. L'ordre dans lequel on le suit est indifférent, quoiqu'il soit préférable de se conformer à l'ordre adopté par l'Union Familiale après une longue expérience.

I. Une année est consacrée à l'éducation de l'enfance, en commençant dès le plus jeune âge, et conduit à l'obtention du Brevet d'éducatrice du Jardin d'Enfants.

II. Une année comporte l'enseignement Ménager populaire avec toutes les connaissances et les exercices qui s'y rattachent et conduit à l'obtention du Brevet d'Enseignement Ménager populaire.

III. En outre, un stage complémentaire dont la durée est variable et qui se fait dans un des services de l'Union Familiale donne droit à un Diplôme de Formation Sociale pour les élèves qui ont déjà obtenu l'un et l'autre Brevet.

Voici maintenant les Programmes de ces diverses années.

Programme de l'Ecole de Formation Sociale

1er *Cycle. Jardin d'Enfants*

— Etude des facultés, du tempérament, du caractère de l'enfant.

— Notions d'histoire de l'éducation.

— Esprit, organisation, méthode didactique du Jardin d'Enfants.

— Sciences naturelles, jardinage, appliqués au Jardin d'Enfants.

— Dessin, occupations manuelles.

— Solfège, chant, rondes, gymnastique, jeux, histoires.

— Hygiène de l'enfance.

— Notions pratiques d'Enseignement ménager.

— Extension de la méthode aux enfants plus âgés : cours d'apprentissage manuel, cours des « Petites Mères ».

2e Cycle. Enseignement ménager populaire

— Rôle social et valeur éducative de l'Enseignement ménager.

— Etude du budget de la famille ouvrière, tenue de comptabilité domestique.

— Théorie de l'alimentation (y compris celle des enfants et des malades) ; Menus raisonnés de cuisine économique. Manière d'acheter.

— Physique, chimie, hygiène appliquées.

— Cuisine, conserves, pâtisserie simple.

— Entretien du ménage et nettoyages.

— Coupe de lingerie, couture, raccommodage et entretien.

— Blanchissage et repassage.

— Jardinage.

— Didactique de l'Enseignement ménager : cours populaires.

— Direction d'une maison, d'une Ecole ménagère.

Cycle complémentaire. — Programme pour le Diplôme de Formation Sociale.

— Perfectionnement et applications de certaines notions du Programme, au choix de l'élève.

— Apprentissage des responsabilités : direction d'un service.

— Pratique à l'Œuvre du Trousseau, aux Consultations de nourrissons, au Dispensaire.

— Education des jeunes filles : Cercle d'Etudes.

— Notions élémentaires de droit usuel.

— Quelques notions de Sociologie ; visite de quelques types d'Œuvres (1).

Ce programme, préparé par de longues années d'expérience est celui d'un enseignement vécu, qui ne s'adresse pas à la mémoire, mais à l'intelligence et au jugement de l'élève. Il ne s'agit pas pour elle d'emmagasiner le plus de connaissances possible mais de savoir regarder autour d'elle et tirer une conclusion pratique de ses expériences.

Méthode essentiellement scientifique où l'expérience n'a de valeur qu'autant qu'on sait en déduire les conséquences et les applications logiques.

Je ne puis mieux faire que de citer ici un passage du *Bulletin* (Octobre 1910). L'article était intitulé : *Entre les lignes d'un programme.*

« Il paraîtra banal de dire que les élèves doivent savoir les matières du programme. Notre insistance sur cette condition signifie que nous ne nous contentons pas d'une étude hâtive et superficielle. Plus volontiers, nous restreignons à l'essentiel les notions théoriques, constatant de plus en plus qu'il faut apprendre plusieurs fois les mêmes choses, les approfondir et les retourner sur toutes les faces, pour arriver à les posséder et à en déduire des applications logiques.

Derrière la théorie, c'est la pratique que nous visons ; il n'est pas étonnant que celle-ci prenne dans nos horaires une place prépondérante ; c'est

(1) Nous mentionnons à titre d'indication :

1° que les cours ci-dessus sont la plupart ouverts aux auditrices libres, ne préparant pas au Brevet.

2° qu'il existe à l'École de Formation Sociale, sous le nom d'*Auxiliariat*, une formation plus simple, plus rapide, comportant moins de théorie, et plus de pratique, qui n'exige pas le même degré d'Études antérieures, et qui donne accès à des carrières honorables quoique plus modestes.

elle qui donne le savoir-faire ; par-dessus l'utilité matérielle de la tâche, nous voyons d'ailleurs dans le travail manuel un excellent moyen de discipline morale et de rapprochement social. Notre enseignement est essentiellement vivant et vécu.

S'arrêter sur la pratique, ce n'est pas s'y immobiliser ; aussi bien notre idéal n'est-il pas l'adresse routinière, l'habileté professionnelle. Nous voulons que nos élèves soient des éducatrices comprenant par elles-mêmes la raison de ce qu'elles font, capables de l'enseigner à leur tour à d'autres.

Avant tout on nous demande, et nous cherchons pour nous-mêmes des personnes de tête, des organisatrices, capables d'aviser, d'adapter, d'assumer des responsabilités. Les élèves ont donc moins à apprendre des données toutes préparées, qu'à acquérir une *méthode de travail* et à développer les facultés à l'aide desquelles elles agrandiront continuellement leur fonds personnel de connaissances et d'expériences. »

Les Futures Élèves. — Quelles sont les élèves auxquelles s'adresse l'École de Formation Sociale? Nous pouvons répondre que deux catégories d'élèves peuvent y trouver une formation en rapport avec leurs besoins et leurs aptitudes.

I. Ce sont, d'une part, des jeunes filles à qui la fortune assure l'indépendance matérielle et qui sentent le besoin de briser le cercle trop étroit de leurs préoccupations familiales et de vivre une vie moins égoïste. Jusqu'alors elles ont vécu à la maison paternelle, entourées de vigilance et de soins, ignorant les soucis que crée un budget trop restreint, et voici qu'elles veulent entrer en contact avec les difficultés de l'existence et qu'elles cherchent à comprendre leurs devoirs sociaux. Or, il leur faut une préparation préalable, car il y a du métier dans tous les genres de vie, même dans la vie sociale et toutes les branches de l'activité humaine réclament un apprentissage. Eh bien ! c'est cet apprentissage qu'elles viendront faire à l'École de Formation Sociale.

II. Une autre catégorie de jeunes filles est composée de celles qui ont besoin de se créer une situation et qui sont attirées vers les œuvres sociales plutôt que vers l'enseignement ou les autres carrières féminines. Jusqu'à présent, peu de femmes se sont orientées vers cette direction, d'une part par ignorance, d'autre part par cette sorte d'esprit routinier, ce manque de caractère qui fait préférer à toute autre une situation de l'État. Être fonctionnaire du gouvernement, passer tranquillement par la filière des grades (à moins qu'on ne reste en chemin, ce qui est plus d'une fois le cas) donner un minimum de travail, toucher une petite retraite sur ses vieux jours, tel semble être l'idéal de bien des gens. Quand donc aurons-nous le courage de créer nous-mêmes notre vie, sans avoir recours à un État-Providence ? Qu'on n'objecte pas qu'en dehors de l'État, il n'y a aucune sécurité. Une femme qui a de la volonté, une culture suffisante, peut facilement arriver à une bonne situation, tout en gardant son indépendance, et même s'assurer pour l'avenir un petit pécule qui lui permettra d'envisager la vieillesse sans trop d'effroi.

Nous allons d'ailleurs examiner quelles sont les carrières qui peuvent s'ouvrir devant une élève de l'École de Formation Sociale.

— Éducatrice à demeure dans une famille.

— Professeur de pédagogie enfantine (Méthode de Jardin d'Enfants) dans les familles, ou dans les Cours d'éducation, Institutions, etc...

— Directrice de Jardin d'Enfants.

— Directrice à demeure d'Ecole Ménagère.

— Directrice ou professeur de Cours ménager

— Directrice de Colonie de Vacances.

— Directrice, Intendante, Econome dans les pensionnats, Œuvres, hôtels, etc...

— Collaboratrice rétribuée d'une Œuvre Sociale

De fréquentes demandes sont adressées à l'Union Familiale pour l'une ou l'autre des carrières qui précèdent ; en recommandant ses élèves, elle veille à ce que les situations offertes soient convenablement rémunérées.

Nous mentionnons que des situations de même ordre, mais plus modestes, notamment dans des postes subalternes, quoique très honorables, sont ouvertes aux jeunes filles qui n'ont reçu à l'Union Familiale qu'une formation abrégée et moins onéreuse, intitulée « Auxiliarat ».

Nous allons maintenant laisser la place aux extraits des Carnets d'observations des Elèves en remerciant celles-ci d'avoir bien voulu permettre la publication de lignes qui, certes, n'avaient point été écrites dans ce but; mais à une réunion des Cercles d'Etudes, plusieurs personnes très intéressées par ce qu'il y avait de vivant et de personnel dans ces notes écrites au jour le jour, avaient exprimé le désir de les voir connues d'un plus grand nombre, afin que ce plus grand nombre puisse profiter de l'expérience acquise à l'Union Familiale. Nous verrons ce que fut et ce que doit être le travail d'une formation sociale, quels efforts et quelle adaptation il exige et qu'il ne peut être l'œuvre de quelques semaines, ni même de quelques mois.

Extraits des Carnets d'observations

Nécessité d'une expérience personnelle. « Il y a certaines choses que l'on ne peut apprendre que par soi-même. L'expérience des personnes plus âgées ne suffit pas toujours. On n'apprend qu'à ses dépens, dit-on, et je trouve cela tout-à-fait vrai. Nous voulions le jeu libre pour les enfants, nous l'avons obtenu; nous en avons vu les conséquences et maintenant nous sommes persuadées de ses inconvénients, bien plus que si on nous avait indiqué ce résultat sans que nous l'ayons expérimenté nous-mêmes. »

*
* *

« Aujourd'hui nous avons essayé de jouer de tous les instruments qui composent l'orchestre des enfants et nous avons constaté qu'il était assez difficile de jouer des cymbales. Comme il est utile pour des éducatrices de pratiquer elles-mêmes tout ce qu'elles enseignent à leurs élèves, car sans cela elles pourraient bien être injustes en punissant un enfant auquel elles ont donné une chose très difficile à exécuter et qu'elles ne sauraient peut-être pas faire elles-mêmes.

*
* *

« Il n'y a que la *jardinière d'enfants* (1) elle-même qui puisse se rendre compte du profit qu'il y a pour elle à s'occuper des tout petits. C'est un appel à toutes ses facultés et leur assouplissement ; c'est plus

---

(1) La *Jardinière d'Enfants* est une éducatrice qui se destine à élever de jeunes enfants d'après les principes et la méthode du Jardin d'Enfants. Pour plus de détails, voir la brochure sur le « Jardin d'Enfants ». Action Populaire n° 236.

encore, puisque c'est leur développement. Ce profit, elle le sent, lent et progressif. et ce lui est un doux et puissant encouragement.

Au début, il a fallu à « coups de pioche » extraire le minerai ; maintenant on le « débarrasse de sa gangue » ; on voit clair devant soi ; on marche avec moins d'hésitation ».

« Faire travailler l'enfant est bien ; lui apprendre à bien travailler est important. Pour cela, il faut soi-même savoir ce qu'on lui enseigne. De la manière de procéder dépend en partie l'intérêt que trouve l'enfant dans son travail.

Aujourd'hui, mes grands ont travaillé avec un entrain sans pareil, parce qu'ils ont appris à manier convenablement leur lime. Ce détail qui peut pa-raître insignifiant m'a prouvé l'importance qu'il y a à observer toutes choses. Les enfants se sont aperçu tout de suite que leur travail était plus soigné, et au lieu de le rejeter comme fini, ils se sont appliqués à le parfaire, fiers de leur procédé. »

« Tous ceux qui prétendent savoir s'occuper de l'enfant et qui considèrent comme invraisem-blables les neuf mois de formation de la Jardinière d'Enfants, devraient être mis en présence de quelques petits, avec de la terre glaise, des perles ou des cubes en main. Ils verraient ce dont ils sont capables !

Et nous aussi, nous voyons ce dont nous sommes capables quand nous occupons la « petite chaise «

de paille. Et les critiques éducatives nous le montrent aussi. Il faut pratiquer une chose pour pouvoir en parler avec justesse et pour la juger avec discernement. »

*
* *

« De même qu'il n'y a de l'acquis dans un travail que lorsqu'il y a eu effort, de même il n'y a réelle acquisition que lorsqu'il y a expérimentation pratique quand il s'agit d'enseignement.

Voir faire et savoir faire sont très différents, de même que regarder et voir. »

*
* *

« Combien la pratique est indispensable au Jardin d'Enfants! Quand on a sérieusement préparé une leçon, on croit avoir épuisé son sujet et l'on s'aperçoit en faisant cette leçon ou par la critique, qu'on y a oublié quelque chose.

C'est là le profit du professeur qui dans chaque leçon fait sa récolte d'observations et mûrit son jugement. Chaque observation est un rayon lumineux qui éclaire le champ de ses connaissances, les ordonne, les affermit et en permet l'analyse et la synthèse rapides. »

*
* *

Il faut une vocation d'éducatrice. « Quiconque veut faire de l'éducation sans en avoir la vocation est semblable à un laboureur qui dépourvu d'attelage, tirerait lui-même sa charrue. Sans doute sa terre serait labourée, mais au prix de quelles fatigues ! Et puis, quelle serait la profondeur, quelle serait la régularité du sillon, quelle moisson résulterait de ce travail incomplet et épuisant?

Toute œuvre de dévouement exige une vocation ; et l'éducation est un sacerdoce aussi bien que celui du prêtre, du médecin et de la garde-malade ; et son importance est peut-être plus grande, car il s'exerce sur l'humanité naissante, alors que les autres s'exercent sur l'humanité militante et souffrante. »

*

* *

« Quand on essaye de faire comprendre à certaines personnes ce qu'est le Jardin d'Enfants, il est bien rare qu'il ne nous soit pas dit : « Que de patience il vous faut ! » Et cela me surprend toujours, parce que je sens qu'il n'est pas besoin de patience pour accomplir un devoir qu'on aime. Chez l'éducatrice, la patience n'est pas une vertu, c'est un don inné qui fait partie d'elle-même, qui lui est propre. De même qu'on ne se lasse pas d'aimer quand l'amour est véritable et fondé sérieusement, de même on ne se lasse pas de donner son cœur, son intelligence et ses forces aux tout petits. »

Comment comprendre la discipline. « L'autorité et la liberté qui semblent au premier abord contradictoires en matière d'éducation sont au contraire intimement liées l'une à l'autre, en ce sens que la liberté sans l'autorité ne saurait exister d'une manière profitable pour l'enfant.

Aujourd'hui Melle H. a fait jouer « aux soldats » entre les deux leçons, et à un moment donné, les petits soldats se sont éparpillés dans toutes les directions, soi-disant pour se mettre à la recherche de l'ennemi. Les enfants jouaient là très librement malgré la direction donnée et s'amusaient beaucoup

il est à remarquer qu'aucun n'a cherché à faire de
sottises. Néanmoins, je pensais à ce moment avec
angoisse que si les enfants étaient avec moi, je ne
pourrais jamais les faire remettre en rang ; et
l'ordre s'est rétabli comme par enchantement sous
l'autorité de Melle H., en continuant de jouer et
sans qu'aucun enfant ne pensât à s'en plaindre.

Voilà la liberté qui est indispensable au Jardin
d'Enfants, mais qui suppose nécessairement chez la
personne qui dirige une grande autorité, et c'est
cette liberté-là que nous autres, élèves, ne pouvons
malheureusement pas accorder, parce que nous
sommes encore incapables de la régler convenablement. »

*
* *

« Il est toujours ennuyeux de punir, mais c'est
quelquefois une nécessité, non seulement pour
l'enfant en faute, mais pour l'ensemble des enfants.
Cette après-midi, plusieurs enfants refusaient d'obéir
pendant le jeu de balle ; un enfant a été mis à part
et immédiatement l'ordre s'est rétabli. L'effet
produit a été si immédiat et si complet que j'ai été
obligée de penser : là où le désordre menace, il ne
faut pas hésiter à punir, quoi qu'il vous en coûte,
et la discipline générale sera bien meilleure. »

Les difficultés de la formation. « Il y a une grande
difficulté dans le métier de Jardinière d'Enfants,
c'est d'être toujours dans l'état d'esprit nécessaire
pour communiquer avec les enfants et se faire comprendre d'eux. Une Jardinière d'Enfants ne doit
pas être triste ou de mauvaise humeur, mais être à
l'unisson des enfants; surtout lorsqu'elle a une histoire à raconter; là où la disposition intérieure est
très sensible, il faut qu'elle se mette dans l'humeur

des personnages de l'histoire, et ce n'est pas toujours facile. Une très grande maîtrise de soi-même est nécessaire, qui ne peut s'acquérir qu'à la longue et par l'exercice journalier de la volonté, et c'est principalement à cause de l'éducation de la volonté qu'une longue formation est préférable à une formation de quelques mois. »

La Jardinière d'Enfants doit beaucoup donner d'elle-même à ses enfants ; mais pour donner, il faut d'abord qu'elle ait reçu; pour produire il faut qu'elle ait enregistré. Son principal rôle ne sera pas de créer, mais de transformer les notions du monde extérieur ; elle sera le miroir sur lequel se réfléchiront les impressions du dehors et qui les redonnera aux enfants, exactes mais simplifiées, clarifiées, mises à leur portée, purifiées de ce qu'elles contenaient de nuisible et de malsain. Elle traduira à l'enfant le langage des choses, se fera l'intermédiaire par où il touchera du doigt aux plus belles choses et aux plus sacrées, et c'est par cette fonction d'assimilation et de transmission qu'elle atteindra son principal but: «faire connaître à l'enfant le monde et la vie humaine. »

« J'ai l'impression que je ne suis pas assez avec les enfants, que je ne peux pas assez les observer en dehors des leçons, en un mot que je ne les connais pas assez. Et il m'est absolument impossible de venir le matin. Lorsque je me fais cette réflexion, je suis effrayée du peu de temps que dure notre formation. Il me semble que, même en s'y appliquant de toutes ses forces, neuf mois sont bien courts pour se préparer à cette tâche écrasante d'éducatrice. Mais une pensée me redonne du courage : en neuf mois, notre formation ne peut être que très incomplète, mais du moins la base solide nous sera donnée sur laquelle nous bâtirons peut-être toute notre vie. Ce que nous cherchons surtout à l'école, c'est une certaine tournure d'esprit, une direction indiquée et les principes fondamentaux indispensables à toute tâche entreprise ; à nous ensuite de travailler librement, d'observer et de nous perfectionner toujours dans la voie choisie : notre vie ne sera pas trop longue pour apprendre à connaître l'enfant et pour le mener vers le bien et le beau. »

*
* *

« Ce qui est triste au Jardin d'Enfants, c'est qu'on garde les enfants si peu de temps avec soi : 2 ans, 3 ans au plus et c'est fini, ils s'en vont à l'école. Alors, il devient presque impossible de suivre les enfants, de savoir si la semence a fructifié. On doit se demander si vos efforts ont atteint leur but, et il est impossible de le constater. D'autres enfants reviennent, il faut recommencer. Semer toujours et ne rien récolter, c'est à quoi la Jardinière d'Enfants doit se résoudre ; pour cela il faut avoir la foi et beaucoup d'abnégation; mais quelles jouissances ne doit-elle pas éprouver, quand il lui est donné une fois par hasard de recueillir le fruit qu'elle a semé ! »

*
* *

L'éducatrice doit surveiller son attitude non seulement devant l'enfant, mais surtout en dehors de l'enfant, afin de réformer en elle ce qu'il y a de défectueux, sans que l'enfant ait la possibilité de s'apercevoir de cette rectification, et puis aussi pour avoir des habitudes telles, qu'elle n'ait pas besoin de se surveiller en présence de l'enfant. Ce n'est pas se guinder que de se bien tenir, et l'on peut se détendre sans bruit.

Jamais l'enfant ne devrait percevoir un mouvement désordonné ou un éclat de voix ; toujours il devrait constater cette attitude sereine, simple, aisée et joyeuse qui doit être celle de la « Jardinière » pendant les leçons et plus encore en dehors des leçons, là où son attention, n'étant plus fixée sur la leçon se porte librement où telle ou telle chose l'attire.

La femme, qu'elle soit mère, éducatrice, professeur, etc. devrait toujours exécuter cette devise d'une femme remarquable par son bon sens : « *Ne pas faire de bruit, tenir le moins de place possible.* » Au Jardin d'Enfants comme partout, la femme doit agir de cette sorte. On doit pouvoir comme pour la violette la reconnaître sans la voir.

« C'est quand on voit ses sœurs au début du chemin qu'on a déjà parcouru soi-même qu'on se rend compte du progrès accompli au Jardin d'Enfants. On revit en elles ses propres hésitations, ses propres ignorances, ses propres insuccès et aussi ses moments d'abattement devant la tâche qui paraît trop difficile. Mais aussi avec quel plaisir on attend leurs progrès, leurs succès, leurs joies pour les revivre aussi.

Ah ! notre œuvre d'éducatrices n'est pas exempte de difficultés, au début surtout ; et il est heureux que ces difficultés surgissent au début, parce qu'elles ont en quelque sorte la « veillée d'armes » l'épreuve qui permet de reconnaître la véritable vocation des jardinières d'enfants et qui les arme « chevaliers ».

Si elles résistent à ces moments de découragement devant l'insuccès et la fatigue ; si elles raccrochent sans cesse « leur char à l'étoile » qui doit les éclairer, elles sont sûres de réussir, parce que cela prouve qu'elles ont en elles tout ce dont la vraie jardinière d'enfants doit être capable.

*

* *

Importance de n'avoir qu'un petit groupe d'enfants. « On ne peut vraiment bien s'occuper des enfants que quand leur nombre est limité. A mesure que le nombre va croissant, la surveillance va décroissant, parce qu'il est impossible de donner à chaque enfant autant d'explications et de répondre d'une manière complète à chacune de ses demandes. »

*

* *

Combien plus intéressant le petit noyau d'enfants que nous avons actuellement, d'enfants réguliers ou à peu près, que le grand nombre du commencement du trimestre! Certes, il est bon de pouvoir ou plutôt de désirer faire du bien à beaucoup ; mais n'est-il pas préférable de faire plus de bien à un petit nombre, et ne pourrait-on limiter ce nombre et exiger des parents l'envoi régulier des enfants comme on l'exige à l'école, au collège?

La régularité est d'une importance capitale en toutes choses, en éducation surtout ; elle est un des facteurs du développement normal et progressif de l'enfant, parce qu'elle évite les « sauts » les manques, les efforts pour se remettre au point ; chaque jour ayant sa tâche déterminée, et cette tâche étant le lien entre celle d'hier et celle de demain, il est aisé de comprendre que l'absence rompt ce lien et cause un vide qu'il est toujours difficile pour l'enfant de combler. Il lui faut « brûler les étapes » et souffrir de ce procédé anormal.

Nécessité de connaître le milieu où vivent les enfants. « Il doit falloir dans les Jardins d'Enfants populaires comme celui de Charonne que la Jardinière se rende compte du milieu dans lequel vit chacun de ses élèves. Pour élever l'enfant, il faut le connaître, pour le connaître, il faut se rendre compte du milieu dans lequel il vit. L'éducateur doit savoir quelle est la situation morale de ses élèves, de façon à ce qu'il sache comment il doit s'y prendre pour les éduquer et ne pas les gronder à tort, car l'on pourrait parfois être bien injuste, par exemple, en grondant un enfant malpropre. Celui-ci pourrait en effet, avoir de bonnes excuses (travail de la mère, misère). Il est donc fort utile que les éducateurs connaissent les familles de leurs élèves, le milieu dans lequel ils sont élevés. Si cela est parfois compliqué et délicat, ce doit être bien intéressant et nécessaire.

*
* *

Il faut beaucoup de délicatesse et de tact pour rectifier les travers des parents en élevant l'enfant sans diminuer l'autorité de ceux-ci et le respect de celui-là. Exemple : Georges (5 ans) ramasse les ordures avec ses mains, parce qu'il voit sa mère agir ainsi. Il faut, sans condamner ouvertement ce manque de soin, apprendre à l'enfant à mieux faire. »

*
* *

« La crainte exagérée rend l'enfant malheureux. On sent tout de suite quelle est l'attitude des parents à son égard.

B... sanglote, son tablier est déchiré ; il supplie qu'on le lui raccommode, parce que sa mère va « l'attraper », De toute évidence, il redoute un châtiment. Ce n'est pas la crainte saine qui serait par exemple de faire de la peine à sa mère ou de lui imposer une fatigue, L'enfant ne connaît pas ou connaît peu celle-là ; et par ce fait, aime-t-il complètement, je veux dire en toute confiance, sa mère? Non, ce n'est pas possible, et c'est combien regrettable.

Quand donc les parents comprendront-ils que l'éducation ne se fait pas à coups de poing? Quand auront-ils ce besoin ardent de posséder complètement le cœur de leur enfant? Savent-ils quel bonheur infini est entre leurs mains, qu'ils laissent ainsi échapper et recueillir par des étrangers. Grave et regrettable ignorance, pour eux qui se privent d'un si grand bonheur ; pour l'enfant dont le cœur souffre, se replie sur lui-même au lieu de s'épanouir, et peut se flétrir et chercher sa satisfaction ailleurs. »

*
* *

La gaieté. « L'enfant aime la gaieté comme la plante le soleil. Il faut être gai avec lui, de cette gaieté franche, dépourvue de puérilité et de trivialité, de cette gaieté saine où la gravité ne cesse pas d'exister.

C'est un art que de garder son âge tout en sachant retourner à celui de l'enfant, et tout éducateur doit l'acquérir. »

*

* *

« Dans les jeux de mouvements ou tout autre jeu, pour que les enfants s'amusent vraiment, il faut que la personne qui dirige s'amuse aussi pour son propre compte. La gaieté est communicative et comme les enfants ne demandent qu'à rire et à remuer, aussitôt qu'on met de l'entrain dans un jeu, tout de suite les petits le sentent et l'apprécient. »

*

* *

« Michelet dit que quiconque se sent en puissance, c'est-à-dire en pleine possession de toutes ses facultés, est capable de *gaieté sérieuse*, et il ajoute entre parenthèses *la seule vraie*.

Cette remarque a une réelle valeur éducative, et sa sobriété vaut un discours. On se leurre en effet si souvent sur le vrai sens des choses! Pour la gaieté, on croit aisément que c'est le bruit, l'agitation, alors que c'est au contraire l'émanation sereine d'une âme paisible. L'enfant est déjà si porté à aimer le bruit qu'il faut, sans qu'il sente d'opposition trop brusque, calmer ses instincts tapageurs et les canaliser en quelque sorte. Le calmer sans l'ennuyer; le distraire sans l'agiter, voilà ce à quoi l'on peut arriver avec la gaieté sérieuse, c'est-à-dire la joie dans la paix. »

*

* *

Habituer l'enfant à se servir. « C'est un service à rendre à l'enfant que de l'habituer à se servir lui-même, ensuite, que les grandes personnes ne sont pas là uniquement pour le servir ; enfin on ouvre le champ à son observation, à son adresse, à sa persévérance, à sa volonté. Il faut voir nos petits nous dire, la joie dans les yeux, « je me suis déshabillé tout seul. » pour se rendre compte de cela.

Quand on a obtenu cela, on peut aisément obtenir qu'ils aident les plus jeunes ou qu'ils s'aident entre eux ; et on ne saurait trop le désirer ni l'obtenir pour obvier à l'égoïsme inné de ces petits êtres — égoïsme que développent inconsciemment les parents — et pour éveiller en eux la générosité et l'amour fraternel. »

De l'influence des histoires. « Quand je suis venue au Jardin d'Enfants, il y a trois mois, j'étais un peu hostile à la pensée qu'il me faudrait abandonner les contes de fées pour leur substituer des histoires tirées des choses de la nature et non de mon propre fonds; je ne m'en sentais d'ailleurs pas la capacité et j'étais inquiète, connaissant la pauvreté de mon imagination.

Aujourd'hui je suis totalement convertie, et sans renoncer tout à fait aux contes de fées pour de plus grands enfants, je ne saurais plus leur emprunter que leur charme pour raconter mes histoires.

Tout est bien dans la manière de présenter les choses ; si on y met de la vie, du charme, de la couleur, si on leur insuffle de soi et du meilleur de soi, il est impossible que l'enfant ne s'y intéresse pas. Captivé par le merveilleux dont on enveloppe ce qu'on lui présente, son cerveau est en même temps nourri des choses qu'on désire lui apprendre. Et ce merveilleux peut très bien être constitué par des choses qu'il connaît déjà, qu'il aime, comme une maisonnette, un oiseau. Cette constatation recueillie déjà plusieurs fois, mais surtout aujourd'hui, me prouve combien toutes nos facultés sont susceptibles de développement ; et c'est un réel encouragement pour nous qui entrevoyons la multiplicité des dons que nous avons à acquérir, et qui nous sont indispensables pour mener à bien, avec aisance et sûreté, l'œuvre à laquelle nous donnons notre jeunesse et notre cœur. »

*
* *

Joies. Il y a dans le regard attentif des enfants, dans cette communion de leur âme avec l'âme de l'éducateur, une joie infiniment douce pour ce dernier. N'est-ce pas admirable de suspendre l'attention de ces jeunes êtres et d'être pour eux, un foyer lumineux vers lequel ils convergent? C'est admirable et c'est effrayant, car si le foyer rayonne le bien, combien de foyers rayonnent aussi le mal, et au lieu d'éclairer et de chauffer doucement, aveuglent et consument! »

*
* *

« Quelle douceur pénétrante et infinie émane de la confiance et de l'attachement des enfants! Ces deux manifestations ont une telle puissance sur l'esprit qu'elles l'emplissent à ce point que la solitude se trouve absorbée et n'existe pour ainsi dire plus. Les tendances affectives du cœur trouvent un but vers lequel elles convergent instinctivement et qui devient leur principal aliment. Ce but constitue une maternité qui, pour être incomplète, n'en est pas moins réelle et quelquefois, plus intense et plus vraie. »

*

* *

« Quand fatigué par une température lourde et par la vue des verdures accablées de poussière, on trouve au réveil une atmosphère fraîche et la verdure lavée par une bonne pluie nocturne, on se sent revivifié et prêt à tout effort, et on ne peut s'empêcher de comparer le bienfait apporté par la pluie à tout ce qui vit, à l'influence que nous avons au Jardin d'Enfants sur nos petits. Ces chers petits êtres nous viennent pour la plupart, fatigués par l'ambiance malsaine dans laquelle ils vivent, et s'en retournent assainis, vivifiés, réconfortés par cette « pluie douce » qu'est notre tendresse et qui descend sur eux directement de notre cœur. »

*

* *

« Il est du devoir de tout homme de chercher toujours à s'instruire le plus possible, suivant sa condition, mais ceci me semble un devoir particulièrement marqué pour la Jardinière d'Enfants. Plus ses connaissances seront variées et étendues, plus son intelligence s'ouvrira, plus ses facultés se développeront et plus elle pourra donner à ses enfants. Quelle belle chose qu'une profession qui tend toujours vers la perfection et qui y mène d'un même élan les enfants et ceux qui les dirigent ! »

*

* *

Responsabilités. « Quand on cherche à se représenter ce que sera la femme ou l'homme, ce que deviendra le petit être dont on façonne l'esprit, on est ravi et effrayé de la responsabilité que l'on assume. »

*
* *

La part de l'imprévu. « Prévoir l'imprévu », cela paraît au premier abord absurde et impossible, et pourtant si on y réfléchit, on voit que c'est tout à fait possible, et que tout être prévoyant y parvient sans même s'en douter. Car ce n'est pas de la nature de l'imprévu qu'il s'agit, car alors ce serait une sorte de divination qui abolirait l'imprévu, c'est de sa venue probable ou certaine qui permet de lui faire face, c'est-à-dire de n'être pas pris au dépourvu. C'est un personnage très important qui n'entend pas être oublié ; quand on sait lui ménager sa place, il ne se montre pas trop exigeant, mais quand on s'obstine à la lui refuser, il s'impose et sème le désordre et l'ennui.

Quiconque a élaboré un programme sait qu'il faut laisser « un blanc » si on ne veut pas qu'il s'en dessine plusieurs à la place. »

*
* *

Projet d'éducation sociale. « La visite de Lucien a excité au Jardin d'Enfants une très grande curiosité, mais aucun sentiment de malveillance, ni de jalousie, et à la fin de l'après-midi, il était comme définitivement adopté, sa présence au milieu des autres enfants semblait toute naturelle. Comme il serait bon de pouvoir mélanger à l'occasion les différentes classes d'enfants ! Les deux sortes d'enfants y gagneraient beaucoup et peut-être plus tard des résultats sensibles se feraient-ils connaître lorsque les enfants seraient devenus des hommes. Les petits riches apprendraient à ne pas mépriser les enfants moins favorisés qu'eux par la fortune ; ils sauraient que la médiocrité existe au point de vue matériel, mais qu'elle n'entrave aucunement le développement intellectuel : ils apprendraient à voir l'égalité réelle des hommes. Ils apprendraient aussi la charité et verraient des frères, là où leurs semblables ne voient que des esclaves.

Les enfants d'ouvriers, eux, apprendraient à voir sans jalousie le bien-être matériel, à constater sans amertume l'existence de la richesse, comme d'une chose nécessaire et naturelle, dont la répartition n'est pas injuste mais forcément inégale. Ils sauraient que les riches peuvent être bons, qu'ils sont des hommes comme eux, ayant un cœur et une âme, et qu'il ne faut ni railler, ni écraser d'un mépris amer et jaloux. Ce serait le rêve, mais est-il réalisable ? »

Marie PERRON.

IV

L'ÉCOLE MATERNELLE LIBRE

Deux manières d'instruire les enfants
de trois à six ans.

La première est d'en faire des petits
savants, lecteurs, écrivains, calcula-
teurs, prodiges. Cette manière est
détestable, elle fatigue le cerveau,
éteint l'intelligence, violente la nature.

La seconde manière — si bien
trouvée ici — consiste à seconder cette
même nature, à l'ouvrir sous le regard
et par la main des enfants, à les envi-
ronner d'objets aimables : fleurs,
images, oiseaux, poissons rouges, à leur
donner du sable, de l'eau — à former
l'esprit par la réflexion, le cœur par les
services rendus, la conscience par
l'examen, l'âme par la prière.

L'école maternelle libre

Une école maternelle libre

C'est à B***, dans un joli coin verdoyant d'un département de l'Ouest — je suis en tournée d'inspection — je sonne au petit portillon vert de *l'école chrétienne* : il s'ouvre sur une allée bordée de lauriers, ils sont en fleurs et c'est gai déjà, mon premier pas chez les tout petits !

Personne ne se dérange ; on n'attend pas Madame l'inspectrice ; et les mamans ont l'habitude de venir jusqu'à la classe... C'est une maman tout de même...

Sensation !.. mais point de trouble. La directrice, une sécularisée, une autre maman, me reçoit avec son bon sourire, le sourire franc et gai des enfants, de *ses enfants*.

Quelques mots de bienvenue et les exercices reprennent.. Ah ! on ne s'ennuie pas à l'école !... A la Maternelle de B***, on apprend quelque chose?.. Eh oui ! on apprend à lire, à écrire, à compter, à dessiner, à se tenir bien, à être sage, et à rendre service à son petit camarade ; on y apprend aussi à aimer le bon Dieu, à obéir à ses parents... enfin beaucoup, beaucoup de choses qui entrent tout doucement dans le cerveau des petits enfants et dans leur cœur.

— Si nous suivions la leçon?..

— Mademoiselle la directrice, vous avez de bien belles roses sur votre bureau?..

— Oui, Madame, c'est pour la leçon de choses...

Alors, je vous écoute.

Et les questions succèdent aux questions sans bruit, la maîtresse d'un geste, d'un regard, modérant l'ardeur à répondre, désignant celui ou celle qui doit parler.

Et j'apprends que la lettre intéressante du mot rose, celle qu'on entend bien, c'est un *o*; et un petit de quatre ans va au tableau, écrire avec de la craie de couleur plusieurs *o*..

J'apprends encore que la craie est de la couleur de la rose, que le tablier de la petite Marguerite est *rose*, que les joues de Pierre sont *roses*.

Aimée qui a trois ans lève son petit doigt... elle veut parler...

— Il y a chez grand'mèr des roses qui... sont pas roses...

— Ah !.. et comment sont-elles?..

— Jaunes, rouges... je vais faire voir... Et elle cherche dans la boîte de craie, la couleur des roses de Grand'mère.

— Je saurai faire une rose !.. s'exclame tout fier Maurice qui a cinq ans.

Et il va au tableau dessiner sa rose.

Une rose à cinq pétales...

Je m'étonne... Maurice, votre rose ne ressemble pas du tout, du tout, à celle de Mademoiselle.

— Je sais bien, c'est la rose de la haie du jardin ; elle se nomme comme la grande sœur de Jean.

— Et comment se nomme la grande sœur de Jean?..

— Eglantine.

— Je sais écrire ce nom, me dit Marcelle qui a six ans depuis deux jours... Et elle l'écrit bien lisiblement en lettres droites sur son ardoise.

Et la leçon continue pendant vingt-cinq minutes. Vraiment les tout petits savent beaucoup sur la rose !... Une petite fille, (elles sont déjà coquettes à cinq ans !) connaît *l'essence de rose* qui *sent bon*, et que maman met le dimanche sur son mouchoir, une autre *l'eau de rose* avec laquelle on a lavé les yeux du petit frère. Un enfant de chœur *en herbe* a *effeuillé des roses* le jour de la Fête-Dieu. Et une habile, une future catéchiste sans doute, nous dit que le *Rosaire* est fait de beaucoup de roses que l'on offre à la ...nte Vierge en récitant : *Je vous salue, Marie* !......

Un silence. Les ardoises sont sur les petits bureaux, les crayons de couleur sous la main, on va dessiner... la rose avec ses feuilles vertes.

Mais ces deux rangées de petits — trois ans — ne dessinent pas?..

— Non ; ils plient et découpent le papier rose avec lequel la première division fabriquera les roses à la minute.

Je regrette d'être obligée de partir avant la fin de la journée... parce que j'aurais vu combien la Directrice est habile dans l'art d'éduquer les *tout petits*. Elle sait que l'enfant a « faim et soif de beauté » : aussi sa classe est belle par sa reluisante propreté, la décoration choisie, les jolies gravures, les fleurs sur le bord des fenêtres. Puis son enseignement est beau ; elle sait dire de *belles choses* à ses élèves, elle leur apprend les *bonnes actions*, elle amène toutes les petites âmes à admirer la *belle nature*, — les beaux arbres, les belles prairies, la belle rivière que l'on voit de l'école, — la *belle église* où l'on va le dimanche *et le bon Dieu* qui a fait pour le petit enfant tant de belles et bonnes choses !...

Elever les tout petits c'est une merveilleuse œuvre d'art !...

*
* *

A la Maternelle publique

Mon amie de pension, Madame Gélior, m'emmène à *la Maternelle*, elle y a ses bébés.

J'ai encore dans l'esprit, en vision de beauté, l'école de B***.

Hélas ! quelle désillusion !...

Une grande cour triste, aux murs gris, sans une branche de lierre, sans un brin d'herbe sur la crête !. A gauche, un préau poussiéreux et défoncé. Pas de sable, pas de terre glaise, rien pour amuser les petits...

La classe... comble !... 180 élèves entassés où le règlement chez nous n'en souffrirait pas 150...

Trois maîtresses, dont la Directrice, et deux normaliennes pour surveiller et faire travailler ce petit peuple. Car on travaille ferme ; même quand on s'amuse. C'est l'ordre... interdiction absolue de varier les plaisirs.

Les fenêtres hautes par lesquelles on ne peut voir que les nuages qui courent et les hirondelles qui se poursuivent... Aux murs, quatre tableaux noirs, des tableaux de lecture, de zoologie, de botanique, une grande carte de France. Dans un coin un boulier.

Mon amie me présente ; bien disciplinés, les enfants se lèvent, saluant *la dame*...

Je n'ose pas demander que l'on fasse la classe devant moi... Que dirait Monsieur l'Inspecteur primaire s'il me surprenait?...

« Mais il ne dirait rien ; il aime que les mamans assistent à nos leçons et vous êtes avec une maman.»

Quelle baguette de fée ont-elles donc en mains les institutrices de la maternelle laïque?...

Le soleil rentre à flots... toutes les mines s'éveillent... Et pourtant il n'y a pas de soleil dans cette longue classe au plafond trop bas, aux fenêtres trop petites ;... mais il est dans la voix, dans les yeux, dans le geste de celle qui parle.

C'est une leçon de choses comme à B***... Le soulier, pas un soulier neuf, pas un *beau* soulier ; celui de Popaul, un petit gosse dont la maman n'est pas riche du tout... Mais ce pauvre petit soulier a tout l'air de quelque chose de bien dans la main de Mademoiselle !...

On le détaille ce petit soulier, on y touche pour savoir si le cuir est souple, si la semelle est ferme.

Qu'est-ce qu'on peut bien faire avec un soulier?...

Qui fabrique le soulier?... Si l'on dessinait le portrait d'un cordonnier?...

Un peu décrit le cordonnier du coin de la rue, et Mademoiselle, au tableau, dessine ce que dit le petit : voici le cordonnier, son échoppe, la maman qui apporte le soulier à raccommoder. Comme c'est joli le dessin de Mademoiselle !... comme ça ressemble !...

... « Nous ferons ça sur nos ardoises. — Moi, je ferai le magasin de notre rue, c'est bien plus beau que l'échoppe ; il y a des belles dames, je dessinerai les belles dames !.. »

Mais voilà que Mademoiselle assied Popaul, elle met le petit pied de Popaul dans le soulier...

Il faut dire comment on se chausse ; comment on nettoie sa chaussure.

Maintenant on compte les souliers; c'est la petite classe qui fait l'addition.

Les grands feront la multiplication... Oh ! la jolie multiplication !... Trois bébés sont au tableau.. chacun a une paire de souliers... combien de souliers?...

... Nous allons dessiner un soulier, un gros soulier avec son lacet, puis deux, trois, puis beaucoup, alignés comme dans la boutique du cordonnier.

Et la bonne tenue en marchant, il faut en parler un peu... les petits enfants évitent les flaques d'eau qui salissent, les pierres pointues qui déchirent la chaussure. Il ne faut pas abîmer ses souliers ; la maman a dû travailler pour les acheter.. Il y a de petits enfants qui n'ont pas de souliers ... Et Mademoiselle raconte une histoire... une histoire vraie, dans laquelle un garçon de dix ans s'est déchaussé dans la rue pour donner ses souliers à un petit de huit qui avait les pieds nus dans la neige (1) !

J'ai suivi avec attention, avec ravissement, comme les 180 élèves, la leçon de Mademoiselle.

Et je me suis posé cette question : Pour faire aimer l'école est-il nécessaire qu'elle soit jolie, confortable?.. Ne suffit-il pas que l'on sache intéresser les enfants et leur donner goût au travail?..

Et de tout cœur j'admire l'Institutrice des Maternelles. Comme sa collègue de l'Enseignement libre, elle mérite pour son œuvre la reconnaissance des mères : elle dégrossit leurs tout petits. Mais je

---

1. D'après une leçon de Study. *Revue de l'Enseignement* 19.. Février.

ne puis me défendre d'un regret, que n'en fait-elle davantage? Que n'éveille-t-elle dans l'âme de l'enfant le sens chrétien !

*
* *

Toujours à côté

Notre Maison Modèle

Venez donc voir, chère Madame, vous qui vous intéressez à nos petits élèves, comme ils sont bien logés !.. Vraiment les familles ne se plaindront pas !... Et me voilà suivant la directrice de l'École maternelle.

Le quartier de l'école dévale vers la rivière, quartier d'ouvriers grouillant d'enfants.

Une grande porte brune dans une façade blanche aux larges fenêtres, c'est la Maternelle. La cour est tout ensoleillée, un immense préau en occupe tout un côté. C'est la récréation ; deux cents enfants au moins jouent par groupes sous la surveillance de quatre jeunes adjointes.

Sous le préau, dans un coin, un gros tas de sable. Un garçon y a planté un drapeau fait avec son mouchoir mis au bout d'une vieille règle. « C'est mon fort, me dit-il et *je le défends* » ; et, de fait, il repousse tous les petits camarades qui seraient si contents de faire des pâtés !

« Allons, descends », ordonne la Directrice. Et le bambin glisse de son fort en faisant la moue !... je comprends ça !...

— « C'est le sable pour les allées du jardin ; inutile de le faire perdre. La municipalité n'en donnerait pas d'autre... »

— Alors vous ne laissez pas jouer les enfants avec le sable?.. »

— Oh ! Madame !.. mais ils en apporteraient dans toute la maison ! Et nous avons bien assez de travail comme ça, avec nos deux cents !.. Surtout depuis que nous sommes tenues de les faire se laver les mains avant d'entrer en classe...

... Mais entrez donc voici nos lavabos... C'est mon école qui a les premiers !... »

J'entre ; un grand vestibule ; au milieu un très long lavabo émaillé, vert pâle, muni de 10 robinets sur deux rangées dos à dos, au-dessus de 10 cuvettes mobiles et renversables. Savon, éponges pour le visage, serviettes de toilette rien ne manque. Ce lavabo, c'est certainement le luxe de l'école.

Un coup de cloche ; les jeux s'arrêtent ; une des maîtresses entonne une marche, et à la queue leu-leu, division par division, c'est la rentrée en classe ; mais avant, 20 petites mains barbottent en même temps dans les 10 cuvettes, quelques museaux s'allongent, pas beaucoup, sous l'éponge de la surveillante... on n'a pas le temps... de débar-bouiller tout le monde !..

Les classes sont vastes, éclairées par de larges baies, les bureaux soigneusement vernis ; les murs décorés d'images-affiches ne sont pas trop moroses malgré les tableaux noirs et les cartes géogra-phiques ; mais que tout cela sent la classe !.. le travail !... et pour des enfants de trois à six ans !...

Quelques explications que me donne aimable-ment la Directrice et je suis au courant du programme.

Ce programme n'a guère changé depuis le règle-ment de 1887. Les petits de deux ans et demi comme ceux de cinq ans ont à apprendre des fables, du calcul, de la géographie. A cinq ans, ils commencent la lecture, l'histoire naturelle. Il n'y a que les leçons de choses et le dessin qui présentent un côté récréatif ; ajoutons les chants à l'unisson et en *deux parties*, les jeux et les marches (exercices gradués), le pliage, tressage, tissage, les notions de morale, les soins d'hygiène et de propreté, et nous connaîtrons *tout le programme* de l'école maternelle.

Mais il semble, ai-je dit à la Directrice, qu'un tel programme charge outre mesure l'intelligence des enfants... de quelques-uns vous ferez peut-être des petits prodiges ... mais des autres?...

— C'est bien ce qui a eu lieu en effet, dès l'application des programmes ; les jeunes maîtresses pleines d'ardeur, d'une trop grande ardeur, ont voulu que les petits de six ans sortent de l'école sachant lire, écrire, compter, mêmes capables de faire une dictée !...les mamans étaient très fières...

Il a fallu en rabattre ; et aujourd'hui il y a de grandes coupures dans le vieux programme ; et ordre est donné de *jouer avec les enfants*. C'est du nouveau ; tout le monde n'est pas content !...

— Mais ici dans votre école, *votre École modèle*, quelle méthode appliquez-vous?... celle de Frœbel?

— Non, pas complètement, c'est plutôt celle de l'enseignement par l'image, ou la leçon de choses, ou encore le *centre d'intérêt*.

— Ne croyez-vous pas que l'éducation des tout petits gagnerait si l'on adoptait la méthode des *Jardins d'enfants*?...

— Ah ! Madame, quel rêve !... mais aussi quel bouleversement!... Aucune de nos maîtresses ne serait préparée à cet enseignement... il faudrait réclamer des maîtresses étrangères... Non vraiment on ne peut pas......

......J'ai quitté l'école modèle... répétant moi-même le «non vraiment on ne peut pas... » je l'ai entendu si souvent... toutes les fois que j'ai proposé une innovation !...

L'Ecole maternelle !... mais c'est la grande volière où le petit oiseau essaye sans aucun danger *d'user tout seul* de ses ailes !...

L'institutrice est peut-être une femme très instruite, mais elle est avant tout une maman, elle veille, surveille son petit monde. Enjouée, affectueuse, elle varie les exercices de l'école. Tout ce qu'elle enseigne est enveloppé de plaisir. Peu lui importe que l'enfant sache lire ou ne pas lire quand il entrera à l'école primaire. Il ne s'agit pas de *le gaver*, de *le gorger*, mais de ne point déformer son intelligence par un surmenage absurde. L'école maternelle est un jardin, qu'on n'en fasse pas un verger.

Est-ce l'idéal?

Un jardin d'Enfants

Il semble que le souci de l'Education moderne en Belgique et en Amérique soit d'amener l'union plus complète de l'école, de la famille, de la société, afin que tout ce qui influe sur la vie de l'enfant puisse agir de concert. Le jardin d'enfants répond à ce souci parce qu'il est *l'école de la nature*. En effet, la nature tout entière de l'enfant s'y développe ; ses facultés physiques, morales, sociales, intellectuelles, esthétiques sont mises en jeu. Et ce développement se fait normalement, librement comme il le serait par l'éducation familiale.

Les jardins d'enfant ont une histoire ; la voici en quelques lignes.

L'Allemand Frœbel, s'inspirant de la pédagogie de l'Emile de Rousseau, a inauguré tout un système rationnel d'instruction, où, grâce aux jouets, aux images, tout parle à l'enfant. Cette méthode, reprise par Mme Pape-Carpentier, revint en France dans a seconde moitié du XIXe siècle. Adoptée par les Asiliennes, elle fit merveille dans les asiles dirigés par les Sœurs de la Sagesse (congrégation de Saint-Laurent sur Sèvres). Mais quand l'Etat eût substitué à l'examen spécial de directrice de salle d'asile le C. A. P., la méthode de Mme Pape-Carpentier fut abandonnée par les institutrices des écoles maternelles publiques.

Aujourd'hui, la Suisse, la Belgique ont leurs *jardins d'enfants*, la France attend les siens.

Les jardins d'enfants de *Liège*, ceux qui ressemblent le plus au *jardin modèle* de Berlin, sont au nombre de 20 et comptent 4.000 enfants. Ceux de Bruxelles, dont je parlerai plus loin sont très bien agencés mais plus resserrés dans les *agglomérations* que ceux de Liège.

Tous les jardins belges sont pour ainsi dire prolongés par les grands espaces plantés d'arbres mis à la disposition des enfants, d'avril en juillet (promenades publiques, squares, parcs,) plusieurs jours par semaine et à des heures déterminées.

C'est là que se déroulent les rondes joyeuses rythmées par les chants populaires flamands.

Au mois de février 1907, la Société Frœbel créait à Paris, 53, rue Claude-Bernard, le premier jardin d'enfants.

Une petite maisonnette en bois à deux pièces, des fleurs, des poissons rouges, des tourterelles, cinq ou six bambins de 3 à 7 ans, voilà le *Jardin* et ses hôtes.

Tous les exercices : gymnastique, chant, constructions à l'aide de solides géométriques, dessin, ont pour but de fortifier le corps, d'exercer le sens musical, le coup d'œil, la légèreté et la dextérité des doigts.

Un carré de jardin est réservé à chaque petit écolier, il le cultive, le soigne lui-même. Le Jardin d'enfants est bien comme l'a voulu Frœbel : une école d'initiative.

Quelques années avant, en 1902, l'Union familiale, grâce à Melle Gahéry, créait, rue de Charonne, 172, à Paris, une *Garderie* qui devait se transformer peu à peu en jardin d'enfants. En 1907, l'Union familiale quittait le 172 pour occuper le 185 de la même rue (1).

*
* *

En Belgique

Voici la relation d'une visite faite par M. Couyba aux écoles publiques de Belgique.

« Ils sont là trois cents bambins et fillettes, de trois à six ans, hauts comme des bottes, assis à des tables proprettes et minuscules, s'ingéniant à des travaux de patience artistiques, d'après les dessins de leurs maîtresses au tableau.

Avec des bois découpés, ils construisent des portiques, des maisonnettes. Nous passons à la salle des jeux. Sur le parquet, des carrés et des cercles sont tracés à la craie. Au rythme du piano, deux

1. Cf. dans le présent ouvrage l'article intitulé L'Ecole de Formation sociale (Jardin d'Enfants).

cortèges, les petites filles avec des cerceaux enrubannés, les petits garçons avec des bâtonnets viennent se ranger face à face sur les lignes blanches En place pour le quadrille et le menuet ! Pas une parole ! La musique seule ordonne les mouvements, saluts, révérences, enchaînements, vivantes combinaisons de fleurs géométriques ; un vrai jeu de grâces !... Education artistique des yeux, de l'oreille et du corps ! C'est tout simplement exquis (1). »

Nous lisons d'autre part :

« Un Kindergarten n'est pas une école ; c'est un ensemble de salles de jeux. On n'y voit ni livres, ni cahiers, mais des fleurs, des oiseaux, des images, des jeux de construction, des perles, du sable. On n'y récite pas de leçons, mais on y raconte des histoires, on y fait des rondes et des marches, on y chante beaucoup. On n'y reçoit ni punitions, ni récompenses, et l'on en sort à six ans sans savoir lire, écrire ou compter (2). »

Il faut entrer dans un de ces jardins quand tout le petit monde d'enfants est occupé... et alors c'est une impression d'épanouissement de vies que pas une seule de nos écoles maternelles françaises n'est capable de produire. Les fleurs, les oiseaux, les enfants, joie des yeux et joie du cœur, des sourires et des chants, voilà ce que vous rencontrez dès le seuil du Jardin.

Mais je laisse la plume à Mademoiselle Decaux, présidente du Syndicat des institutrices privées, Paris-Abbaye, Inspectrice des écoles libres du diocèse de Versailles.

« Une vaste salle très gaie, au centre de l'école,

Manuel Général, mars 1907.
2. Mlle Bandeuf, (rapport 3e Congrès Education familiale. Bruxelles 1910).

ensoleillée toutes les fois que se montre l'astre du jour. C'est la salle des jeux. Là, et dans la cour s'il fait beau, ont lieu les marches rythmées, les exercices de simple gymnastique, les jeux libres où l'on amène les enfants se délasser entre les séances éducatives dont la durée va de 10 à 20 minutes et comprend plusieurs exercices quand elle atteint une demi-heure. La salle de jeux s'ouvre sur une vaste cour ; cour bordée par un véritable jardin, une longue plate-bande divisée en petits carrés, où les enfants peuvent vraiment jardiner. Ceci, c'est l'idéal et ne se rencontre pas partout. Mais partout la salle de jeux est riante, avec un vitrage clair, décoré de scènes enfantines, genre Kate Greennaway. Il y a dans un coin un lavabo très gentil avec robinets d'eau chaude et d'eau froide et petites cuvettes séparées. Les enfants prennent au *jardin d'enfants*, entre autres bonnes choses, l'habitude et le goût de la propreté, dont ils ne pourront plus se séparer.

Il y a toujours trois divisions basées sur l'âge : trois ans, quatre ans, cinq ans, et chaque division a sa salle d'exercices séparée avec mobilier assorti à la taille moyenne de la division. — Mobilier simple et tout familial. — Ni gradins, ni rien qui ressemble à des pupitres.

Les enfants sont assis sur de petits sièges à dossier autour de tables de chêne, basses et commodes, de forme oblongue, avec angles arrondis. Ils sont rangés des deux côtés de leurs tables se faisant vis-à-vis comme à la table de famille.

La maîtresse circule beaucoup d'une table à l'autre, et de sa place, quand elle raconte ou démontre, peut facilement voir tout son petit monde. Chacun du reste est assis au large, et nul ne coudoie son voisin, la salle d'exercices ne devant contenir qu'une trentaine d'enfants. Sur trois côtés des murs, à hauteur d'enfant, des tableaux noirs pour dessiner, et sur la quatrième face, des images, des peintures, des fleurs, des oiseaux, des scènes familiales, des armoires et des vitrines où l'on place le matériel et les travaux exécutés s'appuient sur cette dernière cloison dont la table de la maîtresse occupe le milieu. Il y a une quatrième salle pour les arrivants, car il faut les habituer, les discipliner peu à peu, les exercer aux jeux réglés avant de les placer dans leurs divisions.

Les exercices correspondent au développement de leurs facultés. Les petits ont les trois premiers *dons* de Frœbel : la balle, le cube, le cylindre, puis des briques de construction, des perles, du sable.

Le sable, de beau sable blanc, qu'on verse sur la table, et qui ne sert jamais qu'une fois, est la matière des *pâtés* et des *gâteaux* qu'ont faits toutes les générations d'enfants, mais qui ici se font proprement. Les moules sont de différentes formes, ronds, carrés, ovales. On apprend peu à peu à les faire réguliers, à les ranger par deux, par trois... en lignes, en cercles...

Le sable sert encore à... dessiner. On a supprimé depuis quelque temps les ardoises aux jardins d'enfants, par raison d'hygiène et de propreté...

Maintenant c'est sur le sable blanc, bien uni par le passage de la règle plate de la maîtresse, que le bébé de 3 ans s'exerce à tracer avec son petit doigt des lignes, des ronds, des carrés, des maisons quelquefois ou les petites fantaisies qui passent par son imagination...

La salle moyenne a tout cela. Et de plus le cube se divise en 8 parties que l'enfant doit apprendre à rajuster sans se tromper, elle a les bâtonnets, puis le matériel des exercices de tressage et de tissage.

C'est aux tableaux noirs qu'on y dessine, et j'ai vu toute une série de dirigeables qui montrent que l'on n'est pas dans ce petit monde en retard sur les grandes inventions.

Les *grands* de cinq ans, enfin, ont le quatrième *don*, le cône ; ils dessinent sur du papier, agrémentent leurs compositions de coloris variés, ils font du modelage avec de la glaise et confectionnent de menus objets de papier tressé ou tissé.

On a supprimé les exercices de piquage, les médecins scolaires ayant remarqué que les yeux de certains enfants s'y fatiguaient. On a supprimé aussi la planchette carrée qui se divisait en figures géométriques, les inspections ayant révélé que certaines jeunes maîtressses faisaient de la science mal à propos.

Un talent nécessaire aux maîtresses, c'est le dessin au tableau.

Il faut qu'elles acquièrent une grande facilité pour illustrer toutes leurs leçons, non seulement en représentant les objets qu'elles ont décrit, mais les scènes qu'elles racontent. Elles le font à mesure que leur histoire se déroule — en quatre actes habituellement — et ces croquis sont d'un grand secours pour faire reconstituer ou expliquer l'historiette par ceux qui ont bien écouté. Et la plupart sont tout oreilles.

Ces petits enfants ont d'ailleurs la physionomie attentive, intéressée en même temps que calme. Ils regardent bien franchement, sans hardiesse, ni trouble ; quelques-uns m'ont parlé gentiment, sans parader, ni s'intimider.

Un petit garçonnet de cinq ans m'a touchée : j'admirais le joli bateau dessiné sur la feuille placée devant lui. « C'est lui qui l'a fait », m'a-t-il dit, souriant, en montrant son voisin.

Donc le petit enfant apprend à voir et à comprendre ce qui l'entoure, à nommer toutes choses par leur nom exact, à se rendre compte de leurs qualités. Il distingue les couleurs ; il distingue les formes... il sait les reproduire... il sait déduire...

Son oreille s'est exercée. Elle perçoit la justesse et la liaison des sons, le rythme musical auquel l'enfant sait associer le rythme des mouvements.

Il a appris par intuition à parler correctement.

En sortant du Jardin d'enfants, les petits élèves ne savent rien des programmes primaires, mais ils sont merveilleusement bien disposés à apprendre, leur santé est bonne, leur caractère affermi, leurs facultés éduquées, leur volonté dirigée par de bonnes habitudes » (1).

J'ai vu de près à Bruxelles ces milieux charmants de jeunes enfants et non seulement dans les « Jardins de ville » qu'a visités Melle Decaux, mais dans ce qu'elle nomme les « Ecoles gardiennes chrétiennes » ; là on initie l'enfant à la religion comme on l'initie aux choses matérielles. C'est d'ailleurs par application de la méthode belge que j'ai pu obtenir des tout petits, à propos d'une simple leçon de choses, des réponses ingénues, sans doute, mais en même temps lumineuses de foi et de piété. L'âme des petits enfants s'ouvre aux choses religieuses comme les fleurs printannières au premier rayon de soleil (2).

1. Mlle Decaux. Ecole Française 1910-1911.
2. Un petit garçon de 5 ans répondait à cette question : « l'âme du petit enfant a-t-elle des ailes pour monter jusqu'au ciel comme un petit oiseau ?—

Il faut avoir vécu au milieu des tout petits,—garçons et filles — avoir travaillé pendant plusieurs années au développement de leur petite personnalité pour comprendre toute l'attirance de l'enfant et la beauté de l'éducation. Rien n'est plus joli encore que ces théories d'enfants s'en allant pendant les jours d'été jouer sur les pelouses qui leur sont réservées dans les jardins publics. Les quelques heures au grand air apportent aux petits Belges une provision de santé qu'il leur serait impossible de puiser dans les rues étroites et populeuses de certains quartiers de la capitale.

Dans nos villes de France, nos grandes villes, y aurait-il donc impossibilité de conduire la maternelle au parc, au jardin botanique, au square? Une pelouse ne pourrait-elle être laissée aux ébats de nos tout petits?..

S'il y a impossibilité pour la Maternelle publique que les règlements enserrent comme les écoles primaires, l'école libre ne peut-elle innover?...

Non seulement l'école maternelle chrétienne est transformable, mais la Garderie... La garderie qu'il faudrait ailleurs que dans une chambre trop étroite donnant sur une cour humide et sombre ;... la garderie, confiée presque toujours à une femme quelconque, sans aucune éducation, sous le prétexte qu'elle remplit l'office d'une bonne d'enfants et rien de plus. Il y a cependant beaucoup plus ; il y a la première éducation, cette première éducation si importante, puisque, mal faite, elle entraîne aux écarts de la vie.

Elle en a deux. — Et lesquelles ?... elles se volent ses ailes ?... — Eh bien c'est la prière du matin, et la prière du soir... » — Que d'autres jolies réponses je pourrais citer encore...

Un essai pour les tout petits

La garderie de Madame Marie

Quel âge a Madame Marie?

Si je m'adresse à ses cheveux blancs, elle a sûrement 60 ans ; mais si je regarde ses yeux clairs tout lumineux, sa bouche rieuse et son front sans aucune ride elle n'en a pas 30. — Elle est jeune, on ne peut dire le contraire ; comment serait-elle vieille avec tous ses bébés?..

Ses bébés!.. elle en a 53 !..

« Oui, 53, madame, et les deux derniers font leurs dents.

— Mais alors, c'est une pouponnière votre garderie...

— Une pouponnière?.. Si vous voulez. Eh bien ! venez visiter mes poupons. »

C'est à X., une grande ville industrielle, dans un des quartiers excentriques.

« On ne fait pas garder ses enfants, vous comprenez, dans les vieilles rues enfumées !.. Il faut de l'air à ces petits et ma foi ! je n'ai trouvé rien mieux que la vieille maison de grand'mère... » Et Madame Marie m'ouvre la grille du jardin.

Le jardin !... l'ancien jardin, avec sa large pelouse ornée d'un massif au milieu et de trois arbres autour ; avec ses allées sablées le long des plates-bandes bordées de buis ; avec ses charmilles encadrant la vieille maison, à un seul étage.

Les trois fenêtres à petits carreaux du salon sont ouvertes et j'entends des rires joyeux répondant à une voix jeune, une vraie voix de musique...

« C'est Marguerite, me dit Madame Marie, qui amuse les petits. »

— Qui, Marguérite?..

— Marguerite, la fille du contre-maître de l'Usine... vous ne connaissez pas Marguerite?.. »

J'entre dans le salon ;... il faut bien connaître Marguerite.

Le salon?.. il n'y en a plus, mais une salle de jeux avec des petits sièges de paille : fauteuils, chaises, tout cela léger et transportable à la taille des tout petits.

Pour l'instant, les 53 sont placés en hémicycle sur deux rangs, et Marguerite est au tableau noir.

Marguerite, une belle jeune fille de vingt ans « Petite Mère », comme me l'a dit en confidence un garçon de trois ans.

— Alors on fait la classe chez vous, Madame Marie?..

— La classe dans une garderie!... et avec des enfants comme ceux-là? !..

— C'est vrai ; vous m'avez dit qu'ils étaient *vos poupons*... Où sont donc les deux derniers?... »

Madame Marie sourit, mais ne répondit pas...

Encore un mystère de sa charité, sans doute.

Comme elle je me mis à écouter... Ah !.. le joli conte qui se déroulait et sur les lèvres de Marguerite et au bout de ses doigts !.. Un joli conte !.. plutôt la Fable de la Cigale et de la Fourmi arrangée par la conteuse et avec une suite : la *revanche de la Cigale*.

Toute la bande des *poupons* était tout yeux et tout oreilles, puisqu'on entendait et voyait. Les grands arbres, la maison de la fourmi, la pauvre cigale clopin clopant, les ailes pendantes, la fourmi droite comme un *i*, les pattes sur les hanches, bouchant l'entrée de sa maison.

Puis voilà le ruisseau qui est tout près, qui grossit,

grossit, touche à la maison de la fourmi... etc...
et voici la cigale s'évertuant à faire un pont avec
des brindilles... il faut bien sauver la fourmi...

« La cigale a des ailes, s'écrie un petit, pourquoi
qu'elle s'en sert pas?.. »

La cigale se sert de ses ailes, transporte la fourmi
sur son dos à la grande joie des spectateurs...
Marguerite n'a pas fini. C'est le tour des petits
conseils, pour apprendre à se rendre service les uns
les autres... Et alors les réflexions, les remarques
de chacun. Comme les petits observent sans qu'on
s'en doute !..

Je laisse Marguerite au milieu de *sa famille*.

Madame Marie a une autre chose à me montrer...
La salle à manger est transformée en atelier.

Ici on découpe des feuilles et des fleurs, on colle
des maisons de carton, on fait du modelage, on
dessine des bonshommes, des bonnes femmes, des
animaux.

Les garçons construisent toutes sortes de choses ;
des fours, des huttes, des chaumières, des maisons
de poupées... tous leurs matériaux sont là dans ce
grand cabinet *l'ancienne office*.

Mais quelle bonne odeur de soupe !.. C'est le
déjeuner qui s'apprête ; Madame Marie a créé la
cantine scolaire. Les mamans employées à l'usine
n'ont guère le temps de s'occuper du déjeuner des
enfants !.. Et ils sont si bien à la garderie !

— « Alors, Madame Marie, vous avez une cuisinière maintenant?..

— Oui, voyez... »

À la cuisine, Mademoiselle de G***, la fille du
châtelain est à son fourneau, et Charlotte, la fille de
sa concierge met le couvert...

— Madame Marie... vous êtes une fée... une
vraie fée !... »

— Mais non, je ne suis pas une fée ; mes jeunes
filles, en femmes chrétiennes, ont compris ce que
doit être la collaboration à une œuvre sociale,
voilà tout.

Elles sont de service pendant une semaine, il ne
faut pas exiger trop à la fois, mais je suis persuadée
que celles qui viennent à la garderie faire l'apprentissage de l'enfant ne laisseront pas les leurs, quand
à leur tour elles seront mères de famille, entre les
mains de vulgaires mercenaires.

Mademoiselle de C*** a renoncé cette semaine à
une fête mondaine — *elle est de service* — c'est
bien... n'est-ce pas?.. Mais je m'y attendais ;
parce que mes jeunes filles ne se dévouent pas à
demi.

— Et vos deux derniers poupons?..

— Ceux qui font leurs dents, venez les voir ...»

Et Madame Marie m'emmène dans sa chambre ;
couchés dans leurs berceaux dorment à poings
fermés deux bébés...

« Eh oui ! Madame, j'ai ces deux petits, les deux
jumeaux de la *veuve*. La pauvre femme, depuis
l'accident qui lui a enlevé son mari, ne peut pas
quitter l'usine... il faut manger !.. Alors je garde
les bébés. Ils sont miens, ceux-là, tout à fait miens...
Si vous saviez comme ils m'instruisent ! Moi qui
n'aimais pas les enfants autrefois, qui les trouvais
insupportables, insignifiants !... Quelle sottise !
c'est moi qui étais insignifiante et peut-être insupportable.

C'est ma vie maintenant, toutes ces intelligences
qui s'éveillent, toutes ces petites consciences qui
s'affirment, toutes ces volontés qui s'expriment.

Quel beau jardin est le mien !...

C'est bien une rude surveillance parfois, la mauvaise herbe pousse vite, il faut l'arracher sans pitié ; il y a bien aussi quelque coup de ciseau à donner, quelque *gourmand* à arracher ; mes jeunes filles, mes ouvrières m'aident à cette besogne.

Tout en causant, nous arrivions au jardin, derrière la maison.

— « Vous avez conservé l'orangerie et les serres que votre grand'mère aimait tant à montrer à ses amis?..

— Oui..., point comme les voulait grand'mère.

L'orangerie est devenue une salle pour les rondes, les danses, les chants rythmés comme dans les *Jardins d'enfants* ; une des serres, la plus grande, est maintenant une grande volière où s'ébattent des petits oiseaux de toutes sortes... « Il faut instruire un peu nos enfants en les amusant ; et ils comprennent si bien les oiseaux !... »

L'autre serre est le jardin d'hiver. Les enfants, ceux de cinq ans, y rentrent leurs fleurs préférées, y préparent leurs semis pour les premiers beaux jours.

Mais au printemps et l'été nous jardinons dehors. Même les petits de trois ans ont un petit coin pour bêcher, planter, replanter. »

J'allais me retirer très satisfaite, en m'excusant du temps que je faisais perdre...

« Mais nous n'avons pas fini. Et la chapelle?...

— Vous avez une chapelle?...

— Oui, j'ai une chapelle, et j'y ai le bon Dieu.

On ne peut pas éloigner nos petits de Celui qui a dit : « Laissez venir à moi les petits enfants. » Et comme je ne pouvais pas tous les jours lui conduire mes enfants, c'est Lui qui est venu.

J'ai obtenu de Monseigneur un vieux prêtre comme aumônier, il nous dit la messe tous les matins à 9 heures 1/2 ; nos petits chantent des cantiques. Ils suivent très sagement la messe, et j'ai même deux garçons de cinq ans qui s'essayent à balbutier le latin du petit servant de messe. »

Nous étions à la chapelle.

— « Mais c'est la salle de billard...

— Eh oui ! On n'y joue plus, on prie ; il faut bien gagner son salut...

« Les fleurs près du tabernacle viennent du jardin des enfants ; à mesure qu'elles s'épanouissent nos petits les apportent au bon Jésus, et le plus sage place lui-même les vases sur l'autel.

— Tous mes compliments, Madame Marie, vous soignez l'âme de vos petits enfants comme leur intelligence et vous savez aussi leur donner de bonne soupe... vous les faites vivre à l'air aussi : le jardin que chacun cultive et soigne en est la preuve. Mais la propreté du corps?... Pourtant ils doivent être propres vos petits — je ne parle pas des vêtements — je sais que vous avez un vestiaire bien garni.»

Je suivais Madame Marie, attendant sa réponse, nous étions revenues vers la cuisine.

—«Voici, me dit Madame Marie, en m'introduisant dans une grande pièce munie de quatre baignoires et lavabos avec robinets d'eau chaude et d'eau froide.

Le réservoir d'eau chaude est à la cuisine.

Tous les jours les enfants passent à la visite de propreté, et reçoivent ici tous les soins hygiéniques dont ils ont besoin.

— Qui donnent ces soins?...

— Quatre jeunes filles sont de service deux à

deux, par semaine. Des jeunes filles de milieux aisés — il faut bien occuper ses loisirs !...

— Mais vous avez dû les habituer aux soins à donner... et elles n'éprouvent pas quelque répugnance?...

— Si, les premiers jours. Mais que serait le dévouement si l'on n'avait jamais de peine?...

— Et l'étude?...

— Le jeudi et le dimanche soir, mes jeunes filles passent deux heures avec moi et nous faisons de la *puériculture*.

« En soignant « mes poupons », en donnant au groupe de jeunes filles qui me prêtent leur concours les principes de l'éducation complète des enfants, j'espère bien rendre quelque service à la société ; peut-être aurai-je la joie d'aider les jeunes mamans à mieux élever leurs enfants ; à nous les faire d'une santé meilleure, d'un cœur plus généreux, d'une âme plus religieuse...

— Que Dieu bénisse votre œuvre, Madame Marie, et j'ai grande envie d'envoyer à votre école quelques-unes de mes institutrices...

— Envoyez... il y a du travail pour beaucoup. »

Mes réflexions

« Du travail pour beaucoup », oui, certes, car tout est à défaire et à refaire dans nos écoles maternelles, en commençant par l'hygiène.

Depuis la circulaire du 22 février 1905, quelques améliorations ont été apportées dans les maternelles, mais combien depuis sont dues à la seule initiative des institutrices. On écrirait un livre d'or rien qu'en mentionnant les traits de dévouement de l'institutrice de la Maternelle. Ici, à l'école publique l'institutrice sacrifie plusieurs nappes de famille (1) qu'elle transforme en petites serviettes de table pour les enfants qui mangent à la cantine ; là, à l'école libre, l'institutrice taille dans son vieux linge les serviettes de toilette et les mouchoirs de poche.

Dans plusieurs écoles libres et publiques, les institutrices et leurs adjointes ont créé à leurs frais un vestiaire, vêtements de rechange depuis la chemise jusqu'au tablier et qui seront donnés aux tout petits que les mamans pauvres et besogneuses n'ont pas toujours le moyen de tenir proprement.

Ici à l'école publique l'institutrice s'ingénie à procurer à goûter aux bébés qui n'en ont pas, au moins une boisson légère pour aider le morceau de pain à couler (2).

Là, à l'école libre, l'institutrice prépare l'hiver une boisson chaude, la fournit en partie de ses propres deniers.

A droite comme à gauche, l'institutrice de la Maternelle, quand elle *aime* son école, est à la fois la gouvernante et l'institutrice, celle qui soigne et celle qui éduque, celle qui non seulement se préoccupe de l'hygiène physique, mais de l'hygiène morale et intellectuelle.

L'hygiène physique, hélas ! est nulle ou réduite à la plus simple expression dans un grand nombre d'écoles maternelles.

L'examen de propreté se fait à la hâte. Il y a bien de l'eau pour *se laver*, c'est le règlement ; mais le savon, l'éponge, la serviette ou l'essuie-mains sont inconnus ; et s'il y en a, c'est deux ou trois pour 40 enfants.

Pourtant la propreté, c'est la *santé de l'enfant*.

____

1. Rapporté par Mᵐᵉ Girard dans l'*Education de la petite enfance.*
2. Rapporté par Mᵐᵉ Girard.

Le corps propre, les vêtements propres, la classe ne sentirait plus mauvais. « On ne peut pas éviter cela », me disait-on dans une école populaire.

Si, on peut l'éviter.

En renouvelant souvent l'air de la classe, et surtout en ne laissant pas les vêtements mouillés sur le dos des enfants, en remplaçant les chaussures boueuses par des chaussures sèches.

« Mais nous n'avons pas de vêtements et de chaussures de rechange ! »

Alors à quoi sert l'œuvre des vêtements?..

Si l'on veillait aux soins de propreté, la plupart des maladies de l'enfance seraient évitées.

Madame Girard (1) insiste beaucoup sur l'hygiène dans l'*Education de la petite enfance*; elle appelle l'inspection de propreté « une prière d'hygiène » : *prière*, est amusant, je préférerais *examen de conscience*, cet examen de propreté que le tout petit ne sait pas faire tout seul, parce qu'il ne *sait pas voir*.

Mais il y en a un autre, c'est celui de l'âme, l'hygiène morale. Madame Girard pourrait la nommer la *prière du soir*.

Il faut chercher dans l'âme du tout petit le germe de qualité à faire pousser, le germe de vice à arracher.

Cette recherche est-elle bien faite?.. Est-elle même possible avec le vieux programme des écoles maternelles qui tient l'enfant de 3 et 4 ans comme ses aînés de l'école primaire, encerclé dans un règlement scolaire?..

N'est-il pas nécessaire de laisser l'enfant user de sa liberté, de ses joies et de ses rires pour le mieux connaître?

____

1. Inspectrice des Ecoles maternelles.

Ne faut-il pas aussi plus que la science d'un brevet, plus que les études psychologiques?.. N'est-ce pas plutôt un dévouement de toutes les minutes, l'affection maternelle sans égoïsme?.. puisqu'il s'agit d'aimer maternellement les enfants des autres? Ils vous quitteront quand ils auront six ans pour aller porter à l'école voisine, à l'école primaire, le fruit de votre labeur. Ils vous quitteront chaque soir pour retrouver la famille, et oublier peut-être, tout ce que vous aurez fait pour eux pendant des heures et des heures, et tout sera à reprendre le lendemain.

Ce dévouement-là, cette abnégation ne se paie pas en argent, même en or... la tendresse des tout petits donne un dédommagement quelquefois, mais il faut chercher beaucoup plus haut la récompense.

Et vraiment, après avoir visité des maternelles publiques et des maternelles privées, après m'être entretenue avec les institutrices, de leurs tout petits, de ce qu'elles font pour eux, et de ce qu'elles voudraient faire, j'admire le dévouement des unes et des autres ; mais quand ce dévouement n'est pas même payé au centième de sa valeur, ou si peu, *j'exalte* ce dévouement... et c'est celui de l'institutrice de la Maternelle privée.

L'adjointe de la Maternelle publique reçoit à ses débuts 1.100 fr. ; or, je connais une maternelle privée dans une grande ville, 200 élèves, dont les trois institutrices (une directrice et deux adjointes) reçoivent un traitement global de 1.200 francs.

Cette école maternelle est presque une maternelle idéale. Je dis presque, parce que je lui voudrais une cour plus grande et un jardin ; mais il y a une salle de jeux, une salle d'exercices, et il y a surtout une *Vraie maternelle*. Une *vraie maternelle* qui ne vit que pour ses 200 bébés et qui *n'aurait plus sa raison d'être, me disait-elle, si on l'enlevait à ses enfants*.

Il faut les voir, ses enfants, accourir pour réclamer une caresse, se réfugier dans ses jupes pour éviter la taquinerie d'un camarade.

Il faut la voir, l'institutrice de la Maternelle à l'heure du repas de midi, s'occupant de chacun et de tous. Les plus petits l'appellent *maman*. Quel nom plus doux lui donneraient-ils?..

Maman, dans leurs petites bouches, c'est le nom de *l'être excellent*.

Avant de terminer cet article, je répondrai à une question : faut-il faire travailler les petits?..

Non, mille fois non.

Pourquoi fatiguer si tôt le cerveau des tout petits?.. Il y a tant à leur apprendre sans les faire lire et écrire !.. Un jeu, une causerie, un conte les intéresse vivement, ils ne ménagent ni leurs observations ni leurs réflexions ; cela ne vaut-il pas mieux que de les appliquer à la page si difficile à lire, aux lettres si incommodes à écrire?..

« Pas d'enfants prodiges, mais des enfants observateurs, réfléchis, gais, à l'esprit ouvert (1) », voilà ce qu'il faut demander à la Maternelle.

Il y a encore à réagir contre les vieilles habitudes, il y aura sans doute à mécontenter quelques parents ; mais quand l'habitude sera prise de n'apprendre à l'école maternelle qu' « à vivre, à voir et agir » les mamans nous diront merci.

M. GRELET.

_____

1. M⁰ᵉ Girard.

V

SYNDICATS D'INSTITUTRICES

Une étude sur le syndicat avait ici sa place nécessaire. Que seraient sans lui les membres de l'enseignement libre — les instituteurs, les institutrices? L'Etat ne les couvre pas de sa protection — au contraire. — Les Congrégations dispersées ne les reçoivent plus dans une maison qui est à elles, où elles sont chez elles. Reste donc l'association professionnelle qui écarte les amateurs, les médiocres, et retient les meilleurs. Comme tout vrai syndicat, elle leur infuse une âme commune, elle les instruit, elle les place, elle les groupe, elle les organise elle les défend, elle protège des droits que l'Etat, sous leur forme nouvelle, n'oserait pas méconnaître.

Ainsi présentée, mise en garde contre des abus toujours possibles aux choses humaines, l'institution paraît singulièrement utile à l'Eglise, au pays, aux familles, enfin au personnel de l'enseignement libre.

Syndicats d'Institutrices

Il y a des faits qui s'imposent, quelles que soient les circonstances douloureuses, profondément regrettables, qui les ont amenés. Et l'on ne gagne rien à s'abstraire des réalités, à nier la nécessité de s'y plier — tout au moins de s'en accommoder pratiquement — parce qu'elles ne correspondent pas à notre idéal et qu'elles sont très loin de la perfection.

La nécessité actuelle de considérer tous les maîtres de l'enseignement libre comme des professionnels est l'un de ces faits.

Certes, il est loin de notre intention de mettre en parallèle le passé d'hier et notre présent mal établi, évoluant vers un avenir incertain et obscur — plus loin encore, bien entendu, de préférer les professionnels aux apôtres et la vie séculière à la vie religieuse. Il s'agit simplement de voir et d'accepter ce qui rend possible la situation des maîtres chrétiens sur le terrain où nous acculent des lois que nous réprouvons, mais qui existent, des hommes qui nous haïssent et sont les plus forts, mais qui, pour des raisons de fait, eux aussi, sont et seront contraints de nous laisser vivre, si nous-mêmes n'abandonnons pas la partie et ne donnons aucune prise à la pioche des démolisseurs.

Nous sommes tous aujourd'hui des professionnels de l'enseignement libre.

Professionnels ! — Ce terme implique-t-il une diminution sociale ou morale chez ceux qui remplissent une tâche, qui accomplissent une œuvre, parce qu'ils tirent de leur travail une juste rémunération? Est-ce même surtout par l'idée de lucre qu'il faut caractériser ce mot?

Nous autres, de la carrière, nous en jugeons tout autrement.

Professionnel, à nos yeux, signifie celui ou celle qui, par un apprentissage régulier, par un travail assidu et approprié, s'est préparé à exercer une fonction sociale à laquelle il se donne tout entier : elle devient l'œuvre capitale de sa vie, le devoir d'état captant le meilleur de son activité. En retour, il a le droit d'attendre de la société, c'est-à-dire, en l'espèce, de ses clients, de ses obligés, les moyens de subvenir aux besoins de sa vie et à ses charges de famille.

Volontiers nous opposons le professionnel à « l'amateur » et nous n'avons qu'une confiance limitée en la valeur du travail de celui-ci.

Au moment où les premières applications d'une loi néfaste chassaient de leurs maisons les Mères et les Sœurs qui nous ont élevées, et auxquelles nous gardons toute notre reconnaissance et notre affection filiale, on discutait les moyens de reconstituer une école, chère aux anciennes élèves de la congrégation réduite à l'abandonner. Une des promotrices les plus zélées, après avoir reconnu qu'il fallait placer à côté de la directrice diplômée et prête à se dévouer, mais dépourvue d'expérience, une véritable institutrice, une « professionnelle », ajouta : « Les autres maîtresses seront très faciles à trouver; *les écoles sont à la mode*, nous ferons appel à des personnes de bonne volonté, entre lesquelles un roulement sera établi. » — Mon âme de professionnelle frémit quand ce propos me fut rapporté, car elle entrevit toutes les conséquences auxquelles cet accès d' « amateurisme » allait exposer l'école.

L'expérience fut faite. Hélas ! elle prouva qu'on ne pouvait obtenir par ce système ni travail, ni discipline, ni respect, et que la coopération personnelle rêvée par ces bonnes dames était une chimère. On se décida à prendre autant de maîtresses qu'il y avait de classes, en faisant les sacrifices nécessaires, on les eut bonnes et, depuis, discipline ni travail ne laissèrent plus à désirer.

C'est donc à des professionnels seuls que l'éducation de tous les enfants français doit maintenant être confiée.

La question ne se posait même pas autrefois, et nous n'aurions pas hésité à regarder comme rangés dans nos cadres les Congréganistes préparés par des études normales à leur office de maîtres et de maîtresses. Nous n'aurions pas jugé qu'ils ne fussent pas de la profession. Et cependant, en vertu de la pauvreté évangélique, ils s'abandonnaient à leur communauté ; leur travail était désintéressé.

Le vent d'impiété a soufflé sur les asiles où ils avaient consacré leur vie à Dieu. Le plus grand nombre ont dû choisir entre l'exil et la sécularisation. Beaucoup ont voulu poursuivre sous un autre habit et dans des conditions nouvelles leur mission d'éducateurs chrétiens. Obligés maintenant de pourvoir au soin de leur existence, et d'attendre de leur travail des ressources matérielles, ils sont, dans la plus réelle, dans la plus stricte acception du mot, des... professionnels !

La grandeur, la noblesse de l'œuvre de l'éducation en est-elle amoindrie? Nul esprit sensé ne le croira. Mais il faut en conclure que, si nous regardons toujours l'enseignement chrétien comme un apostolat, nous devons aussi le considérer comme une profession.

De là, nous venons à dire : il est nécessaire de faire reconnaître l'existence légale de cette profession, de l'organiser de manière à ce qu'elle ait sa place autorisée dans la société civile, qu'elle puisse y faire entendre sa voix quand elle se croit lésée, menacée dans ses intérêts ou contrariée dans l'exercice de ses droits, de lui donner des garanties pour travailler à l'amélioration du sort de ses membres, à leur perfectionnement et s'assurer ainsi la sécurité et le progrès.

Or, il y a pour toute profession un moyen de faire reconnaître son existence et son droit à la sécurité, à la parole et à l'action. Ce moyen, la législation française nous le donne, et elle ne nous en donne qu'un : le SYNDICAT.

Faire voir pourquoi il faut engager les institutrices françaises à se syndiquer — faire connaître ce qu'elles peuvent actuellement trouver dans le syndicat — ce qu'elles peuvent en espérer — c'est tout l'objet de ce travail.

PREMIÈRE PARTIE

Pourquoi faut-il engager les institutrices libres à se syndiquer ?

Les institutrices libres.

Très diverse est l'origine des institutrices libres. Très diverse a été leur formation. Très diverses aussi les situations qu'elles occupent et la rémunération qu'elles reçoivent.

Faut-il en conclure, comme certains, que l'enseignement libre soit incohérent et sans valeur? Non pas, s'il vous plaît.

Il y a dans l'enseignement libre des personnes de grande valeur, et, prise dans son ensemble, la masse doit être regardée comme suffisante, susceptible de devenir facilement bonne, les unités auxquelles il manquerait quelque chose pour atteindre ce niveau moyen, pouvant être, pour la plupart, améliorées et perfectionnées. Les autres, en nombre presque infime, devraient être, peu à peu, dirigées vers d'autres professions. Il ne s'agit que de mettre les sujets à la place qui leur convient. L'enseignement libre possède tous les éléments d'une profession respectable et respectée.

Leur recrutement

On devient institutrice libre par vocation, par destination ou par... résignation.

Si les religieuses entraient dans l'enseignement par vocation, et, sécularisées, continuent leur vie d'institutrices pour rester fidèles à l'appel une fois entendu, elles ne sont pas les seules qu'un motif surnaturel a déterminées. Nombre de jeunes filles, voyant blanchir la moisson, se disent qu'il reste peu d'ouvrières et se mettent sur les rangs pour être engagées avec celles qui travaillent dans le champ du Père céleste. Intérieure et cachée, leur vocation n'en est pas moins apostolique. Plaise à Dieu d'en susciter beaucoup de ce genre ! Nous ne doutons pas que les directeurs des âmes ne les cultivent, et que les maîtresses qui discernent en germe dans le cœur et l'intelligence de leurs élèves une vraie vocation d'institutrice chrétienne, ne mettent tout en œuvre pour la faire éclore, fleurir et fructifier.

D'autres jeunes filles ont aimé, tout enfants, l'étude et la classe : elles se sont attachées à la vie de l'école ou du pensionnat. Elles ont conquis, comme en se jouant, les certificats et diplômes qui couronnent les différents cours. Enfants du peuple ou de la classe moyenne, sans fortune, elles savent qu'en arrivant au terme de la scolarité, il y aura pour elles nécessité de travailler. Elles aiment mieux que n'importe quel travail celui auquel elles sont habituées et, très volontiers, acceptent de continuer leur vie d'écolières comme répétitrices ou jeunes maîtresses.

Sont encore, enfin, institutrices libres, par choix ou destination personnelle, les échappées de l'enseignement public... car malgré les avantages que nous supposons aux situations officielles, il ne faudrait pas croire que les institutrices engagées dans la filière administrative la suivent toujours sans rupture ou solution de continuité. L'Etat, par l'engagement temporaire exigé de ses normaliennes et de ses agrégées prévoit lui-même la possibilité des passages d'un enseignement à l'autre.

Si ces différentes catégories d'institutrices par

« destination » n'ont pas toujours une pure vocation apostolique, elles ont au moins la vocation professionnelle. Avec le désir de faire son devoir de chrétienne, cela suffit encore pour devenir une bonne maîtresse.

Mais il est des personnes qui ne viennent à l'enseignement libre que par nécessité, et sans y avoir pensé jamais avant l'heure où elles le considèrent comme la carrière indiquée aux femmes d'un certain rang social auxquelles la fortune n'a point souri. Heureuse encore celle qui peut extraire de son tiroir un parchemin déjà jauni constatant que « l'impétrante a subi avec succès devant telle commission l'examen du brevet élémentaire » ! Car beaucoup n'ont à retrouver que le souvenir d'une éducation superficielle qui n'a guère laissé plus de traces de science ou de littérature que de broderie ou d'art musical, quoi qu'on y ait mis un peu de tout. Piètres institutrices !

Leur formation

Il s'en faut de beaucoup que le niveau professionnel s'établisse dans l'enseignement libre par la communauté et l'égalité de formation.

Sans doute il n'est pas vrai que nous n'ayons que des maîtresses improvisées. Presque toutes ont reçu une formation imparfaite, mais réelle, et différentes écoles normales libres, ouvertes depuis plusieurs années, ont déjà donné des maîtresses préparées à tous les ordres d'enseignement (1).

Mais il se passera de longues années avant que ces écoles normales puissent former assez de sujets

---

1 Voir la liste des Ecoles normales libres dans le *Guide d'action religieuse* 1908, p. 283 et 1909 p. 281.

pour suffire au recrutement des écoles chrétiennes et surtout pour que les normaliennes communiquent au corps enseignant que nous aspirons à voir se constituer la caractéristique de leur formation.

Les maîtresses arrivent à leurs postes avec la formation qu'elles tirent de leur origine.

Les sécularisées ont gardé, en général, les traditions pédagogiques de leurs communautés, parmi lesquelles, à côté de choses excellentes, un certain nombre auraient eu le plus grand besoin d'être renouvelées. — Nous parlons en toute franchise.— Mais avec la même sincérité, on doit reconnaître que par ces traditions la formation existait.

Certaines congrégations avaient eu de plus l'excellente pensée, la prévoyance d'appeler dans leurs classes les anciennes élèves brevetées qui manifestaient le désir d'être institutrices en restant séculières. Elles employaient au même titre d'autres maîtresses encore. Les Sœurs de saint Vincent de Paul, par exemple, dont les écoles avaient reçu une impulsion si admirable avant d'être frappées par la persécution, avaient réuni un grand nombre d'auxiliaires. Ayant l'habitude de l'enseignement et de la discipline des classes populaires et nombreuses, celles-ci ont été des recrues de choix pour les écoles réorganisées, comme directrices ou comme adjointes.

Et si, parmi les personnes qui abandonnaient leur clientèle de leçons particulières pour prendre une direction d'école, certaines ignoraient l'art de l'enseignement collectif et le maniement des masses d'enfants, beaucoup avaient sur les précédentes la supériorité d'un savoir plus étendu, d'un fonds de lecture plus considérable, d'une éducation distinguée et même l'expérience, la pénétration des âmes jeunes à un degré plus élevé. Ces avantages, lorsque de telles directrices ont pu s'appuyer sur des adjointes accoutumées à la pratique dans les écoles et de bon esprit, leur ont permis d'occuper excellemment la place qui leur était dévolue.

Peuvent donc seulement, en résumé, être regardées comme entrées sans formation dans l'enseignement libre les personnes dévouées qui ont voulu utiliser leur brevet ou le prendre pour se donner aux écoles comme à une œuvre pie — et les jeunes brevetées qui débutent.

Des premières, quelques-unes, aussi courageuses que dévouées, ont travaillé pour acquérir ce qui leur manquait et persévèrent vaillamment. Nous ne croyons pas que le nombre en soit appréciable. Certes, la beauté d'un geste qui a permis de garder la place, de tenir ouverte aux enfants l'école chrétienne mérite admiration et reconnaissance, mais cette générosité ne pouvaitsuppléer à l'aptitude professionnelle. Pour celles qui restent ou qui viennent, nous souhaiterions qu'elles se disent que leur vie doit être celle d'une institutrice professionnelle.

Quant aux débutantes, la valeur de leur formation dépend en grande partie de celle de leur directrice. Si celle-ci est capable de veiller à la tenue régulière du carnet de préparation, à la correction des cahiers, si elle peut visiter régulièrement la classe de son adjointe, la conseiller, la diriger avec bienveillance et fermeté, la débutante se formera peu à peu.

Remarquons en passant que dans l'enseignement public, il en est très souvent ainsi. Il ne faut pas s'imaginer que toutes les institutrices de l'État soient des normaliennes. Il s'en faut de beaucoup.

Les normaliennes forment l'élite, au point de vue technique. Une élite ne peut occuper tous les postes. Pour ceux qui demeureraient vacants, l'Etat fait comme l'enseignement libre, il recrute ses institutrices comme il peut.

L'enseignement primaire chrétien est en sérieuse organisation. Il doit beaucoup espérer des directions diocésaines qui se multiplient et s'affirment par leur activité. Des mesures ont été prises pour l'amélioration du sort du personnel des écoles paroissiales. On a commencé à lui procurer des moyens de formation et de perfectionnement, à établir des règles d'avancement, des inspections et des programmes. En même temps, des associations de piété fondées sous l'autorité de NN. SS. les Evêques, appellent les institutrices aux conférences religieuses, aux retraites spirituelles.

C'est un de nos vœux les plus sincères qu'engagées dans cette organisation et soutenues, éclairées, fortifiées par ces pieuses pratiques, les maîtresses des écoles paroissiales aient de plus en plus conscience de leur vocation et apprennent à dégager leur mission vraiment apostolique des motifs plus humains qui avaient décidé de leur entrée dans l'enseignement.

Leur situation sociale perdra-t-elle par là son caractère professionnel? — Evidemment non. Elles l'exercent dans des conditions spéciales, mais elles appartiennent toujours à la *profession dénommée enseignement libre.*

iversité des situations dans l'enseignement libre.

L'enseignement libre ne comprend pas seulement e personnel des établissements diocésains : écoles aroissiales et pensionnats où des maîtresses écularisées ou laïques ont remplacé les religieuses.

Il englobe avec celles-ci tous les professeurs, instituteurs et institutrices qui ne font pas partie de l'enseignement public.

Du côté féminin, ce sont d'abord les directrices et les maîtresses des pensionnats, externats et cours primaires, primaires supérieurs et secondaires (1), les dames professeurs qui font des cours dans ces établissements ou qui donnent des leçons au cachet — les préceptrices ou institutrices dans les familles — par extension, les professeurs spéciaux de langues ou d'arts. Toutes ces personnes qui donnent un enseignement de lettres, de sciences, ou d'arts libéraux peuvent se rencontrer dans les syndicats de l'enseignement libre.

Il est inutile de m'attarder à la question des traitements, examinée ailleurs, dans cet ouvrage. Je rappelle simplement que les syndicats de l'enseignement libre sont appelés à faire disparaître les abus dont sont victimes Instituteurs et Institutrices et à améliorer leur situation financière.

Raisons d'engager
les institutrices libres à se syndiquer

Est-ce pour cette seule raison que nous devons engager les Institutrices libres à se syndiquer ? Nous en contenter serait présenter le syndicat sous un angle trop spécial — le plus aigu — et donner une prise facile à ceux qui le redoutent, n'y voyant qu'un organe de revendications. Non, syndicat ne signifie pas lutte et réclamations

---

1 Quoique la distinction ne soit pas aussi nette dans l'enseignement libre que dans celui de l'État, parce que l'enseignement secondaire libre n'a pas d'existence légale, il y a en fait des établissements libres de tout ordre. Les établissements d'enseignement supérieur féminin peuvent exister en vertu de la loi de 1875.

constantes. Le syndicat, il est vrai, est appelé à présenter les justes *desiderata* de ses membres ; mais, comme l'a fort bien dit M. de Contenson à la Semaine Sociale de Rouen, « on ne vit pas de revendications ». Le syndicat est surtout le terrain où se développe et s'intensifie la vie professionnelle.

C'est de l'ensemble des constatations précédentes que découle la principale raison d'être des syndicats d'Institutrices.

Le syndicat est le seul et naturel terrain où se rassemblent les individualités si diverses pour se constituer en profession entourée de garanties légales. Là mieux que partout ailleurs, se fait la fusion des éléments bigarrés que nous avons entrevus. Là, chacune suivant ses aptitudes et ses goûts, reçoit sa direction propre, grâce à l'office « de renseignements qui centralise les offres et les demandes ». Mais là aussi, tout porte à accepter résolument l'empreinte professionnelle. Tout, en effet, y converge vers la profession. L'entrée même n'en est ouverte qu'aux vraies institutrices et non aux personnes qui cherchent, indécises, à se caser. Le syndicat, leur explique la secrétaire, n'admet que les personnes agrégées déjà ou qui s'agrègent à la profession déterminée qu'il représente. Cette explication élimine les personnes non qualifiées pour être institutrices. Elle suscitera chez d'autres l'effort de décision qui les entraînera vers la profession.

Alors le syndicat leur offre les moyens de se perfectionner, d'achever ou de réaliser leur format'on. Les cours professionnels syndicaux (1)

---

1 Tout syndicat, en vertu de l'art. 6 de la loi du 4 mars 1884, commenté par la circulaire du 25 août, a le droit d'ouvrir des cours pour la formation et le perfectionnement professionnels de ses membres. Or, comme la formation

s'ouvrent aux institutrices de tout âge et de toute origine, qui n'éprouvent aucune gêne à s'y coudoyer, parce que toutes sont chez elles. Elles ne s'imaginent pas, d'ailleurs, se rasseoir sur les bancs de l'école : elles usent des facilités que le corps professionnel met à la disposition de ses membres pour accroître leur valeur.

Par leurs cours professionnels donc, et par leur office de placement qui met à la disposition des directions diocésaines les institutrices déjà groupées sur le large terrain syndical, et qui, au moment de choisir entre les différents modes d'exercice de leur profession sont attirées par le désir de coopérer à l'œuvre de l'Eglise, les syndicats sont en mesure de travailler très efficacement au recrutement des maîtresses des écoles paroissiales. Ils y ont travaillé et ils y travaillent.

Nous n'avons pas à essayer de justifier l'existence des syndicats de l'Enseignement libre. La thèse établie par M. G. Desbuquois (1) rendra désormais cette tâche téméraire autant que superflue. Avant de les montrer concrétisées dans les syndicats existants, énumérons seulement les raisons qui conseillent aux Institutrices libres de se syndiquer.

1º Par le syndicat, elles constituent dans la société civile une profession organisée que l'Etat hésiterait à détruire par l'établissement du monopole.

---

professionnelle des instituteurs réclamant des cours de pédagogie, de lettres, de sciences, etc., préparant aux différents examens de maîtres, les syndicats de l'enseignement ont le droit d'ouvrir ces cours, sans déclaration ni demande d'autorisation d'aucune sorte. Cette opinion a été depuis plusieurs années justifiée par la pratique.

1 *Le syndicalisme dans l'enseignement libre*, par G. Desbuquois. — *Mouvement social* de septembre 1910. Tract de l'*Action Populaire* n° 189.

2º Par les syndicats, elles trouveront aide et secours dans toutes les circonstances de la vie professionnelle : préparation d'examens, perfectionnement, indication de placement, renseignements et conseils pédagogiques, bibliothèque, défense de leurs intérêts, consultations juridiques — et nombreux avantages économiques dûs aux services annexes: escomptes sur les achats, secours pendant le chômage et la maladie, facilités de villégiature, retraite pour la vieillesse.

3º Prenant rang dans l'organisation professionnelle catholique, elles s'initieront à ce magnifique effort vers un état social plus conforme au plan divin, et seront un exemple, peut-être un guide et un conseil proposés aux travailleuses d'autres professions dans leur éducation syndicaliste.

Deuxième Partie

Ce que les Institutrices trouvent actuellement dans les syndicats

---

Les Syndicats existants

Il existe en France 9 syndicats d'Institutrices libres.

Ce sont : le Syndicat des Institutrices privées de l'Abbaye (Paris 1902) — celui des Institutrices libres de l'Ouest (Cognac 1904) — ceux: des Institutrices privées de l'Yonne (Villeneuve-sur-Yonne 1905) — des Institutrices libres de la Mayenne (Laval 1905) — des Institutrices libres de Limoges

(1906) — des Institutrices libres des arrondissements d'Aix et d'Arles (Aix 1907) — des Dames professeurs et Institutrices libres de l'Est (Langres 1908) — des Institutrices libres du Jura (Lons-le-Saunier 1908) — des Institutrices libres du Périgord (Périgueux 1910).

Il s'était fondé une Association syndicale de Professeurs Dames à Roubaix (1904), mais nous ne savons si elle vit toujours.

Dans les Syndicats où les Instituteurs sont réunis aux Institutrices, celles-ci sont :

— En majorité dans les Syndicats : du Poitou, de Carcassonne, des Hautes-Pyrénées

— A égalité dans le Syndicat de la Loire.

— En minorité dans les Syndicats : Girondin, Lorrain, de Marseille et du Centre (1).

Un questionnaire adressé aux Présidentes des Syndicats d'Institutrices et auquel presque toutes ont répondu avec beaucoup d'obligeance, nous a procuré sur le travail accompli par ces divers groupements des renseignements précis.

Syndicat des Institutrices privées de l'Abbaye (2)

C'est le plus ancien des Syndicats professionnels d'Institutrices à recrutement catholique, et même, croyons-nous, de tous les Syndicats d'Institutrices.

— Nous avons bien trouvé trace d'un syndicat de « Membres de l'Enseignement » inscrit à la Bourse du travail de Lyon 1902 et composé de... deux institutrices, mais nous n'avons pas ouï dire qu'il ait fait parler de lui depuis lors.

Le Syndicat des Institutrices privées a cela de

---

1. Et aussi dans le Syndicat de l'enseignement secondaire et supérieur, 49, rue Madame.

2. Rue de l'Abbaye, 5, Paris (VI·)

caractéristique qu'il fait partie de l'Union Centrale des Syndicats professionnels féminins (1). Il est donc activement mêlé à l'effort social de ce groupe sorti d'un cœur tout animé de l'amour de Dieu et du prochain et pénétré des enseignements de l'Encyclique *Rerum novarum*. Il n'apparaît pas comme une organisation de circonstance, inspirée par la nécessité de chercher dans la loi de 1884 une protection pour l'enseignement libre, ou par le seul désir de grouper sur un terrain solide les institutrices disséminées par la tourmente, en donnant un point d'appui à la défense de leurs intérêts professionnels. Il est né d'une pensée très haute, très chrétienne en même temps que très hardie, celle de créer de prime abord une molécule complète d'organisation professionnelle féminine, dont les divers éléments, se communiquant un peu de leurs propriétés respectives, consolideraient par leur affinité mutuelle l'agrégat naissant. Les Institutrices syndiquées doivent mettre leur main dans la main de leurs sœurs du travail, aider celles-ci de tout leur pouvoir par la propagation des saines idées syndicales, et recevoir d'elles une conception plus nette des réalités de la vie laborieuse et des besoins de l'éducation populaire.

La charité fraternelle et chrétienne unit, en les pénétrant, les différentes familles professionnelles qui restent tout à fait distinctes dans leur organisation et leur action propre. Leurs services économiques sont communs.

Pour réaliser l'aide mutuelle entre les Institu-

---

1 L'Union Centrale comprend, avec le S. I. P., le Syndicat des Dames employées de Commerce et de l'Industrie (1902), — Celui des Ouvrières de l'habillement (1902). — Le Syndicat « le Ménage » (1904). — Le Syndicat des Gardes-Malades (1906).

trices, le syndicat agit au triple point de vue professionnel, économique et social.

L'action professionnelle est exercée par les services : de placement, de la bibliothèque, des cours professionnels et par le Conseil juridique.

Le syndicat réalise plus de 250 placements en moyenne annuelle. Il a aidé à reconstituer de nombreuses écoles chrétiennes.

La bibliothèque comprend des ouvrages de pédagogie et d'enseignement et des ouvrages sociaux.

Les cours sont établis en vue du perfectionnement des Institutrices en exercice, et de la préparation de leurs examens professionnels : certificat d'aptitude pédagogique, brevet supérieur et Professorat des écoles normales et primaires supérieures.

La journée du jeudi est laborieusement remplie pour les vaillantes qui, prises toute la semaine (et souvent le dimanche par le catéchisme et le patronage) viennent des quatre coins de Paris, de la banlieue et au-delà — nous en avons de Château-Thierry, d'Orléans — et se trouvent au syndicat à 8 heures du matin p ur le cours de solfège et dictée musicale. A 9 heures, c'est le tour du professeur de dessin et le groupe des élèves s'augmente : elles étaient 30, les voilà plus de 40. — A 10 heures, ce sera le professeur de sciences, à 11 heures, tantôt le professeur de psychologie et morale, tantôt le professeur de pédagogie catéchistique, et alors c'est un flot d'arrivantes... qui, depuis 9 heures, assistaient aux cours préparatoires au C. A. P., installés dans une école privée du quartier... La partie pratique exige en effet comme « sujets d'application » des écolières que nous ne voulons pas faire venir au syndicat, pour éviter jusqu'à l'apparence d'une classe primaire. 45 institutrices suivent cette année les cours du C. A. P.

De midi à 1 h. 1/2, repos nécessaire et bien gagné. Un certain nombre d'institutrices déjeunent à l'Ecole ménagère. C'est un moment de réunion très cordiale.

A 1 h. 1/2, le professeur de mathématiques et celui du cours de préparation spéciale au Professorat (lettres) se casent, l'un dans la salle ordinaire, l'autre dans la bibliothèque. Même répartition pour l'anglais et l'allemand à 2 h. 1/2. — Puis, réunion générale dans la salle pour la leçon de géographie. Mais un petit groupe très sérieux se glisse dans la bibliothèque : ce sont les latinistes. Elles sont de 8 à 15. Parmi elles, des espoirs timides de baccalauréat — et des préceptrices ou professeurs de petits garçons. On tient beaucoup à l'heure de latin. Quand elle est écoulée, le groupe sérieux rentre généralement dans la salle commune pour écouter le cours de littérature où notre érudit et distingué professeur attire un auditoire nombreux. — Enfin le cours d'histoire (5 h. 1/2) couronne la journée.

Ces grands cours sont faits par des licenciés attachés à des établissements d'enseignement secondaire de garçons. Le professeur de psychologie et morale est docteur en philosophie et professeur honoraire de l'Institut catholique. Comme le minimum de préparation pour le brevet supérieur — et ensuite pour le professorat — est de deux années par examen, et que le programme des Ecoles normales leur est commun, avec des connaissances plus étendues et plus profondes pour le professorat, il a été facile de s'organiser. Les candidates au B. S. assistent à tous les cours. Celles du professorat choisissent les lettres ou les sciences et, suivant leur orientation, ont un professeur spécial, qui vient mettre au point les études générales. La préparation au Professorat est une innovation de 1910-1911.

Une direction spéciale est aussi offerte aux aspirantes au B. S. qui disposent de trois matinées par semaine.

Tous les cours sont gratuits et uniquement destinés aux syndiquées. Des devoirs sont donnés et corrigés sans frais.

Les cours ont commencé en 1903 et fonctionnent d'une manière sérieuse, et suivie depuis 1904.
Diplômes obtenus :

    de 1904 à 1907 — 78 C. A. P.   22 B. S.
           1908 — 17 C. A. P.   22 B. S.
           1909 — 16 C. A. P.   12 B. S.
           1910 — 15 C. A. P.   11 B. S.

Soit de 1904 à 1910 :   126 C. A. P. et 56 B. S.

Des cours extraordinaires ont encore été donnés à plusieurs reprises. Ainsi en 1910, M. l'abbé Jeanjean donnait au syndicat de l'Abbaye la primeur de ses conférences de Pédologie et va reprendre une série au printemps de 1911. En 1910 encore, M. E. Vallet a fait des cours de jurisprudence scolaire.

Le S. I. P. a pris une part active à tous les Congrès de la Fédération nationale des syndicats de l'Enseignement libre. A l'exposition scolaire de 1909, il a obtenu un grand diplôme d'honneur pour l'organisation de son enseignement.

Son Conseil juridique a été formé de trois avocats

éminents : le regretté M. Joseph Ménard, Monsieur Auffray, M. Bazire. Il a rendu les plus grands services aux syndiquées.

Les services *économiques* sont : la *coopération* pour les achats, réalisée surtout sous la forme d'*escomptes* sur factures. Quelques essais d'achats en commun et au prix du gros furent aussi tentés. L'essai réussit pour le charbon (1). — Le bénéfice résultant de ce service s'élève à plus de 100 fr par an pour une famille.

— La *Société de Secours mutuels* : la Fraternité commerciale et industrielle (2) assure en cas de maladie les soins gratuits du médecin, les médicaments et une indemnité journalière aux sociétaires à tarif entier (2 fr. par mois) et demi-service, soit, au choix ; soins du médecin et médicaments — ou indemnité journalière — aux sociétaires à tarif réduit (1 fr. par mois).

— La *Caisse mutuelle des retraites pour la vieillesse des Syndicats professionnels féminins* (3) compte une grande majorité d'Institutrices parmi ses adhérentes. — *La Fraternité Commerciale et Industrielle* de la *Caisse mutuelle de Retraites* est familiale.

Le Syndicat s'est assuré, pour les vacances, des lieux de villégiature où les Institutrices sont reçues à des conditions très réduites. Bien plus, en 1910, il a obtenu des bourses de convalescence et de repos pour celles à qui une ordonnance médicale prescrit la campagne, la montagne ou la mer.

L'*Action sociale* n'est pas négligée. Les institutrices sont invitées à prendre part aux travaux du

---

1. S'adresser 14 boulevard Poissonnière pour les commandes.
2. Siège social : 14 boulevard Poissonnière.
3. Siège social : 5, rue de l'Abbaye.

cercle d'études intersyndical destiné aux dirigeantes, à la formation d'une élite dans les diverses
professions. Inaugurée en 1909, cette commission
est en plein fonctionnement. Quelques institutrices
y sont très exactes. Il serait à désirer qu'elles y
vinssent en plus grand nombre et fussent toutes
pénétrées de l'idée qui a présidé à la fondation de
leur syndicat.

Il est vrai qu'à leur réunion mensuelle, elles
ont presque toujours une conférence professionnelle
morale ou religieuse. Des hommes très distingués
sont souvent venus leur apporter une parole
autorisée. Citons : M. l'abbé Guibert, M. Portal,
MM. Jean Brunhes, Martin Saint-Léon, M. le
Chanoine Couget, MM. R. Pinon, Georges Blondel,
Raoul Jay, Thellier de Poncheville, Georges Piot,
Zamanski, Jean Lerolle, etc.

La Commission d'études se réunit quand il y a
utilité à examiner en commun quelque question
intéressante; les sujets à traiter au congrès sur les
projets d'enquête, par exemple. Les rapports présentés au nom du Syndicat ont toujours été préparés au sein de la commission.

En dehors des Congrès de la Fédération, le
Syndicat des Institutrices privées a pris part à
celui des Administrations d'écoles libres, de Lyon
(1904) — aux Congrès d'Enseignement ménager
d'Angers (1907) et de Fribourg (1908). Il a été
représenté au Congrès d'Education familiale de
Bruxelles (1910). A l'exposition internationale de
Bruxelles (1910) il a obtenu une médaille d'argent
(section d'Economie sociale).

Le bulletin des Syndicats professionnels féminins,
la *Ruche Syndicale*, doit une grande part de sa
rédaction au Syndicat des Institutrices.

Très respectueusement, le S. I. P. a émis plusieurs fois des vœux pour l'établissement d'un tarif et de règles d'avancement dans les écoles diocésaines. M. le Directeur diocésain de l'enseignement libre de Paris a bien voulu appeler une délégation de l'Abbaye à lui exprimer ses *desiderata* à ce sujet, et tenir compte des précisions que cette délégation lui apportait. — Et grande est notre reconnaissance envers Mgr l'Archevêque de Paris qui a daigné sur la demande de M. le Chanoine Audollent accorder au personnel de ses écoles des conditions de travail si encourageantes (1).

Marche du Syndical

Années	Nombre de Syndiquées	Placements effectués	Diplômes professionnels obtenus
1903	42	40	1
1904	160	115	18
1905	290	257	27
1906	494	360	30
1907	675	337	27
1908	801	260	28
1909	935	208	36
1910	895	253	38

Section de Chartres

Le Syndicat des Institutrices privées a fondé à Chartres une importante section autonome. 48 institutrices l'ont constituée le 24 octobre 1907 et ont élu un conseil le mois suivant. La maison de la rue des Lisses, centre de section, est devenue pour les institutrices d'Eure-et-Loir une véritable maison d'accueil. Chaque année, leurs âmes s'y

---

1. *Mouvement social*, (sept. 1910), p. 241 — art. de M. Desbuquois.

retrempent dans la retraite spirituelle, chaque mois une conférence religieuse et une conférence professionnelle leur sont données. Et le jeudi, une organisation née du dévouement le plus fraternel permet aux jeunes de se fortifier dans la pédagogie pratique ou d'étudier la peinture, la musique, l'enseignement ménager, etc.

Une partie des cotisations syndicales sert de rétribution aux cours et, avec l'aide de la Providence, le Conseil a pu établir une caisse d'assistance mutuelle qui permet aux institutrices fatiguées de recevoir chez elles une allocation pendant un mois, ou d'user de l'hospitalisation accordée par une maison de Chartres.

La section compte aujourd'hui 99 membres et ne conserve avec le Syndicat de l'Abbaye d'autres liens que : l'inscription des syndiquées au registre matricule, leur représentation aux Assemblées générales, la remise de leurs voix dans les Congrès de la Fédération et pour les élections au Conseil supérieur de Travail. Les institutrices de la section peuvent suivre les cours du siège social.

Syndicat des Institutrices libres de l'Ouest (1)

Donner aux institutrices un soutien moral et matériel, les perfectionner dans leur profession, aider l'enseignement libre pour le recrutement du personnel, tel fut le but des fondateurs. Emus de la dispersion des religieuses enseignantes et du manque d'organisation de l'enseignement libre, ils ont choisi pour y ramener quelque cohésion la

____

1. Siège social : 55, boulevard Denfert-Rochereau, à Cognac (Charente).

forme syndicale qui donne toutes les garanties professionnelles et légales.

« En général, dit la Présidente, Mme de Paloméra, nous avons recruté nos membres par un intérêt immédiat : le placement. Très peu comprennent l'idée syndicale. Ainsi chaque année quelques-unes abandonnent la famille professionnelle, parce qu'elles n'y trouvent plus un avantage particulier. »

Les syndiquées de l'Ouest sont au nombre de 140.

Les services fondés, dans *l'ordre professionnel* sont : le *placement* qui solutionne en moyenne 60 mises en rapport par année; — les cours de préparation aux brevets qui comptent une trentaine de présences habituelles. A l'origine, des conférences pédagogiques eurent lieu au siège social tous les mois. Elles ont cessé depuis deux ans.

Le *Bulletin Syndical* est le lien véritable entre les Institutrices libres. Outre une causerie syndicale qui leur est toujours adressée, elles y ont vraiment un échange d'idées. Sous la rubrique *collaboration*, sont insérées en totalité ou en partie des questions proposées.

Ainsi dans le numéro que nous avons entre les mains, la demande : « Quels sont les moyens pour les maîtres de se perfectionner dans leur profession » amène deux correspondantes à exprimer des idées très justes, très pratiques. Pour le bulletin suivant, l'avis des lectrices est demandé sur « les remèdes qu'une institutrice peut employer pour combattre le manque de sincérité chez ses élèves ».

La rédaction, de son côté, répond aux lettres des Institutrices. — Ici une jeune débutante a sollicité quelques conseils pour mieux diriger son cours élémentaire. Une remarquable consultation — dont toutes les abonnées profiteront — est à son adresse dans le Bulletin. — Il est presque superflu de dire que les documents officiels : lois, arrêtés, décrets, circulaires relatifs à l'enseignement libre y paraissent.

Par l'affiliation à la Caisse mutuelle des Retraites du Centre, le syndicat assure à ses membres le pain des vieux jours. Pour les vacances, il met une maison de campagne à leur disposition.

Le Syndicat a exercé son droit de vote aux dernières élections pour le Conseil supérieur du travail (1).

Syndical des Institutrices privées de l'Yonne (2)

Le Syndicat des Institutrices privées de l'Yonne date du 13 juillet 1905.

« Au début, il sembla languir. Les Institutrices ne se rendaient peut-être pas bien compte des avantages que le Syndicat leur procure, et l'assistance aux réunions s'en ressentait. Cependant quelques-unes lui étaient très attachées et prouvaient par là même que l'idée syndicale s'impose, qu'elle naît forcément de la triste situation faite à l'enseignement libre. Durant les trois premières années, le chiffre des inscriptions fut minime. A l'heure actuelle le Syndicat est entré dans une ère plus favorable, parce que mieux compris et naturellement mieux apprécié. Soixante institutrices sont affiliées, et leur nombre tend à s'accroître. Elles sont toutes disposées à participer aux réunions, dès qu'elles en ont la possibilité.

A l'Assemblée générale (septembre 1910), la fondation d'une société de secours mutuels et

---

1. Réponses envoyées par Madame de Palomera, présidente du Syndicat des Institutrices libres de l'ouest.
2. Siège social : 122, avenue Carnot, Villeneuve-sur-Yonne

d'une caisse de retraites a été décidée. Ce double service sera mis prochainement en vigueur, grâce à l'entente de notre Syndicat avec la *Mutualité de Bourgogne*. Les traitements, dans l'enseignement libre, sont peu élevés, chacun le sait. Aussi avons-nous dessein d'inviter par circulaire fondateurs et bienfaiteurs d'écoles à payer au nom de leurs institutrices, la cotisation annuelle de la Caisse de retraites.

Nous avons une bibliothèque professionnelle et des conférences pédagogiques. La grande difficulté à vaincre est l'éloignement des postes entre eux. Cela rend impossibles les réunions fréquentes. Au début, elles étaient trimestrielles et, bien à regret, nous avons été obligées de les réduire à deux par an : à Pâques et en septembre. C'est un gros inconvénient, car ces conférences, qui nous sont données avec beaucoup de talent par une directrice d'école normale catholique, sont trop espacées pour être fructueuses.

En vue de parer à la dépense occasionnée par ces déplacements, j'ai sollicité à diverses reprises du P. L. M. des billets à demi-tarif pour nos institutrices libres. Toujours ma requête a été repoussée. N'y aurait-il pas lieu, pour les Syndicats fédérés, de faire une demande collective aux Compagnies pour toutes les Assemblées générales?..

Notre réunion de septembre dure plusieurs jours, du lundi au vendredi ou au samedi. Celle de Pâques sera désormais aussi de deux ou trois jours, pour suppléer autant que faire se peut, aux réunions supprimées.

Nos conférences roulent sur différents sujets de pédagogie et d'enseignement : *manière de professer — adoption de certaines méthodes — travail pré-*

paraloire des classes. — travail personnel des maî-tresses — nécessité pour celles-ci de rester absolu-ment dans la note catholique, etc. Très appréciées, elles font un bien réel aux institutrices, et par là même aux écoles.

En somme le Syndicat a une très heureuse in-fluence. Les adhérentes y puisent un grand désir de mieux faire. Elles sentent qu'on s'intéresse à elles, à leurs écoles — et s'attachent à leurs devoirs avec plus d'ardeur.

Le Syndicat place ses membres de préférence dans le département. Il favorise la stabilité dans les postes. Le Conseil étudie les moyens d'assurer le recrutement du personnel par l'école normale diocésaine, récemment établie et qui fonctionne sous une direction intelligente et expérimentée (1). »

Syndicat des Institutrices libres de la Mayenne

Sur ce Syndicat, peu de détails, mais excellents.

Il compte 400 membres. — tout le personnel féminin du département.

Des conférences de grande valeur sont réguliè-rement faites au siège social; et un Bulletin très bien rédigé porte la bonne parole chrétienne et pédagogique aux institutrices qui ne peuvent venir l'entendre.

Il y a lieu de signaler la composition de ce Bulle-tin (2). A la plus parfaite orthodoxie, il joint la science la plus exacte et la mieux avertie.

Syndicat des Institutrices libres de Limoges (3)

Fondé le 27 décembre 1907, par l'initiative de la Protection de la Jeune Fille, dont quelques asso-

1. D'après les réponses de Mademoiselle Frécault, présidente.
2. S'adresser à M. Bernard-Matry, ruelle Beausoleil, Laval.
3. Siège social : 26, Avenue Garibaldi, Limoges.

ciées se sont faites les *Employées* dévouées du Syndicat et tiennent le bureau de placement, il est surtout composé de directrices et de professeurs de grandes institutions où l'enseignement est d'ordre plutôt secondaire. Il comprend aussi une partie du personnel des écoles libres.

Dans l'ordre professionnel, sont dûs au Syndicat : *les conférences* — elles ont lieu tous les quinze jours. — un cours ménager : il fonctionne pendant les vacances — et un cours de latin.

Il n'y a pas de Commission d'études. Mais quand une question se présente, le Conseil se réunit extraordinairement, une discussion souvent très intéressante s'établit, et les conclusions motivées sont recueillies par la secrétaire.

Le Syndicat possède une bibliothèque professionnelle et agréable.

Il a enfin fondé un examen annuel, dit *Certificat complémentaire pour les écoles libres*, qui permet de conserver les fillettes un an de plus à l'école chrétienne. Le jury est formé des membres du Syndicat, auxquels s'adjoignent deux des conférenciers habituels. Ce certificat complémentaire est déjà très apprécié.

Dans l'*ordre économique*, le Syndicat de Limoges possède une *Caisse mutuelle de retraites pour la vieillesse* et un service de coopération pour les achats. Les escomptes sont accordés par les principaux magasins de la ville sur la simple présentation de la carte syndicale.

Les Institutrices de Limoges ont voté aux dernières élections pour le Conseil supérieur du travail (1).

_____

1. Renseignements communiqués par Mᵐᵉ la Secrétaire du Syndicat.

Insistons sur le caractère des conférences complétées par la correction des devoirs écrits.

Chaque mois, M. le Chanoine Dublanchy, directeur de l'Ecole Montalembert, donne une conférence sur la formation morale, religieuse et pédagogique des Institutrices. Voici quelques-uns des sujets donnés en 1908-1909 et 1909-1910 : *Du soin que nous devons avoir de ne pas séparer la formation morale de la formation religieuse de nos élèves. — Lectures d'Institutrices : côté moral de la question — La vie chrétienne à l'école — La discipline, principes et application. — Comment gagner la confiance des enfants. — Maîtres et parents. — Comment, pour poser les bases de la morale religieuse, il ne faut pas négliger celles que fournit la raison.*

Ces conférences générales, ouvertes à toutes les syndiquées, sont complètement gratuites. Elles réunissent chaque fois 50 à 60 auditrices.

Les conférences littéraires et scientifiques ont pour objectif de parfaire la formation professionnelle et en même temps de préparer sérieusement, quoique d'une façon encore lointaine, à l'examen du Certificat d'aptitude à l'Enseignement secondaire des jeunes filles. Elles sont données deux fois par mois sur chaque matière par des professeurs licenciés ès-lettres ou ès-sciences. La rétribution est très légère et répartie entre les auditrices.

Il y a de 25 à 30 abonnées et une moyenne de 15 à 18 présences.

Exemples des sujets traités : *Philosophie : Des degrés de la connaissance. — Notions sommaires de logique formelle. — Méthode générale : analyse de synthèse. — Méthode dans les sciences mathématiques — dans les sciences physiques — dans l'histoire.*

En 1909-1910 : *Histoire de la philosophie moderne.* — *Littérature : la Comédie en France avant Molière* — et une suite de conférences sur *Molière.* Dans une autre série : *la déformation de l'idéal classique au* XVIIIᵉ *siècle* — plusieurs leçons sur *Chateaubriand* — puis des études sur les principaux auteurs contemporains : *Jules Lemaître* — *François Coppée* — *Sully Prud'homme* — *Maurice Barrès* — *Pierre Loti* — *Paul Bourget.* — Les conférences d'*histoire* ont porté en 1908-1909 sur la *Révolution* et en 1909-1910 sur l'*Italie depuis la Révolution.*

Les conférences scientifiques ont été toutes d'actualité en 1908-1909 : *Découverte et application des rayons X* — *Aviation* — *Radium et radioactivité* — *Télégraphie sans fil.* La seconde année, les leçons ont été consacrées à la *géologie* et à la *géographie générale.*

Syndicat des institutrices libres des arrondissements d'Aix et Arles. (1)

Il existe depuis le 16 décembre 1907 et compte 116 membres.

Aix n'a répondu qu'à trois des questions posées par l'enquête :

1º *But spécial poursuivi par le syndicat.*

a / L'étude et la défense des intérêts professionnels de ses membres.

b / La création de caisses d'assistance mutuelle et de prévoyance, soit indépendantes et autonomes, soit par affiliation à une société existante.

c / La création par l'une ou l'autre de ces voies d'une caisse de retraites pour la vieillesse.

____

1. Siège social : 42, rue du Pavillon, Aix (Bouches-du-Rhône).

2º *Accueil fait par les institutrices à l'idée syndicale. Degré de compréhension qu'elles en ont.*

Accueil très sympathique. En dehors des avantages matériels que le syndicat leur assure, elles ont un centre où elles peuvent venir, sûres d'y trouver toujours l'appui moral dont la plupart ont si grand besoin.

3º *Services fondés.*

Bureau de placement (15 à 20 par année). — Il n'existe encore ni conférences, ni services économiques.

« Le Syndicat est un groupement qui unit ses membres dans la plus cordiale entente et la plus fraternelle affection. Se renouvelant dans les mêmes sentiments, nos amies trouvent dans la retraite des vacances le réconfort moral qui leur permet de reprendre leur tâche avec courage (1). »

Syndicat des institutrices libres du Jura (2)

Ce tout jeune Syndicat — il date du mois d'avril 1908 — s'est déjà distingué par une très grande activité. Après un an, il comptait 150 adhérentes, c'est-à-dire la presque totalité des institutrices du département qui se sont fait inscrire dans les six premiers mois. Il s'accroît toujours.

Au mois de juillet 1909, les Institutrices du Jura tenaient leur première Assemblée générale et le rapport de la secrétaire générale nous donne ces détails :

« Pour apprécier équitablement ce qui a été fait, pour bien comprendre ce qui reste à faire, rappelons d'abord les motifs en vue desquels nous nous sommes groupées, il y a un an.

1. Réponses de Mademoiselle Michel, présidente.
2. Siège social : 24, rue de l'Agriculture, Lons-le-Saunier.
Secrétariat, 15, rue de Vallière, Lons-le-Saunier.

1º Nous voulions rendre à l'enseignement libre, dans notre région, la cohésion qui lui manquait depuis le départ des congrégations religieuses. 2º Nous aspirions à sortir de notre isolement professionnel ; nous sentions le besoin de nous connaître, de fraterniser, d'échanger des idées, des renseignements et des services. 3º Nous cherchions un moyen de faciliter la formation des sujets jeunes et de faire profiter les débutantes de l'expérience des aînées. 4º Nous trouvions nécessaire de pourvoir au recrutement des écoles, et pour cela, d'établir un centre de rapports entre les institutions qui cherchent des sujets et les sujets qui cherchent des places. 5º Il nous paraissait urgent, dans l'intérêt même de l'enseignement chrétien, d'améliorer les conditions matérielles et économiques de la vie des institutrices, et de leur assurer des ressources pour l'avenir.

Or, tout cela est commencé ; pas encore bien avancé, il est vrai, mais enfin nous n'avons qu'un an, c'est une grande jeunesse, à laquelle il serait injuste de demander les fruits de l'âge mûr...

... — Voici ce que nous avons pu faire jusqu'ici :

Et d'abord, nous nous sommes syndiquées, nous existons légalement, nous formons une association qui a des droits civils, qui pourrait, le cas échéant, prendre, même en justice, la défense des intérêts professionnels de ses membres.

Les réunions, destinées à nous mettre les unes avec les autres en rapports fraternels, ont eu lieu — non pas tout à fait tous les mois, il est vrai — nous en avons eu en tout huit à Lons-le-Saunier et trois à Dôle. Afin de favoriser l'assistance à ces réunions, le Conseil a voté récemment des indemnités de voyage pour toutes celles qui dépensent plus de 2 francs : je ne sais si les ressources de la Caisse syndicale permettront de maintenir des subventions aussi fortes : la pratique le fera voir...

Sur les questions professionnelles, nous pouvons nous instruire les unes les autres par un échange d'idées ; mais pour l'instruction religieuse nous avons besoin de la parole d'un docteur : c'est de l'autorité ecclésiastique que nous devons recevoir cet enseignement. Il nous a été donné avec une élévation et une sûreté de doctrine qui ont pu paraître un peu austères. Monsieur le Chanoine Grevy, habitué à instruire de futurs prêtres, nous a traitées presque comme des élèves en théologie (1).

... En faveur des syndiquées qui ne peuvent assister à toutes les réunions, nous avons essayé depuis quelque temps d'imprimer les conférences religieuses et pédagogiques. C'est un long travail, dont je commençais à désespérer de venir à bout, lorsque j'ai trouvé d'aimables ouvrières que je tiens à remercier, et si nos essais sont encore bien informes, nous comptons nous perfectionner.

Comme complément des conférences, nous avions offert aux jeunes maîtresses une direction pour leur travail : Conseils pédagogiques, corrections de devoirs, etc.

Nous nous étions aussi mises à la disposition des associées pour tous les renseignements que nous serions à même de leur procurer. Ce service-là n'a point chômé et nous avons eu constamment à écrire, surtout pour mettre en rapports directrices

---

1. *Principaux sujets traités dans les conférences.* Conférences religieuses : Les fondements de la foi. — Les ennemis de la foi et notamment le Modernisme.

Conférences pédagogiques. L'Enseignement libre — Comment il mérite ce nom. — Les programmes. — Formation du langage chez l'enfant. — Premières leçons. — Lecture. — Leçons d'écriture et devoirs écrits. — Les manuels.

ou curés en quête de sujets, et institutrices en quête de places. Bon nombre d'écoles ont été pourvues par l'intermédiaire du Syndicat, et nous avons aussi placé plusieurs jeunes filles dans les familles, soit en France, soit à l'étranger. Cette année, je crois que nous serons plus occupées encore, parce qu'on nous connaît davantage (1). »

Le rapport signale ensuite les efforts du syndicat pour le recrutement des Institutrices et cite le généreux effort de l'école de Dôle, qui a reçu dès la première année plusieurs aspirantes institutrices, sans aucune charge pour leurs familles.

— Puis la retraite donnée à Dôle pour retremper dans les secours surnaturels les forces et le courage des institutrices au moment de la rentrée des classes.

— Il arrive aux institutions économiques.

Billets à demi-tarif pour les vacances (ce qui n'est pas un droit syndical).

Remises spéciales faites par les commerçants de Lons-le-Saunier.

Fondation d'une caisse de retraites.

Cette caisse a reçu les adhésions d'un groupe important de participantes, et une circulaire destinée à recruter pour la formation d'un fonds de réserve des fondateurs, bienfaiteurs, membres honoraires, commence à peine à se répandre et déjà nous avons reçu comme réponse des billets de cinquante ou de cent francs, ainsi que des souscriptions pour les annuités de dix et de cinq francs.

Par le travail accompli si promptement, ne

1. Mᵐᵉ la Secrétaire nous dit qu'elle n'a pu tenir le compte des placements, beaucoup de personnes qui demandent des sujets et beaucoup d'institutrices présentées négligent d'avertir quand le placement est réalisé. C'est une remarque faite malheureusement dans tous les syndicats.

pouvons-nous pas augurer un bel avenir pour le Syndicat des Institutrices libres du Jura?

Syndicat des Institutrices libres du Périgord (1)

Le 26 mai 1910 a été fondé le dernier inscrit des syndicats d'Institutrices, au cours d'une réunion présidée par M. le Chanoine Détrieux, directeur diocésain des Œuvres, assisté de Mademoiselle Châtenet, du Syndicat de Limoges. Il comptait 47 membres quand nous avons reçu de ses nouvelles.

Dès son origine, il a mis à la disposition de ses adhérentes :

1º Un modeste foyer... Une chambre où elles pourront se reposer un instant quand elles seront de passage à Périgueux — et même prendre un repas qu'elles auront apporté.

2º Une bibliothèque.

3º Un service de correction de devoirs pour la préparation du C. A. P..

4º Un office de placement.

5º Un commencement de service de coopération pour les achats (système des escomptes).

Et de concert avec le Syndicat de Limoges il s'occupe de la fondation d'un Bulletin syndical de l'Enseignement,

Pour un nouveau-né, c'est montrer beaucoup d'intelligence et une très active bonne volonté.

Nous n'avons reçu aucun renseignement du Syndicat des Dames professeurs et Institutrices libres de l'Est (2).

Mais quoiqu'il ne soit pas exclusivement com-

---

1. Siège social : 23, rue de la Clarté, Périgueux.
2. Siège social : 10, rue de la Croisselle, Langres.

posé d'Institutrices, nous devons classer parmi ceux
où l'action féminine est considérable le Syndicat
du Poitou.

Syndicat des Instituteurs et Institutrices privées du Poitou (1)

C'est un des plus anciens : il est de 1904. Il
compte 282 membres, dont 30 instituteurs. Sans
douter de l'activité professionnelle et syndicale de
ces Messieurs, dont plusieurs se sont fait connaître
d'une manière très honorable dans les congrès,
la majorité écrasante d'Institutrices qu'ils rencontrent dans leur syndicat permet d'en parler ici.
D'autant mieux que nos documents sont des notes
de Mademoiselle Grelet.

« Le Syndicat du Poitou doit son origine à la
généreuse Association des catholiques de la Vienne
qui lui prête son aide financière et morale, sans
jamais entraver son indépendance d'action. Syndicat professionnel, le syndicat du Poitou est
administré par un bureau de professionnels. — Les
idées syndicales sont comprises dans la région.
Toutes les écoles secondaires libres comptent des
membres du syndicat de la rue Madame. Dans
presque toutes les autres écoles, reconstituées ou
non, il y a des membres faisant partie d'associations professionnelles et de syndicats. L'idée du
groupement est donc acceptée.

Nos cours professionnels fonctionnent très bien.
Nous avions jeudi dernier 30 institutrices. Notre
vice-présidente a créé le cours de sciences, ouvert
cette année. Je dois avouer que les autres professeurs ne tiennent pas toujours leurs promesses,

---

1. Siège social : 2ᵐᵉ, rue du Pont-Neuf, Poitiers.

alors il ne faut plus souvent qu'à mon tour être bouche-trou. Nos cours ont lieu au siège social. L'Association des catholiques comme toujours nous héberge, nous chauffe, nous éclaire et payera le matériel.

Si nos syndiquées agitent des questions syndicales?.. Oui, quand on les y pousse, autrement jamais. Il faut bien agiter ces questions ; aussi j'en mets une sur le tapis à toutes nos réunions mensuelles. »

Le Syndicat du Poitou a un Bulletin dont Mademoiselle Grelet est la rédactrice principale, pour ne pas dire la Rédaction... Il est en grande partie consacré à l'instruction professionnelle, à des cours de préparation aux examens.

Dans les autres Syndicats, les Institutrices ont aussi une part considérable à l'administration syndicale et à l'action professionnelle.

La Chambre syndicale girondine (1) compte six conseillères, dont 4 sont membres du bureau. Dans les Congrès de la Fédération, nous avons entendu bien des fois leurs rapports, très sérieusement documentés et fort applaudis. Ces dames ont collaboré à la rédaction des programmes d'examens de certificat d'études primaires et du certificat complémentaire délivrés aux jeunes filles par leur Syndicat.

A Saint-Etienne, plusieurs Institutrices, membres du syndicat de la Loire (2) ont pris part avec distinction à la discussion des vœux et exercent une grande influence, non seulement dans leur Chambre syndicale, mais dans toutes les

---

1. Syndicat des Membres laïques de l'Enseignement libre, 8, rue St-Christoly, Bordeaux.

2. Syndicat des Instituteurs et des Institutrices privées de la Loire, 23, rue Michelet, Saint-Etienne.

réunions de l'Enseignement libre de la région lyonnaise...

. . . .

Que conclure de la reproduction presque intégrale de renseignements communiqués par les Syndicats ou puisés dans leurs bulletins? Par leur saveur de sincérité, ne donnent-ils pas la note personnelle de chaque Syndicat, d'où il est facile de déduire leurs tendances communes?

— Il en ressort en premier lieu que les femmes, au moins autant que les hommes dans l'enseignement libre, savent se grouper, se concerter et s'organiser.

Puis, que, sauf exception, elles ont surtout cherché dans la forme syndicale la sécurité pour leurs réunions, pour leurs institutions économiques — et un centre de placement.

Une fois le groupe formé, elles ont cherché à organiser des cours, ou tout au moins des conférences pédagogiques ; heureuses d'user du privilège syndical et d'ouvrir ces cours sans formalités.

— N'est-il pas très facile de discerner dans ces aspirations unanimes un grand désir d'union professionnelle, d'aide mutuelle et de perfectionnement dans la profession. N'est-ce pas, confuse encore, mais réelle, l'idée syndicale? — Plusieurs l'ont formulée plus explicitement et ont affirmé leur satisfaction d'avoir, grâce à la loi de 1884, une existence légale, la personnalité civile, et le pouvoir de défendre, même en justice, le cas échéant, les intérêts professionnels. — N'a-t-on pas aussi le sentiment obscur, imprécis, de la protection exercée par le syndicat sur l'enseignement libre lui-même, puisqu'on cherche la sécurité dans cette forme d'association?

Mais, sauf un syndicat placé dans des conditions particulières, aucun ne semble avoir conscience de son rôle social, de la place qu'il doit tenir dans l'économie générale de l'organisation professionnelle

Les Institutrices ont manifesté l'espoir d'obtenir par le syndicat de meilleures conditions de travail, et d'abord le relèvement des honoraires. Ce désir, très légitime, n'a pas été pour elles la seule ni même la principale cause déterminante du choix de la forme syndicale.

— Ces constatations faites, examinons si l'association professionnelle donne dès maintenant aux institutrices qui l'ont adoptée les avantages qu'elles en espéraient.

On ne peut hésiter à répondre par l'affirmation. Ayant conquis le droit à l'existence légale, une place dans la société civile, les Institutrices ont trouvé dans leur syndicat une famille professionnelle, elles ont fondé un foyer familial où elles sont « chez elles ». — Le Conseil juridique leur ménage une aide efficace dans les difficultés et conflits d'ordre professionnel. — Elles savent où s'assurer secours et protection dans tous les actes de leur vie de travail : elles ont un centre de renseignements — un centre, quelquefois important, d'études et de conférences où nulle inspection n'a jamais tenté de pénétrer — un office de placement qui met en rapports les offres et les demandes sans prétendre à faire les nominations — des avantages matériels : escomptes sur les achats, secours mutuels pour la maladie, caisse de retraites. Tout cela est organisé en divers lieux et fonctionne.

Et si, pour l'exercice de toutes leurs prérogatives, certains syndicats isolés se trouvent trop faibles, *l'Union centrale des Syndicats d'Institutrices* leur prête un appui fraternel. — Pour l'action générale, en particulier pour la défense de la profession et l'exercice du droit formel des syndicats à être entendus sur les mesures législatives ou administratives qui les touchent, les Institutrices rencontrent la *Fédération nationale des Syndicats professionnels de l'Enseignement libre*, grâce à laquelle Instituteurs, Professeurs et Institutrices agissent d'un commun accord et appuient leurs revendications sur la force du nombre.

Union centrale
des Syndicats d'Institutrices privées (1)

L'Union remonte à 1906. Tous les syndicats d'Institutrices régulièrement constitués d'après la loi du 4 mars 1884, sont admis à s'y agréger.

Quatre syndicats ont donné leur adhésion : le Syndicat des Institutrices privées de l'Abbaye, celui des Institutrices libres de l'Ouest, celui de l'Yonne et celui de Limoges.

Les principaux avantages sont : la participation aux cours professionnels sans changer de syndicat — un échange de renseignements utiles — des services mutuels pour le placement.

L'Union a coopéré à la fondation de deux Syndicats.

Fédération nationale
des Syndicats professionnels de l'Enseignement libre

Le 25 septembre 1905, une trentaine de professeurs, instituteurs et institutrices, appartenant à trois syndicats, étaient réunis dans une salle de

---

1. Siège social : 5, rue de l'Abbaye, Paris. Présidente, Mˡˡᵉ Thellot.

l'Athénée municipal de Bordeaux. Ils posaient les bases de la Fédération nationale des Syndicats de l'Enseignement libre dont, avec le concours d'un jurisconsulte, M. de Vallois, ils élaboraient les statuts. Les trois syndicats représentés se constituèrent en Fédération. C'était le Syndicat Girondin, celui de l'Ouest et celui du Poitou. Le Syndicat Girondin fut investi pour cette première année de la direction et chargé de l'organisation du Congrès de 1906.

D'après les articles 8 et 9 des statuts, « la Fédération a pour objet le concert des Syndicats unis pour l'étude, la représentation et la défense des droits et des intérêts des membres de l'Enseignement libre. Elle se propose notamment : 1º d'être pour les syndicats fédérés un centre permanent de relations. 2º d'encourager la fondation de nouveaux syndicats et d'en favoriser les débuts ; 3º d'organiser la défense des membres de l'Enseignement libre auprès des pouvoirs publics par la centralisation et la transmission de vœux et de pétitions ; 4º de leur donner des avis et des conseils en toutes matières contentieuses ou techniques sur lesquelles les syndicats fédérés jugeraient utile de la consulter, soit dans l'intérêt propre des syndicats, soit dans l'intérêt de leurs membres ; 5º enfin de s'entendre avec toutes les sociétés favorables aux intérêts de l'Enseignement libre. »

Chaque année, la direction passe à l'un des Syndicats qui ne l'ont pas encore exercée. Le nom du Syndicat directeur est désigné par le sort. Chacun reste libre de décliner l'honneur.

Le Syndicat directeur administre la Fédération pendant un an et organise un Congrès.

Depuis l'origine, la direction a été exercée par :

Le Syndicat Girondin 1905-1906,
Le Syndicat du Poitou 1906-1907.
Le Syndicat de Paris Bellechasse 1907-1908.
Le Syndicat de la Loire 1908-1909.
Le Syndicat de Paris-Ecole 1909-1910.
Le Syndicat de Paris-Abbaye (Institutrices) 1910-1911.
Le Syndicat des institutrices libres de l'Ouest 1910-1911.

Et les Congrès ont eu lieu successivement : à Bordeaux, à Poitiers, à Paris (Institut catholique), à Saint-Etienne, à Paris (Salle de Fêtes de l'Ecole des Francs-Bourgeois (1).

A Saint-Etienne, le Syndicat de la Loire avait organisé une exposition scolaire qui fut un succès.

Au Vᵉ Congrès, 1910, deuxième de Paris, une modification fut apportée aux statuts. Elle fait une place dans le Conseil fédéral aux délégués des Syndicats ayant déjà eu la direction de la Fédération. Trois de ces délégués seront donc en permanence à Paris.

La Fédération ne change jamais de domicile sans donner son adresse. Mais si quelqu'un ne savait où la trouver, on aurait une réponse et tous les renseignements qui la concernent en s'adressant à M. le Président-Fondateur (2) ou à l'un des Syndicats de Paris ayant exercé la direction (3).

On le voit, l'affiliation à la Fédération nationale donne précisément aux Syndicats d'Institutrices ce qui manque à quelques-uns d'entre eux :

---

1. Les Comptes rendus des 5 Congrès du travail à la librairie Vitte, 11, rue de l'Abbaye, Paris VIIᵉ.

2. 8, rue Sᵗ Christophe, Bordeaux.

3. Syndicat des Instituteurs privés, 42, rue de Bellechasse. — Syndicat des Instituteurs libres, 8, place de l'Ecole. — Syndicat des Institutrices privées, 5, rue de l'Abbaye.

1º Une véritable éducation syndicale par la participation aux Congrès. Ne suppose-t-elle pas l'étude des questions proposées, l'assistance aux discussions, une attention soutenue à la lecture des rapports, si l'on veut émettre des votes consciencieux — par suite une conception beaucoup plus nette de la nature et du rôle du syndicat?

2º Une organisation qualifiée pour exercer au nom de tous les Syndicats la revendication des droits professionnels lorsqu'ils sont menacés.

Les Syndicats d'Institutrices l'ont bien compris en s'y affiliant l'un après l'autre comme l'ont fait les Syndicats d'Instituteurs.

Et la petite Fédération de 1905 comprend, au cours de sa septième année, plus de 20 syndicats de toutes les régions.

Elle a obtenu gain de cause dans plusieurs de ses revendications touchant divers projets de loi. Elle continue son œuvre de défense de l'enseignement libre.

———

TROISIÈME PARTIE

Ce que les Institutrices peuvent espérer du Syndicat

L'avenir est à Dieu : celui de la patrie comme celui des syndicats, plus intimement liés qu'on ne le pense peut-être.

L'on s'imagine bien que nous ne parlons plus ici de nos modestes groupements, mais du syndicalisme en général, terreur des uns, espoir des autres, dont le dynamisme se révèle, par cela même qu'il inspire ce double sentiment.

Que le syndicalisme soit laissé, formidable

explosif chargé de haines, aux mains des révolutionnaires, l'immense poussée des forces ouvrières aveuglées arriverait à renverser la *Barricade* derrière laquelle la société bourgeoise se cantonne en essayant de dresser la C. G. P. contre la C. G. T. — et ce serait le *Grand Soir* !

Mais si, désabusée des mauvais bergers, lasse du sabotage et de la chasse au renard, la foule laborieuse peut se tourner vers un syndicalisme professionnel éclos à l'ombre de l'Eglise et pénétré par elle de la doctrine chrétienne du travail, ne s'arrêtera-t-elle pas, surprise, pour l'examiner? — Ne sera-t-elle pas charmée de trouver chez les syndiqués catholiques une compréhension si nette des questions qui l'intéressent, des propositions si raisonnables et si justes pour l'aider à les résoudre? Ne cherchera-t-elle pas à marcher de pair avec de tels syndiqués? — Alors ce sera l'*Aube* ! l'aube de l'organisation du travail, qui n'amènera pas le Paradis sur terre, mais qui rendra possibles la vie normale de la famille ouvrière et la paix dans la cité.

C'est, malgré tous les obstacles à prévoir, les temps troublés qu'il faudra traverser, cet avenir que nous espérons. L'Eglise s'est mise au travail. Le travail social béni par l'Eglise et guidé par elle n'a-t-il pas toujours gagné de proche en proche, par une action lente mais profonde, pour aboutir, quand sonne l'heure providentielle, à l'épanouissement le plus fécond?

Quel sera, dans ce concert, le rôle des Syndicats d'Institutrices?

Peut-être avons-nous fait un rêve sur leur sort, mais voici comment nous l'avons entrevu :

Leur rôle sera modeste, leur action patiente, inlassablement dévouée aux intérêts professionnels.

Animés d'un esprit profondément chrétien, ils seront entièrement soumis aux règles de l'enseignement de l'Eglise et de l'action sociale catholique.

Durant les années troublées, ils s'efforceront d'être pour leurs membres des protecteurs et des éducateurs.

Embrassant toute la profession sans se limiter au groupe des institutrices diocésaines, le syndicat étendra à celles-ci la défense des droits professionnels.

« L'existence de vos Syndicats nous permettra de nous placer, pour la défense de l'enseignement libre, sur le meilleur terrain, celui des revendications des professionnels organisés », nous dit un député catholique, membre de la Commission de l'enseignement.

« Cette question des professionnels que le monopole priverait de leur gagne-pain, aura le plus grand poids, surtout présentée sans attache à des idées politiques », nous dit encore un de nos défenseurs.

En même temps que la force associationnelle sera protectrice, le privilège des cours syndicaux assurera, aux heures les plus sombres, la survivance de la profession, en permettant de préparer des institutrices aux examens.

Dans la même période, la pratique du syndicalisme, avec la double nécessité d'en tirer le maximum d'avantages et de rester dans la légalité la plus stricte, donnera aux institutrices une sérieuse formation syndicale. Par la force des choses, elles seront des syndiquées conscientes, et leurs groupements, des syndicats modèles.

Dès lors, ne sont-elles pas destinées par leurs fonctions à propager les saines idées sociales dans les milieux féminins ? Dans leurs œuvres post-scolaires, ne sont-elles pas appelées à faire connaître à leurs anciennes élèves la nécessité de l'organisation professionnelle et les moyens d'y coopérer?

Ainsi les syndicats de l'enseignement libre hâteront le moment où cette organisation se réalisera.

Par leur sagesse et par les services rendus, ils seront arrivés, nous en avons la confiance, à dissiper toute inquiétude à leur sujet. Un jour viendra où, sans soulever aucune opposition, il semblera aussi légitime, aussi nécessaire pour les institutrices de s'agréger légalement à leur profession en se syndiquant, que d'acquérir le droit d'enseigner par la conquête d'un brevet.

Leurs syndicats seront alors solidement constitués. Souhaitons qu'ils aient reçu quelques dons et legs comme c'est leur droit. Ils auront acquis par là toute facilité d'achever la construction de la bonne maison corporative où la famille professionnelle accueillera la jeune institutrice au seuil de la carrière, pour ne plus jamais la laisser isolée.

Nous n'avons pas la témérité de supposer quels seront alors les contacts des syndicats avec l'organisation diocésaine de l'enseignement chrétien. Citer l'indication discrète qu'a donnée M. G. Desbuquois, c'est d'ailleurs exprimer nos aspirations intimes.

« L'Eglise a seule le droit de direction. Non seulement celle-ci le possède seule, mais encore elle est seule juge d'en régler l'exercice. Il se peut donc qu'avec le temps, après avoir éprouvé la fidélité de ses instituteurs groupés en syndicats, leur esprit profondément chrétien, après avoir, grâce à des contacts multipliés et à des relations tout imprégnées de confiance et de dévouement constaté un sens hiérarchique et une attitude filiale irréprochable, il se peut — et cela semble souhaitable en vue d'une collaboration plus étroite, — que l'autorité ecclésiastique confie à la profession organisée l'exercice de telle ou telle de ses attributions. L'ensemble de ces prérogatives constituerait, sous le rapport religieux, les éléments d'un statut qui ne serait pas sans analogie avec celui qui définissait jadis les rapports des congrégations enseignantes avec l'autorité diocésaine. Déjà on rencontre les premiers linéaments de cette organisation : dans plusieurs diocèses la direction de l'enseignement réserve certaines missions à des laïques, syndiqués ou non. Il semble que les initiateurs de cette mesure ont obéi à une pensée d'avenir : rien mieux qu'une intime collaboration, marquée d'une confiance mutuelle, ne resserrera les les liens d'une profonde entente entre les membres laïques de l'enseignement libre et l'autorité diocésaine (1). »

Est-il bien nécessaire de trop s'arrêter à cette question des contacts avec l'autorité religieuse? Quand ce livre paraîtra, le *Mouvement social* aura donné un article étendu sur le même sujet.

Une des attributions incontestées du syndicat dans la profession organisée sera d'être le gardien vigilant de la *coutume professionnelle*. A défaut d'une législation bien précise, en effet, les cas litigieux entre directrices et adjointes doivent être réglés par des usages sur lesquels on vient déjà

---

1. *Mouvement social*, sept. 1910. p. 242-243. Dans un récent article de la même revue (art. de M. Bahzet, nov. 1911, p. 992-1007), cette question a été traitée de nouveau, à propos de vœux émis au VI⁰ Congrès des Syndicats de l'enseignement libre.

assez fréquemment consulter les associations professionnelles : conditions d'engagement, date du préavis de séparation, délai-congé, etc. Il est du rôle des Syndicats de s'éclairer auprès des comités de jurisconsultes, et de s'entendre pour faire passer ces usages en traditions unanimes. — Ainsi sera constituée en peu d'années la *coutume professionnelle de l'enseignement libre.*

Enfin, quand il sera partout reconnu que la profession est une société dont les syndicats sont une institution essentielle, ne sera-t-il pas possible d'établir, par leur intermédiaire, des contacts professionnels entre l'enseignement public et l'enseignement libre, de faire admettre celui-ci à dire son mot dans les questions d'éducation nationale et de pédagogie, à travailler à la confection des programmes d'études et d'examens? — Et, force concourante d'un mouvement de justice où les autorités sociales et l'opinion publique auront, il est vrai, la plus grande part, les syndicats n'auront-ils rien à faire ni à dire dans la conquête de « l'égalité » des deux enseignements, comme en Hollande ?

Le champ est vaste, dès qu'on sort du présent... N'avons-nous pas dit que nous avions peut-être fait un rêve?.. Mais cependant... « l'avenir est à Dieu ! »

M. DECAUX

Deuxième Partie

—

LA VIE AU JOUR LE JOUR

Ce livre, que les institutrices ont écrit, ne serait pas vrai s'il était uniforme. Il a ouvert une sorte d'enquête, il était naturel qu'interrogeant de tant de côtés il n'entendît pas la même voix. Est-ce que les témoins se contredisent en disant tant de choses diverses et parfois opposées? Non point, mais ils ne déposent pas sur les mêmes faits. Autres sont les conditions des unes, autres les conditions des autres. Chacune est sincère en disant ce qu'elle a vu.

Toutefois, certaines pages de cette seconde partie paraîtront insister sur les tristesses d'une vie d'institutrice. Il n'est pas inutile de recevoir la plainte, surtout lorsqu'on a l'espérance de guérir ou d'amoindrir la douleur. Or, sans forcer les conclusions, sans exagérer les témoignages, nous trouvons le remède indiqué à côté du mal. Il est tout à la fois dans la Religion, dans l'occupation, dans la profess'on.

La Religion est deux fois nécessaire aux institutrices : pour elles-mêmes et pour les enfants qui leur sont confiés.

Plusieurs disent ici combien Dieu leur a manqué et quel a été sans lui le vide de leur enseignement.

Toutes déclarent combien aussi il leur est nécessaire de nourrir leur intelligence, de réserver quelques heures studieuses à des lectures utiles qui élargissent les horizons de l'esprit. Sans ces lectures, le zèle de la science s'éteint, on est moins capable d'instruire, parce que soi-même on n'apprend plus.

Un dernier vœu, implicite ou explicite, est au moins dans la pensée de tous : c'est que la profession soit organisée.

I
LA
MISSION D'UNE INSTITUTRICE

Certaines âmes sont belles comme les fontaines. Pour celles-ci leur beauté est de couler, de couler sans cesse, de verser une eau toujours pure, toujours fraîche, toujours chantante.

Ainsi notre vieille institutrice : son charme est de causer, mais c'est des richesses du cœur que la bouche se remplit. Elle dit comment s'est formée son âme d'institutrice et comment se forme l'âme de beaucoup, même en des milieux et sur des terrains où l'on ne s'attendrait pas à voir le bon grain tomber et germer.

La mission d'une Institutrice

— Vous menez une enquête sur les Institutrices ? Excellente idée ! Au moins, ne manquez pas d'aller à B***, chez la vénérable Directrice de l'Ecole libre. Vous n'aurez pas à le regretter.

Et c'est pourquoi, un soir, sur le coup de cinq heures, je tombai comme une bombe dans la petite ville poitevine et allai droit à l'école. Déception ! une minuscule institutrice : au jugé, 1 mètre 50, pas plus ! Elle ne payait pas de mine ! Je déclinai mon nom, ma recommandation : « Action populaire de Reims », le but de ma visite. Et tout de suite, je fus bien accueilli.

— Désirez-vous faire le tour du propriétaire ?

— Avec plaisir, Mademoiselle.

Et elle s'effaça pour me laisser passer. Une fois dans le corridor, large et clair, je fus frappé de la propreté simple. Pas de luxe. Une pointe de coquetterie féminine. Un homme est sensible à cela ; les petites filles sans doute aussi. Du haut de l'escalier, nous arrivaient des voix joyeuses et des rires tombant en cascade. Rien de plus rafraîchissant pour le pauvre enquêteur, lassé de tant d'antichambres et de rencontres banales.

— A la bonne heure ! On n'est pas triste, chez vous, Mademoiselle. J'en prends note.

— Ce sont mes deux adjointes, de grandes enfants qui ont besoin de se détendre, après une journée de classe. Elles y ont bien droit, les petites. C'est courageux, ça, et pas grognon pour un sou. On en fait peu de pareilles.

— Des oiseaux rares !

— Et chanteurs. Mais au fond très sérieux.

Tout en causant, nous étions entrés dans la classe de la Directrice. Sur le mur blanchi à la chaux, attirant tout de suite l'œil du visiteur, un grand Christ ouvrait ses bras et penchait son front. Je suivais le regard de l'institutrice. Machinalement, il alla droit au crucifix, et j'y saisis un éclair furtif, doux comme une caresse, ardent comme une prière. Je n'aurais pas été averti d'avance, qu'à ce rien j'aurais deviné dans cette femme une croyante convaincue, une dévouée. Mais à quinze lieues à la ronde, l'institutrice de B*** avait sa réputation et son histoire. Je la connaissais assez bien, cette histoire édifiante, et je n'étais pas fâché de contrôler par moi-même l'exactitude des « on dit ».

— Eh bien ! Monsieur, et cette enquête? Surtout, gardez-vous d'être indiscret. Mon école fait donc bien parler d'elle, que les reporters s'en occupent?

— Mademoiselle, j'estime fort votre école, mais pour cette fois, ce n'est pas d'elle qu'il s'agit.

— Des élèves alors? Je vous préviens que le secret professionnel...

— Non plus...

— Et alors?...

— C'est à l'institutrice que j'en ai, à vous,

Mademoiselle, et à travers votre personne, à toutes les institutrices de France et de Navarre.

— En ce cas, Monsieur, je ne vois pas très bien pourquoi...

— Oh ! Mademoiselle, affaire de hasard, et un peu aussi... de curiosité. Je voyageais dans la région ; j'ai poussé jusqu'à B*** Et puis, votre nom m'avait été cité avec tant de gloses et de commentaires ! Je suis venu, je verrai...

— Et vous n'y gagnerez rien !

— C'est selon. Permettez-moi de solliciter votre réponse à ces trois questions :

1º Quelle est, à l'heure actuelle, la mentalité des institutrices de France, ou, si vous préférez, quelle est leur attitude en face de leur rôle?

2º Est-il exact que le niveau moral des Maîtresses soit en baisse, et par suite, celui des enfants?

3º On présage, pour des jours prochains, la faillite de l'enseignement libre, faute de recrues. Le corps enseignant diminue. Est-ce que le feu sacré s'éteindrait au cœur des jeunes filles de France?

Un temps de silence et de réflexion. La Directrice parut fixer une idée très lointaine, comme si ma dernière question avait été l'écho de craintes et d'appréhensions intimes, nées jadis dans un coin obscur de son esprit. Il y eut une minute de gêne et je crus qu'une plainte allait sortir de ses lèvres qui jusqu'ici avaient été souriantes. Un léger haussement d'épaules, et le visage reprit son air enjoué.

— Voilà, Monsieur, de bien graves questions, et bien trop élevées pour une femme de ma taille. Du haut de sa tour, sœur Anne ne voyait rien venir. Comment voulez-vous que moi, si petite, perdue dans un trou...

— Il s'agit, Mademoiselle, de votre expérience, et non de votre taille. Quiconque a beaucoup vu... Puis, vous ne nierez pas que vous êtes en relations avec bon nombre d'institutrices. — Vous vivez pleinement votre vie, vous aimez votre profession, vous parlez, vous lisez, je crois même que vous écrivez sous un pseudonyme. Mon Dieu, avec tout cela, vous avez de quoi dire votre mot sur ce que j'appelle la mentalité des institutrices de France.

— Mentalité? Mentalité? Quel charabia ! Si je vous entends bien, Monsieur, vous désirez savoir ce que nous pensons, nous, de notre carrière.

— A peu près.

— Je puis bien vous donner ma pensée personnelle. Quant à mes 95.000 collègues, vous auriez intérêt à les aller interwiever chacune en particulier. Je vous souhaite du courage, Monsieur, et des loisirs !

Cela était lancé d'un ton plaisant et aimable qui voulait dire, qu'au fond, mon interlocutrice ne demandait qu'à parler, pourvu qu'elle en fût priée. J'étais bien certain d'ailleurs qu'elle était très au courant des choses et des personnes de l'enseignement et qu'elle connaissait aussi la pensée de bien d'autres. Nous étions arrivés à son bureau.

— Voici mon... salon. J'y reçois toutes les misères et toutes les grandeurs. Mes fillettes, celles d'aujourd'hui et celles d'hier, même d'avant-hier, aiment cette chambre, pour y avoir apporté souvent leurs chagrins et leurs joies. Et tenez, Monsieur, nulle part je ne serai plus à l'aise pour vous dire comment je conçois mon rôle d'institutrice.

— Et celui de vos collègues, sans doute?

— Oui, si vous voulez. Cependant je n'ai pas la prétention d'être un oracle. Je ne juge personne. A chacune d'agir suivant son idée.

— Si l'idée est bonne, oui.

— En général, Monsieur, elle l'est, du moins chez nos Maîtresses de l'enseignement libre. Et il faut qu'elle le soit, Sinon, une femme n'y tiendrait pas longtemps. Le jeu ne vaut pas la chandelle.

— C'est-à-dire?

— C'est-à-dire qu'après avoir goûté cinq ou six ans de notre vie, une jeune fille s'en ira ailleurs, si elle n'a d'autre objectif que de se faire une situation, de se tailler un avenir. Chez nous, Monsieur, et de plus en plus, on trime, qu'on le veuille ou non. Et je vous dis que pour avoir le courage de trimer comme cela, sans profit personnel, pendant des dix et des vingt ans, on a besoin d'avoir dans la tête une bonne idée. Si on ne l'a pas au début, ça vous pousse en cours de route, ou bien on lâche tout.

— Pourtant, Mademoiselle, il m'est arrivé de rencontrer des institutrices qu' semblaient bien n'avoir aucune idée directrice. Et elles n'appartenaient pas toutes aux cadres officiels. Ces bonnes filles n'auraient pas opiné comme vous. D'abord, dans le nombre, il s'en trouvait qui ne trimaient pas du tout ; mais, là, pas du tout. Et quant aux autres, celles qui trimaient, ma foi, je le aurais fort embarrassées si je leur avais demandé : Pourquoi vous éreintez-vous ainsi?

— Je vous avoue, Monsieur, que cette catégorie d'institutrices libres ne faisant rien ne m'est pas très connue. Je n'en vois aucune. Si, tout de même, en cherchant bien dans mes souvenirs. Braves paysannes rouillées qui ne pensent à rien, qui n'ont pas la moindre ambition, qui vivent sans désirs, sans besoins. Elles sont institutrices parce que les circonstances les y ont amenées ; elles se lèvent, elles font la classe, elles trottinent de leur chaire à leur cuisine ; elles agissent mécaniquement ; elles se couchent ; et le lendemain, la même banalité recommence. Oui, celles-là n'ont pas d'idées. Mais elles se comptent, et puis, elles ne sont plus à la mode.

J'ajoute que nous autres, femmes, que vous dites nerveuses et fiévreuses, nous mettons souvent notre coquetterie à vous donner le change, à ne vous montrer de notre vie qu'un côté, le bon côté, celui des sourires, du calme et de la paix. Etes-vous bien sûr que plusieurs de ces institutrices, à qui vous reprochez de ne rien faire, ne vous cachaient pas leur jeu, et ne trimaient pas, sans en avoir l'air ?

— Mademoiselle, sans en avoir l'air, vous êtes un charmant avocat. Je rends donc toute mon estime à ces pauvres femmes qui triment sans en avoir l'air. Mais je maintiens que beaucoup s'usent jusqu'à la corde sans savoir pourquoi. L'histoire des moutons de Panurge !

— Cette fois, Monsieur, sans accepter votre comparaison trop désobligeante pour mes collègues, je reconnais que vous n'avez pas complètement tort.

— J'en suis bien aise !

— Vous me demandiez tout à l'heure mon âge. Vous en aurez quelque idée quand je vous aurai dit que je suis institutrice depuis trente-deux ans.

Eh bien ! au cours de ces années de service, il m'est passé du monde entre les mains. Parmi mes anciennes, je compte une soixantaine d'institutrices. Les unes sont dans les écoles publiques — une quinzaine — les autres se sont données à l'enseignement privé, soit comme religieuses, quand nous en avions, soit comme laïques. Beaucoup de ces chères enfants ont gardé l'habitude de m'écrire, de me raconter leur vie, leurs difficultés, de me consulter, et dans la mesure du possible, je les aide et les conseille. Ce n'est point la partie la moins lourde, ni la moins délicate de ma tâche. Mais elle a bien aussi ses consolations. Cette correspondance me révèle quantité d'attitudes — vous diriez : de mentalités — de *mes* grandes enfants. Certaines de ces attitudes sont admirables, deux ou trois sont simplement héroïques, par exemple, celle de ma petite Marthe, qui, sachant que son départ entraînerait la fermeture de l'école libre, épuisée, malade, a marché quand même pendant deux mois, sans avertir personne, jusqu'à ce qu'il lui fût impossible de se lever. Elle avait son idée, cette petite ! D'autres se dévouent par bon cœur. Et je crois bien, Monsieur, que voilà vos moutons de Panurge.

— Si le mot les désoblige, je les appellerai des brebis...

— Donc, ces brebis de Panurge ont envie de se dévouer. Besoin, sentiment, plus que raison ou raisonnement. L'idée est tout au fond d'elles-mêmes, mais elle a mûri, elle agit à leur insu, dans les mystérieuses cachettes de l'âme où nous ne pénétrons pas toujours nous-mêmes ; en tout cas, nous n'y voyons pas très clair.

— Oui, oui, les philosophes appellent cela le subconscient.

— Peu importe le mot. Mues par leur cœur, ces enfants vont droit devant elles, sans sourciller, sans penser à grand'chose, sans déployer beaucoup d'initiative. Elles seraient incapables de créer une situation, d'organiser une œuvre nouvelle, mais elles sont tout à fait ce qu'il faut pour soutenir une école établie et dirigée par une femme de tête. J'en sais une qu'on a affublée d'un joli surnom : « Maman La Corvée ». Un cadeau des grandes élèves et des parents. Elle a passé ses examens tout juste ; elle n'est pas un aigle, mais elle suffit à sa classe. Elle ne marchande jamais sa peine, première debout, dernière au lit. Et elle ne s'en aperçoit même pas. C'est à croire que ça ne lui coûte aucun effort. Elle ira ainsi jusqu'à la fin, de la même allure, donnant franc du collier. Et il n'est pas très sûr qu'au Paradis elle remarque ce que sa conduite avait de beau et de courageux.

— Après tout, cela vaudra mieux. Elle en tirerait peut-être vanité.

La réflexion, peu théologique, fit rire ma vieille institutrice. Vieille? A présent, j'étais convaincu qu'elle l'était... sans en avoir l'air. Evidemment, elle y mettait sa coquetterie. Elle s'était levée et fouillait dans un cartonnier bourré de lettres. Que de confidences noires ou roses sommeillaient là ! Mais pour un rien, elles s'éveillaient et s'en revenaient assaillir et émouvoir le cœur de cette brave femme qui appartenait tout entière à ses filles.

— La voilà ! dit-elle en se rasseyant. Ecoutez-moi ça.

Chère Mademoiselle,

Pardonnez-moi de vous écrire si rarement. Mais n'ayant pas l'habitude, les phrases ne viennent pas vite. Puis, bien que je vous aime beaucoup, je n'ai rien de spécial à dire. Je suis contente ici. Voilà tout.

Enfin, les journées sont courtes. Les enfants ont besoin qu'on s'occupe tout le temps d'elles. Il y en a qui pleurent, d'autres qui toussent, d'autres… qui sont sales. Après les classes, je deviens bonne d'enfants. C'est drôle. Les mamans viennent souvent causer avec moi et me demander conseil pour leurs affaires de ménage. J'aime bien aller voir les malades. Ça leur fait plaisir, et je leur dis un mot du bon Dieu. La nouvelle adjointe s'ennuie un peu. Alors, je tâche de la distraire. Elle travaille trop pour son âge. Ma Directrice est aussi trop chargée. Dans ces conditions, je n'ai pas le droit de me reposer. D'ailleurs, mon poste me plaît toujours. J'y suis très heureuse.

Priez pour moi, chère Mademoiselle, afin que je remplisse bien mon emploi. Il y a des jours où je crains de ne pas faire assez. Puis, je suis si bête !

Embrassez-moi quand même ; vous voulez bien?

Votre petite
MARGUERITE

— Délicieuse, cette enfant !

— Sa lettre, au moins, est sans prétention ! Une femme savante la renierait ! Je vous l'ai lue, Monsieur, pour que vous estimiez plus désormais ces humbles institutrices qui se dépensent sans y songer, qui sont dévouées sans le savoir.

— Leur cause est gagnée, Mademoiselle. Maintenant, laissez-moi vous ramener sur la question que votre modestie a évitée : Comment concevez-vous votre rôle? Quelle idée vous guide et vous soutient?

— Monsieur, vous avez parlé plusieurs fois déjà de notre *rôle* d'institutrices. Ce mot rôle ne me plaît qu'à moitié.

— Ah ! Et vous diriez?...

— *Mission.* Nous ne jouons pas un rôle ; nous ne faisons pas un personnage. Nous occupons une place, nous avons nos fonctions, notre poste, et en ce sens, il est vrai que nous avons un rôle, Mais il y a quelqu'un qui nous l'a confié, qui nous a donné un mandat, qui nous a envoyées, nous, faibles femmes, vers les petites filles de France pour les élever, leur faire de belles âmes bien chrétiennes et bien françaises. Ce que je vous dis là peut paraître pédant, et moi qui vous parle, je m'attribue une importance que rien ne justifle, n'est-ce pas? C'est possible. Aussi, n'ai-je pas coutume de crier sur les toits mes pensées intimes. Je me contente de les ruminer et d'en vivre. La conviction que le bon Dieu compte sur moi pour lui ouvrir et lui gagner des âmes d'enfants, cette conviction-là n'est pas si mauvaise, puisque je lui dois d'être institu-trice depuis l'âge de dix-huit ans, sans avoir jamais capitulé devant les difficultés.

— Et j'ai ouï dire qu'elles ne vous ont pas manqué.

— Peut-être. On en rencontre partout. J'en ai eu un peu plus que d'autres, à cause des circonstances, et puis, parce que, naturellement têtue, j'ai voulu réaliser mes idées envers et contre beaucoup. Ah ! certes, si je n'avais senti Dieu derrière moi, me poussant vers les enfants, toute entêtée que je suis, j'aurais tout planté là.

— C'est donc une véritable vocation que vous exigez de toute candidate à l'enseignement? Mais savez-vous que, si l'on s'en tenait à ce principe, nous serions bientôt à court de Maîtres et de Maîtresses?

— Pour ces Messieurs, je vous les abandonne.

Recrutez-les comme vous l'entendrez : affaire à débattre entre vous. Quant à nos écoles de filles, si jamais les bonnes maîtresses venaient à manquer, ce ne serait pas à cause de l'idéal que je me suis proposé. Je suis tout à fait d'avis qu'on ne doit pas métamorphoser en institutrice une jeune fille qui ne témoigne pas des goûts, des aptitudes, des capacités voulues. Que de sottises l'ambition des parents n'inspire-t-elle pas quelquefois, et que de misères ne prépare-t-elle pas à l'enfant ! Le jour où nous serons débarrassées de ces petites brevetées venues chez nous par ordre de Papa, encombrantes par leur nullité et plus encore par leur façon terre-à-terre et pot-au-feu d'envisager le *métier*, comme elles disent, ce jour-là nous n'aurons rien perdu.

— Elles grossissent le nombre, Mademoiselle. C'est toujours ça ! Bien encadrées, embrigadées, elles peuvent être de bonnes institutrices.

— Si nous n'avions qu'à instruire, peut-être. Et encore ! Mais nulle de nous n'a le droit de n'être pas aussi une éducatrice. Or, n'est pas éducatrice qui veut. Il faut avoir une certaine hauteur d'âme, une certaine envergure, avec, en plus, du doigté, un tour de main que tout le monde n'a pas ; et puis, enfin, pas beaucoup d'égoïsme. Est-ce là ce que vous nommez une vocation? En ce cas, nous sommes d'accord. Je réclame cette vocation de quiconque veut être institutrice (1).

— Vous êtes décourageante ! Comment, visant si haut, espérez-vous que l'enseignement libre ne soit pas en faillite? A la guerre comme à la guerre. On fait flèche de tout bois.

— Faillite ou non, cher Monsieur, je maintiens

1. Ch. : M⁽ᵐᵉ⁾ Pouson : *L'Education par la Famille et par l'Ecole*, p. 168.

le principe : une vocation. Maintenant, rassurez-vous : la graine des bonnes, des excellentes institutrices n'est pas tellement rare, Dieu merci ! Au risque de vous étonner, je prétends que cette graine-là a été déposée par Dieu dans tout cœur féminin.

— Parbleu, Mademoiselle ! chacun prêche pour son saint ou sa paroisse.

— Mais voilà. Chez les unes, de par la faute de l'atavisme, du milieu, de par leur propre faute, les qualités natives de la femme sont contrariées avant d'avoir paru, la graine est arrachée ou étouffée. Ces femmes n'ont laissé grandir que les défauts de leur sexe, ou bien elles se sont faussées, truquées, en cherchant à se développer dans votre ligne à vous, et non dans la leur. J'ai tort, j'en conviens, de trop les charger. Souvent, c'est la situation de la famille qui est cause de tout le mal. Peu importe, en ce moment.

Les autres, au contraire, se sont épanouies normalement. D'une libre venue, elles ont donné leur fleur et leur fruit : elles sont pleinement femmes. Or, la femme a toutes les qualités de l'éducatrice ; vous permettez, n'est-ce pas, que je fasse l'éloge de mon sexe?... Il a tant de défauts ! Finesse, flair des âmes, psychologie attentive, douceur patiente et tenace, spontanéité dans le dévouement et l'oubli de soi. Présentez-moi une jeune fille nantie de ces qualités : j'en réponds, elle a la vocation, elle est envoyée par Dieu aux enfants. Bonne pour être institutrice !

— Mais, Mademoiselle, j'aurais conclu, moi : Bonne pour être mère de famille.

— Très bien, Monsieur, très bien ! Nous nous comprenons à merveille.

— Vraiment? Je ne m'en doutais pas.

— D'abord, l'un n'empêche pas l'autre. Rien ne s'oppose, en soi, abstraction faite des difficultés pratiques, à ce qu'une mère de famille soit institutrice. J'y verrais même, en certains cas, des avantages. Enfin, passons. Mais une institutrice doit être pour ses élèves une vraie mère, en avoir le cœur, la tendresse, l'abnégation et le reste. Si donc une jeune fille a l'étoffe d'une maman exquise, elle a celle d'une exquise institutrice. Après cela, Monsieur, je crois avoir répondu à votre question. Ce que je pense de l'institutrice? Qu'elle soit une mère. Une mère accepte tout pour ses enfants. Voilà pourquoi, depuis des années, je tiens bon. Sans famille, sans foyer à moi, j'ai pour enfants les enfants des autres. Elles le savent bien, ces petites, que je suis leur mère. Et je ne le sens que trop, allez, quand elles s'en vont. Cela, c'est dur, très dur. Bah ! aux heures sombres, on se retourne vers Celui qui nous a envoyées aux enfants. Pourvu qu'Il les garde, peu importe qu'elles nous quittent, et même nous oublient.

— Je vois avec plaisir, Mademoiselle, que les vôtres ne vous oublient pas.

— Oh ! Monsieur, le petit nombre seul se souvient. Mais je n'ai pas à me plaindre. Le bon Dieu m'a gâtée plus que d'autres. Pour moi, je n'en oublie aucune. Les noms de toutes mes élèves sont là, dans ce registre posé sous ma statuette de Notre-Dame de Lourdes. Je les relis souvent, pour les recommander à Dieu.

— Encore une question, Mademoiselle. L'idéal que vous vous faites de l'institutrice est bien élevé. Pensez-vous que beaucoup en vivent?

— Idéal élevé, soit ; trop élevé, non. Je sais

que nombre de mes collègues pensent et agissent comme moi, mieux que moi. On est sévère, Monsieur, pour les institutrices. Leur dévouement ne fait pas de bruit et c'est pour cela qu'il est trop peu remarqué. On dit : Elles sont payées ; elles travaillent pour de l'argent, elles sont des salariées. Plaisanterie ! Par l'extérieur, notre profession ressemble aux autres ; elle paraît même préférable. L'ouvrière, l'employée, portent envie à l'institutrice. Elles ignorent tout ce qu'il y a de peines cachées dans son cœur et combien la façade est trompeuse. Vous êtes, j'imagine, bien renseigné sur les traitements de l'enseignement libre. Ils ne sont pas proportionnés à la tâche. Il est vrai qu'une maîtresse peut en prendre et en laisser. Mais alors, elle ne s'acquitte pas de sa mission ; elle n'est pas à sa place.

— Les institutrices publiques ne sont plus dans les mêmes conditions.

— Celles-là aussi, Monsieur, valent mieux que leur réputation. Il y en a de mauvaises, c'est clair, et beaucoup. Certaines même s'appliquent à être éducatrices à rebours, à pervertir les enfants. Hélas ! on ne le peut nier. Il en est aussi de frivoles, de mondaines, attirées dans la place par l'appât du gain. Egoïstes et jouisseuses, qui se sacrifient à elles-mêmes les enfants, alors qu'elles devraient, par état, se sacrifier elles-mêmes à leur petit monde. Ce sont les arrivistes. Mais dans cette masse laïque, neutre et hostile par ordre, le bon Dieu compte aussi ses messagères, ses missionnaires. Elles souffrent de leur situation, et tant bien que mal, elles essaient d'être éducatrices. Regardez-moi ce paquet de lettres : elles me viennent toutes des exilées, je veux dire de ces maîtresses dépaysées, égarées dans les cadres officiels, qui marchent contre le vent et, en dépit de la neutralité, sont de véritables apôtres.

— Ces exilées ont été formées par vous, Mademoiselle?

— Pas toutes, je n'ai pas le monopole du bien. Pour les miennes, je n'en suis pas trop mécontente. A part une seule, tête d'oiseau, elles sont demeurées fidèles à leurs convictions et à leurs pratiques religieuses. Loin de se laisser entamer par leurs compagnes, elles renversent des préjugés et font des prosélytes.

— Comme les séminaristes à la caserne. Vous encourageriez donc les jeunes filles à se jeter dans cet enfer? Savez-vous que vous êtes bien osée?

— Entendons-nous, Monsieur. Enfer ou fournaise ? Le bon Dieu a préservé Daniel des flammes de la fournaise. Il ne fait pas la même gracieuseté aux damnés. L'école laïque, est une fournaise. C'est déjà assez pour que je n'y envoie pas n'importe qui. Mais voici une jeune fille à la foi solide, au caractère ferme, à l'âme trempée et conquérante. Un ensemble d'indices et de circonstances lui ferment l'enseignement libre et l'orientent vers les écoles primaires supérieures. Je ne m'y opposerais pas. Pourquoi le bon Dieu ne l'enverrait-il pas, cette semeuse de vérité, dans les champs des Philistins? Le Bloc sera toujours le Bloc, je n'en doute pas. Tout en essayant de le désagréger et de le vaincre par le concurrence, tentons aussi à l'occasion de lui inoculer un peu de notre virus (1).

1. Dans son numéro du 5 janvier 1911, l'*Ami du Clergé* autorisait cette exception, moyennant les conditions ordinaires dont on doit tenir compte en pareils cas, et que nous indiquons assez dans l'enquête.

— Jusqu'au jour où nous le baptiserons...

— Oh ! l'océan n'y suffirait pas !

— On prierait le seigneur Payot d'être parrain...

— J'espère, Monsieur, que vous êtes satisfait.

— Parfaitement, Mademoiselle, je vous remercie de votre patiente obligeance. J'avais ajouté deux autres questions, mais il me semble avoir maintenant tous les éléments des réponses à faire.

— En effet. C'était, je crois, à propos du niveau moral des institutrices et puis, du feu sacré chez nos jeunes filles ?... Vous avez, j'en conviens, de quoi répondre. Prenez garde pourtant aux réserves et aux nuances. Avec ce que nous avons dit, vous avez plus qu'il ne faut pour être inexact...

— En ce cas, je vous en prie, Mademoiselle, prenez vous-même la plume et rédigez l'article !

— Non, non ! Grand merci ! D'ailleurs, la mise au point est des plus faciles.

— Voyons... Je n'aurai que la peine de rapporter vos paroles,

— On accorde assez volontiers que, malgré de louables efforts, les institutrices privées ne sont pas au niveau *moral* — remarquez-le, s'il vous plaît, Monsieur : je dis moral et non intellectuel....

— Est-ce que par hasard...

— Ne déraillons pas, de grâce. Vous m'entraîneriez sur un terrain que je ne veux pas explorer, du moins en compagnie. Les institutrices privées ne sont pas au niveau moral des Religieuses. Cela, pour trente-six raisons.

— Une seule me convaincra, je vous assure.

— Eh bien ! vous n'en aurez aucune, là ! Mais votre question visait autre chose, évidemment. Aujourd'hui, nos institutrices sont-elles de meil-

leure marque et de meilleure facture qu'il y a
dix ans?

— Vous êtes dans le vif du sujet.

— A l'heure de la débâcle, de l'affolement général, quand nous avons vu nos écoles en deuil de
leurs maîtresses, et entendu les parents supplier
qu'on élevât leurs petites filles dans l'amour du
bon Dieu, nous avons accepté sans contrôle celles
qui se présentaient pour prendre la place des
chères expulsées. Le principal était de durer. Dans
ces dévouements surgis sous le coup du péril, tout
n'était point irréprochable. Tant s'en faut ! Depuis,
l'enseignement libre s'est ressaisi. Il a fait son
examen de conscience, le sien et celui de ses
maîtres, de ses maîtresses, et au fur et à mesure des
occasions il a écarté les recrues de provenance dou-
teuse et de qualité inférieure. Les syndicats, en
groupant, ont purifié et assaini, si bien que le
niveau moral remonte petit à petit. Plus de sévérité dans les admissions, plus de préservatifs et de
réconforts offerts aux institutrices. On tâche de
leur procurer quelque chose de cette force et de ce
soutien que les congréganistes trouvaient dans
leur vie en commun, en famille.

— Vous rapprochez vie religieuse et vie syndicale ! N'est-ce pas ravaler l'une et embellir l'autre?

— Dieu me garde de les confondre ! Chaque
chose à sa place. Ici et là, je prends un trait commun : l'esprit et la vie de famille, plus achevée,
plus intense pour la congréganiste, esquissée pour
l'institutrice syndiquée, mais tout de même, encore
réelle.

Quant au feu sacré qui s'éteindrait, je ne sais
que dire. Vos jeunes gens vivent de plus en plus,
grâce à vos œuvres. Pour nos jeunes filles?... Je

tremble parfois qu'elles ne cèdent à la sotte manie de s'enrubanner et de s'attifer au gré de la mode. L'amour du chiffon, Monsieur ! Un beau chiffon, une parure, un bijou, tout ce qui brille : voilà à quoi nos filles se laissent piper, pour peu qu'elles grandissent dans une atmosphère mondaine. C'est dommage, car elles sont tout à fait aptes à se dévouer pour un idéal comme le nôtre. Enfin, il se peut que ma vue baisse. D'autres, sans doute, voient se propager la flamme sacrée. Allons ! tant mieux. Je me fais vieille. Dans quelques années, on devra songer à me remplacer.

— Patience, Mademoiselle ! Rien ne presse. A votre âge, c'est à peine si l'on commence à vivre !

— Vous dites?... Ne raillez pas, Monsieur, vous y arriverez vite !

— Hélas !

Je me disposai à prendre congé. Au dehors, l'obscurité était complète. La Directrice voulut me reconduire jusqu'à la grille du jardin. Là, elle éleva sa lampe pour m'éclairer plus longtemps. Une fillette rôdait dans la rue, regagnant son logis... Elle aperçut l'institutrice et, d'un élan, elle fut près d'elle. Un baiser sonore m'apprit que l'enfant était en assez bons termes avec sa maîtresse d'école. Quelques secondes, j'entendis de joyeux éclats de voix. Puis, plus rien. La petite fille m'avait succédé dans le salon.

Et tandis que je m'enfonçais dans l'ombre, une scène évangélique me revint en mémoire. Je voyais de petits enfants essayer de s'approcher de Jésus. Mais les apôtres les bourraient de réprimandes. Décidément, non ! Nous n'avons pas le tour de main qui convient à ces petits ! S'ils s'éloignent de vous, ô Maître, n'est-ce pas un peu notre faute? La voix de Jésus s'élevait, doucement grondeuse : « Laissez donc ces mignons venir à moi. » Alors, m'efforçant de deviner ce qui eut lieu et que les Evangélistes omettent de nous raconter, tant cela est évident, je vis les mamans prendre leurs chérubins entre leurs bras ou les pousser devant elles jusqu'auprès de Notre-Seigneur. Et lui, de son regard chargé de divine bonté, il les remerciait.

Je l'entendais dire : « Allez, enseignez ! » Cette parole s'adressait aux apôtres. Mais j'eus l'impression que les saintes femmes murmuraient entre elles : « Et nous aussi, il nous envoie. Allons lui chercher les petits enfants ! » Etait-ce de leur part présomption ou instinct maternel?

A. B.

II

INSTITUTRICE LAIQUE

« Institutrice laïque ». Ce titre ne trompe personne, il donne ce qu'il promet : beaucoup de tristesses, peu de joies. C'est la vie humaine, mais enlaidie. Rien d'injuste d'ailleurs dans cette autobiographie. On reconnaît les largesses du pouvoir, les commodités de l'existence : traitement, logement enfin améliorés, les qualités d'un grand nombre, la religion de plusieurs qui confessent leur foi, non sans courage.

Mais Dieu manque à l'institution sécularisée, laïcisée ; et comme toujours, en partant, il a pris le meilleur de l'existence.

Institutrice laïque

Décembre 1909. Je viens de recevoir une note de mon inspecteur m'annonçant que j'étais promue à la 2e classe. 1.800 fr. de traitement, avec le supplément de 200 fr. que me fait la commune, et mon indemnité de résidence de 50 fr., c'est gentil.

Vraisemblablement, je n'arriverai guère à mieux avant les dernières années de ma carrière, à l'époque où je passerai *au choix* en 1re classe, avec 2.000 fr. Et aujourd'hui, il me plaît de jeter un regard sur les étapes franchies. J'aimerai à retrouver toujours aussi vivantes, les impressions qu'on croit mortes, et à juger impartialement, — autant que faire se peut — du chemin parcouru par mon esprit et mon cœur..

1890 ! C'est hier, il me semble. Juillet pèse de son lourd soleil sur « la Terrasse » de l'Ecole Normale ; les tilleuls centenaires laissent déjà tomber quelques feuilles tachées de rouille... Mais comment percevraient-elles la mélancolie que mêle à la brillante symphonie de l'été, cette note attristée, les jeunes filles encore en sarrau noir, qui passent affairées le long des allées où traversent en coup de vent les vastes salles? Elles quittent l'Ecole aujourd'hui. Devant elles, à perte de vue, la vie ! Elles ont vingt ans à peine; leurs études sont achevées.

Que demander de plus? Certes, un peu tristes sont les adieux ; mais d'un revers de main, les larmes sont essuyées... Et vivent les vacances ! et des vacances qui seront sérieusement occupées. Ne faut-il pas préparer tout l'aménagement de la future institutrice : trousseau, toilette, mobilier. Elle aura son « chez soi ». Oh ! un tout petit chez soi ! la bourse ne permet pas d'excès : un lit, un poêle, une table... à tout faire, deux chaises, les livres favoris, quelques bibelots aimés, les ustensiles de cuisine indispensables.

Les jours passent rapidement. Et voici qu'un matin le facteur apporte le *pli* désiré. Quels battements de cœur en faisant sauter la bande timbrée de la griffe académique... Un nom... le nom d'un village inconnu. Et dire que ce nom ignoré la veille deviendra familier, qu'en ce lieu où l'imagination peut encore bâtir à son gré, une partie de la vie s'écoulera, qu'on y sera heureuse ou malheureuse, qu'en tout cas on y laissera une part de son âme ! Vite on cherche des moyens de communication. Grave affaire, d'ailleurs, car il s'agit de l'isolement plus ou moins complet.

Cependant, au début, on n'attache pas grande importance à « ce détail » : on restera là si peu de temps ! Aujourd'hui, mes jeunes collègues, sorties comme moi de l'École Normale, ignorent à peu près les tribulations des suppléances successives. Les laïcisations ont augmenté le nombre des postes et les élèves-maîtresses sont plutôt insuffisantes pour combler chaque année les vides. Mais il n'en a pas été toujours ainsi et j'ai dû pendant six mois courir de village en village pour remplacer des collègues en congé. Ce furent des instants pénibles. Quel intérêt peut avoir une classe qu'on sait devoir quitter si vite, où l'on ne peut user d'aucune initiative, où l'on redoute plutôt de s'attacher trop à des enfants qu'on ne reverra sans doute plus jamais? Et pour la jeune fille habituée à la joyeuse vie commune de l'Ecole ou à l'enveloppante tendresse maternelle, quelle tristesse de se sentir seule, dans un gîte de hasard, où l'on n'a pas même pu transporter les choses que l'on aime, où l'on n'est pas chez soi ! On ne vit pas encore sa vie, on l'attend avec impatience. J'ai gardé de ces quelques mois un souvenir pénible, et ce n'est qu'à ma première nomination que ma vie d'institutrice a réellement commencé.

La voici enfin, cette nomination ! J'ai une école à moi ! Voulez-vous lui refaire avec moi ma première visite? Contrairement à beaucoup d'autres, elle n'a pas cet aspect banal de grande bâtisse neuve, blanche et froide, pédagogique d'apparence même, non : c'est une ancienne ferme transformée. Par une petite porte à claire-voie, j'entre dans une minuscule cour sombre et herbue ; une vieille porte de bois plein, garnie de clous à tête énorme, s'ouvre sur un escalier tournant, aux marches de pierre usées, et ce petit air moyenageux me plait. Au bruit de la sonnette, ma directrice arrive. Elle m'intimide un peu, et après les présentations d'usage, elle nous conduit à mon logement : deux petites pièces hautes de plafond, pas très élégantes.

Avec l'aide du menuisier et de maman, j'y installe mes affaires, j'y mets de l'ordre. Et me voilà chez moi !

Allons voir ma classe : une vaste pièce blanchie à la chaux, où s'alignent les tables des bébés qui seront mes élèves, car je suis chargée d'une classe de tout petits. Tout un pan de mur, au fond, en face du bureau, est occupé par une haute cheminée féodale. L'éclairage est excellent, les fenêtres ouvrent sur une grande cour, loin du bruit; les murs sont ornés de gravures relatant des scènes de la vie enfantine. Je serai bien là, il me semble.

Huit heures du matin. Me voici dans la cour. Ma directrice donne le signal de la rentrée. Les enfants se rangent, gauches et timides, devant la nouvelle « demoiselle ». J'adoucis ma voix pour les petits qui tournent vers moi leur clair regard étonné et curieux. Je sais qu'il faut être maîtresse, mais suavement avec ces bébés-là. Deux à deux, ils entrent en chantant. Pas trop de désordre, parce que c'est le premier jour. La directrice, les premières indications données, me quitte, et me voilà seule dans ma classe. Oui, ma classe ; les autres, celles de mes suppléantes, ne comptaient guère. Elles n'étaient pas à moi et les enfants n'étaient pas les miens. Ceux-ci seront mes petits : je les aimerai et je veux qu'ils m'aiment. Il s'agit de faire sur eux une bonne impression, d'être à la fois douce et ferme, petite maman ou grande sœur et en même temps maîtresse. Je m'assieds à mon bureau, après avoir vérifié la propreté des menottes brunes et des minois délicats. Mon emploi du temps porte : causerie morale. J'ai fait certainement de meilleures leçons dans ma vie d'institutrice, l'âge et l'expérience m'ont instruite ; et pourtant, je ne crois pas que j'aie jamais mis plus d'âme, plus de sincérité, que je me sois jamais donnée davantage qu'en ce premier jour. Il me semble qu'une sorte d'inconsciente coquetterie, le désir bien légitime de conquérir mon jeune public donnait ce jour-là plus de vie et de chaleur à ma parole. Les petits m'écoutaient, déjà j'étais conquise par leur regard. Mais si brève est leur attention ! peut-être les ai-je fatigués en mon zèle trop neuf ! heureusement, voici l'heure de la récréation. Je les laisse s'ébattre dans la cour, tout en causant avec l'un et l'autre afin de les connaître. Bientôt nous ne serons plus étrangers et tout ira bien mieux.

Certes, je me tromperai encore, souvent je réussirai mal, en dépit de mes efforts. On est si novice en pédagogie à vingt ans ! Ma directrice me donnera des conseils ; je tâcherai de les suivre, mais l'expérience seule sera pour moi comme pour tous, la plus sûre maîtresse. Que de fois je me désolerai de l'inutilité de mon travail, et serai sur le point de me lasser à répéter 20 et 30 fois les mêmes choses ! Est-ce ma faute ou la leur, si je ne réussis pas à les instruire ? On donne d'ordinaire aux débutantes les classes des plus petits comme si c'étaient les plus faciles, comme si, toute jeune encore, plus près de l'enfance, on la comprenait mieux, on s'en souvenait mieux. Erreur. Toutes, même les plus modestes, les moins prétentieuses d'entre nous, nous sommes alors trop pénétrées de notre jeune science, nous avons trop présents à l'esprit nos cours de l'École ; nous savons mal discerner ce qu'il est bon de donner à de petits enfants. « C'est une rude tâche et bien haute de savoir condescendre à ces allures puériles et les guider. » Montaigne le disait déjà. Ce n'est qu'au prix de bien des échecs que nous apprendrons la mesure à garder. Petit à petit, après des mois d'observation, l'institutrice arrivera à jauger la capacité d'une intelligence de 3, 4, 6 ans ou 10, si l'on veut. L'excès, bien plus que le manque de savoir, est l'écueil des jeunes maîtresses et je souris aujourd'hui, quand je pense à ce que je voulais enseigner à ces bébés.

Pour une Normalienne d'hier, habituée à se reposer sur les autres des menues préoccupations du vivre et du couvert, le changement est brusque et complet. A moi, maintenant, de faire mon ménage ! Achat des provisions, cuisine, repas, blanchissage, livre de comptes, etc. Rien ne m'y avait préparée ! sans doute, j'en éprouve un sentiment de fierté. Je suis une personne avec laquelle on compte. J'ai mon ménage à moi, mais enfin je suis dans la vie réelle et la vie réelle... après les trois années d'internat et celles qui les ont précédées, c'est plutôt désagréable. Heureusement, j'ai mes livres pour m'aider. Ma bibliothèque est encore bien modeste : quelques classiques, mes livres d'étude, les volumes qui nous sont offerts par le Ministère après l'obtention du brevet supérieur, et c'est tout. Il me faudra bien des années avant d'avoir une bibliothèque. Mais je trouverai de temps en temps quelques livres, par ci, par là, et puis, quand j'aurai l'occasion de voir des amies nous nous prêterons ce que nous aurons trouvé d'intéressant.

Puis, la classe terminée, on redevient enfant et on s'amuse de son mieux. Il arrive parfois qu'on a la chance d'avoir pour collègue une compagne d'Ecole ; alors, bien des ennuis sont épargnés. Ce n'est plus la complète solitude. On se fait à deux ou à trois une sorte de petite famille et si l'on sympathise, il se crée là des affections profondes qui durent souvent toute la vie. Le malheur est qu'on n'a pas toujours cette bonne fortune. Il y a des esprits chagrins et, comme partout, des caractères jaloux, hypocrites, ambitieux. Bien à plaindre sont les jeunes adjointes à qui pareille compagne échoit. La jeunesse est plutôt confiante; s'il faut étudier ses gestes et ses paroles, c'est une supplice quotidien.

Malgré tout, les années où l'on est adjointe sont encore les meilleures. On y peut souffrir, mais on est jeune ; on ne porte pas le poids de la responsabilité d'une école. La classe finie, tout est fini, et si les gens du pays ne sont pas contents — et comment les contenter tous? — on en prend son parti avec assez de philosophie. La véritable entrée dans la vie, c'est la nomination au premier poste de titulaire.

Le certificat d'aptitude pédagogique passé (1), pour peu qu'on le désire, l'administration vous envoie dans une commune où vous êtes votre maîtresse. Mais alors souvent on regrette l'autorité de la directrice, même si cette autorité s'est fait sentir trop lourdement. Jusque-là, on était l'adjointe, la « maîtresse des petits », une personne sans importance, mais qui avait encore quelque droit d'aller et de venir à son gré, d'être jeune et vivante. Maintenant, on est « la demoiselle », un être sans âge et sans sexe, une machine à enseigner, — à élever, pas toujours — quelqu'un de qui l'on exigerait volontiers la perfection complète dans sa tenue, ses paroles et ses actes, quitte à se venger ensuite de cette perfection si on la croyait atteinte. Et pourtant, elle a 22, 24 ans à peine cette jeune fille qu'on envoie seule en un coin perdu. Moins préparée pour la vie que la plupart des jeunes filles de son âge, parce qu'elle a vécu d'une vie plus idéale que réelle, parce que la

1. Le CAP, comme on dit entre nous.

solitude et l'étude peuvent bien mûrir l'esprit mais ne préparent pas à la vie, elle doit vivre et agir comme si elle connaissait tout, était prémunie contre tout ! Elle a 22 ou 24 ans à peine ! Elle a le droit d'aimer tout ce qu'aime la jeunesse : la société, les distractions, les causeries gaies. Elle n'a pas renoncé au monde, ni à l'espoir d'un foyer; Et toutes ces aspirations légitimes troubleront souvent son âme; son front cependant reste impassible.

L'institutrice n'est plus à elle, elle est le bien, la chose de ses élèves. Eux comptent, elle, pas, ou si peu ! Qu'elle s'attende à la malveillance mielleuse ou audacieuse plutôt qu'à l'indulgence réclamée par son âge et son isolement. Pas un petit détail de son existence qui ne soit commenté, pas un de ses gestes qui ne soit interprété, et presque toujours dans un sens défavorable. La toilette est une importante question. L'institutrice ne peut se dispenser d'être vêtue correctement. Jeune, pourquoi n'aurait-elle pas, comme les jeunes filles, une pointe de coquetterie dans le meilleur sens du mot? Il lui est bien permis, après tout, de chercher ce qui lui sied le mieux. D'ailleurs, si elle possède un peu de goût naturel, plus affinée que les paysannes qui l'entourent, il lui suffit d'un rien pour paraître élégante. Alors, Dieu sait les commérages qu'elle provoque ! Beaucoup ne se gênent pas pour insinuer « que ce n'est pas avec son seul traitement qu'elle peut aller vêtue comme une princesse ». Les « dames » du lieu la jalousent et leur méchanceté se donne libre cours. Si, en plus, l'institutrice aime à sortir seule, à parcourir les chemins déserts, à faire de la bicyclette pour aller voir des collègues voisines, elle trouvera des censeurs sévères. En toute sincérité, je crois qu'il n'y a pas à s'inquiéter de tous ces propos, mais à marcher droit son chemin, et vivre aussi dignement que possible.

Ces réflexions m'ont menée loin de mon récit, repris chaque soir à la veillée. Je ne suis pas encore entrée dans mon village et déjà j'ai revu toutes les choses pénibles qui m'y attendaient sans avoir rien dit de celles qui m'agréaient. En vérité, tout n'est pas déboires. Il y a bien quelques avantages à être titulaire : un avantage pécuniaire d'abord. Aujourd'hui, les institutrices débutent à 1.100 francs ce qui, avec la retenue pour la pension de retraite, porte le traitement mensuel à 87 francs environ. De mon temps, c'était plus maigre : nous avions 900 fr. Nos 63 fr. et quelques centimes feraient faire la moue à plus d'une de mes jeunes collègues. Après le C. A. P., titularisées, nous avions 1.000 fr. Maintenant c'est 1.200; de plus, dans une commune, il y a souvent de menus avantages ; indemnité de 50 fr. pour les communes au-dessus de 1.000 habitants ; quelquefois, un cours de dessin, un cours d'adultes. Il est assez rare que rien ne s'ajoute au traitement de l'Etat. Et puis, pour celles qui se plaisent aux choses de l'intérieur, le logement a des charmes. En général, les maisons d'école ont des appartements assez vastes. Et c'est une joie de s'acheter peu à peu sur ses premières économies les meubles qui garniront, égayeront le « chez soi ». Le jardin offre aussi des ressources. On peut aimer à semer, cultiver, récolter des légumes et des fleurs, pour se reposer d'une vie trop intellectuelle.

Ces avantages matériels, avant que je les eusse jugés par moi-même, me furent vantés par M. le Maire de ma commune. Ma nomination reçue, mon premier soin fut de me rendre à mon nouveau poste.

Par un beau matin de septembre, j'arrive à X. Dépaysée dans ce village inconnu, je demande à la première enfant venue la demeure du maire. La petite me l'indique tant bien que mal et se sauve à toutes jambes annoncer à sa mère qu'elle a rencontré dans la rue une dame qui doit être la « nouvelle demoiselle ».

Le maire, un brave paysan occupé à décharger dans sa grange une voiture de paille, me reçoit dans sa cuisine, sans même se donner la peine d'enlever sa casquette. Je me sens un peu blessée dans ma dignité féminine par cet accueil sans délicatesse. Sans doute, il y a au fond de la bienveillance ; il n'est pas méchant, cet homme, il ne cherchera pas à me nuire, peut-être même m'aidera-t-il au besoin. C'est égal ; je l'aurais aimé plus poli, plus dégrossi.

Dans le chef-lieu de canton où j'étais adjointe, il y avait un peu plus de civilité extérieure. Est-ce donc que je vais vivre toujours au milieu de gens aussi rustres ? Oui, ce sera vrai. Sans doute, j'apprendrai à les connaître — mais si lentement !— je saurai un jour que le vernis d'éducation ne change guère l'âme humaine et qu'on trouve au village comme ailleurs des cœurs simples et bons, des intelligences ouvertes et saines, comme aussi, hélas ! des âmes basses et méchantes. Il faut aimer ceux avec qui l'on vit pour savoir, sous les rudes écorces, trouver les sentiments qui ne peuvent ou n'osent s'exprimer.

Quand, à la fin des vacances, je vins m'installer à X., ma première visite fut pour l'instituteur, mon collègue. Il habite en face de chez moi un bâtiment identique au mien. Qu'est-il? et quelle est sa femme? question grosse d'inquiétudes, car, de la réponse dépend une grande partie de mon repos.

M. S. m'accueile aimablement, me présente à sa femme, me prévient en ami des difficultés de la situation. Je me félicite de ces débuts. J'ai plaisir à reconnaître aujourd'hui qu'à part quelques heurts inevitables, je n'ai jamais eu avec mon collègue de ces mesquines querelles dont plus d'une de mes compagnes a souffert. Il est bien vrai que par sa situation dans le village l'instituteur est à même d'exercer sur l'institutrice une réelle tyrannie. Que le tact, le savoir-vivre, la compassion lui manquent, et c'est la taquinerie, la petite guerre, ouverte ou secrète. Dieu sait où cela peut mener, surtout de ce fait que l'instituteur, par ses fonctions de secrétaire de la mairie, a la partie belle !

J'ai cherché plus d'une fois à m'expliquer la jalousie de certains. La pauvre maîtresse d'école leur porte-t-elle à ce point ombrage? « Peut-être bien, m'a-t-on répondu ! Remarquez que vous autres femmes, quand vous vous mêlez d'enseignement, vous rendez des points à bien des hommes. Le passage à l'Ecole normale profite plus aux jeunes filles qu'aux jeunes gens. » Flatterie, soit ! Tout de même, ne contiendrait-elle pas une once de vérité?

Et voici une autre explication.

Il est possible, au concours d'admission à l'E. N., d'exercer parmi les jeunes filles un choix plus rigoureux que chez les jeunes gens, parce qu'elles sont bien plus nombreuses à se présenter. Etant choisies, elles ont chance d'être meilleures, de mieux être à leur place que le Monsieur d'en-face. Elles auront plus de succès. *Inde iræ* !...

J'ai vu de ces colères se manifester rageusement à coups d'examens. De part et d'autre, on se surveillait, on se défiait. C'eût été comique sans le surmenage que cette lutte imposait aux maîtres et aux élèves. Les enfants bourrés de règles, de noms, de dates, toutes choses de pure mémoire, perdent la souplesse de l'esprit et plus encore le goût de l'étude. Les maîtres y perdent le sens juste de leur rôle. Au lieu d'être des éducateurs pour les esprits et pour les cœurs, ils ne sont que des machines à certificats ou à brevets. Le nombre des succès est la seule chose importante ; le reste ne compte pas.

La rivalité ne s'arrêtait pas toujours à la classe. Elle se poursuivait jusque dans les cours d'adultes et les sociétés d'anciens élèves. Ah ! ces sociétés ! Je me souviens d'une école voisine de celle où j'étais adjointe ; là, on délaissait la classe pour s'occuper presque uniquement de la société amicale. Ce qu'on faisait surtout dans cette école — elle n'était pas la seule, et beaucoup lui ressemblent encore — c'était de l' « art dramatique ». Les jeunes filles jouaient la comédie avec assez de talent. Je revois certaine représentation publique d'un opéra-comique dans une des salles de la mairie, et qui rapporta plus de 100 francs. Trois semaines avant le jour de l'exhibition, tout était subordonné aux répétitions des rôles et des chants, à la confection et à l'essayage des costumes, et la classe du jour n'était plus qu'une question secondaire. Souvent les jeunes filles de l'Amicale quittaient l'école à 10 ou 11 heures du soir, mais elles savaient bien qu'elles ne rentreraient pas seules, que les grands frères de leurs amies les attendaient. Le jour de la représentation, elles paraissaient sur la scène en costumes masculins, culottes courtes du XVIIᵉ siècle ou pantalons du XIXᵉ, à la grande satisfaction des jeunes gens de la fanfare du village, venus dans les coulisses pour aider à la fête !

Quel résultat ! beaucoup de dissipation avant et après les séances, beaucoup de jalousie au sujet de la distribution des rôles, des commérages, des médisances, des calomnies ! Avec le produit de la quête, voyage au chef-lieu du département : visite du théâtre, des promenades publiques ; rien pour le cœur, rien pour l'âme et si peu pour l'intelligence!

Ailleurs, on profitait pour chercher noise à l'institutrice du passage de M. l'Inspecteur. Une adjointe, en général, n'a pas à s'inquiéter beaucoup de ces visites. Ces Messieurs passent assez rapidement dans les classes enfantines. Sans vouloir les offenser, je crois qu'ils s'y sentent mal à l'aise : connaissant mal les petits, ils ne peuvent guère contrôler l'enseignement, qui n'est alors qu'une préparation de l'esprit à comprendre ce qui lui sera enseigné plus tard. Mais pour une direct-ice, ce n'est plus cela. Elle a son école bien à elle. L'Inspecteur examine l'emploi du temps, feuillette son journal de classe et juge d'un enseignement qui porte sur des matières multiples. Or, il arrive parfois ceci, noté par une de mes voisines de campagne. Tout allait fort bien ; son chef ne lui cachait pas sa satisfaction. Mais là-bas, devant l'école des garçons, passait et repassait d'un pas énervé Monsieur l'instituteur. Il n'avait pas l'air à la joie, le pauvre homme ! Le temps lui paraissait bien long. Il consultait fréquemment sa montre, regardait à travers les carreaux de l'école des filles. Le pli de son front trahissait un désir, celui-là que tout fût trouvé moins bien que chez lui. La visite terminée, M. l'Inspecteur sortit, et tout aussitôt, il fut accaparé par l'instituteur. Sans témérité, il est permis de croire que dans ce tête-à-tête, les défauts et les déficits de l'institutrice ne furent pas oubliés. Je veux bien que ces mesquineries ne soient pas la règle générale ; mais enfin, elles se rencontrent. La courtoisie et la déférence de l'homme pour la femme ont besoin, pour résister à l'épreuve de la jalousie, de s'appuyer sur la charité chrétienne. Or, c'est là une vertu qui s'épanouit malaisément en terre laïque.

Puisque la pente de mes réflexions m'y incline, je dis un mot de la question religieuse. Personnellement, je n'ai jamais été ennuyée ni molestée pour mes croyances, ma vie chrétienne, mes habitudes de piété. Si j'avais eu un brin d'ambition, oui, sans doute, j'en aurais souffert. On tient à l'écart celles de nous qui ont des idées « aussi peu avancées » ! mais l'*Administration*, si elle les oublie parfois plus qu'il n'est convenable, ne leur crée pas d'ennuis sérieux ; les misères sont plutôt choses locales, et l'instituteur et sa femme n'excellent malheureusement que trop à les créer. La réalité est que, chez nous, comme d'ailleurs dans toutes les administrations à l'heure actuelle et peut-être depuis toujours, l'unique moyen pour arriver à une situation en vue c'est de se faire recommander par quelque puissant du jour.

Les instituteurs, par leurs fonctions de secrétaires de mairie, souvent mêlés aux questions politiques, aux élections, sont plus sujets à se voir frappés pour délits d'opinions. Et encore faut-il que leur zèle républicain et laïque s'exerce de façon assez paisible, car avant tout, l'Administration n'aime pas avoir d'affaires. Ayez un ou des amis puissants, faites-les agir en temps opportun, vous parcourrez brillamment une carrière unie et pourrez peut-être prétendre voir, quand s'argenteront vos cheveux, votre boutonnière se fleurir d'une discrète violette.

Un obstacle au bon accord entre collègues est quelquefois la femme de l'instituteur. J'en ai connu d'excellentes, parfaitement élevées et bonnes, qui ont été pour la jeune institutrice isolée une précieuse ressource, une conseillère aimable, une amie véritable. Mais le contraire se voit. Des instituteurs épousent, dans un de leurs postes, une fille de cultivateurs aisés qui, après avoir passé deux ans en pension, est revenue dans son village étaler ses toilettes. et a saisi, dès qu'elle l'a rencontrée, l'occasion de devenir « une dame ». Elle n'ira plus aux champs, elle aura un joli logement, elle sera quelqu'un. Mais elle a gardé souvent une incurable sottise, une ridicule prétention, elle « enrage » de voir l'institutrice plus distinguée, mise avec plus de goût qu'elle. Cela ne facilite pas les relations !

Pour ces raisons et bien d'autres, je suis restée seule. J'ai tâché de me faire une petite vie intellectuelle. Mais je ne me donne pas en exemple. »

Un point délicat de la vie d'une institutrice catholique est celui de ses relations avec le curé de la paroisse. Pour les athées ou les indifférentes, ce point ne compte pas. Le curé, pour les premières, c'est l'ennemi, le bouc émissaire ; pour les autres, un personnage quelconque, que l'on salue, si l'on est poli et c'est tout. Pour les autres, c'est différent. On tient à le connaître, mais quelle réserve on doit garder ! Quelques visites, quasi officielles, sont généralement les seules permises. L'essentiel, du reste, est de savoir que loin de se nuire, on essayera de s'aider.

Beaucoup d'entre nous se disent athées, libres penseuses et faisant passer leurs doctrines dans la pratique de leur vie, se marient civilement et ne font pas baptiser leurs enfants. Mais ce n'est pas la majorité. D'autres sont catholiques et catholiques pratiquantes, à leurs risques et périls, elles ne l'gnorent pas; aussi, celles qui ont des charges de famille sont obligées de prendre certaines précautions et se contentent de remplir leurs devoirs religieux de façon à ne pas se compromettre, ni aux yeux de l'Administration, ni devant leur conscience. Elles souffrent et beaucoup ; elles savent où puiser le réconfort dont elles ont tant besoin pour accomplir leur tâche souvent si ardue.

Celles qui ont moins à risquer, ou qui sont plus vaillantes et nullement ambitieuses, — c'est le tout petit nombre, — celles-là osent pratiquer au grand jour leur religion, soit à la ville, ce qui est relativement aisé, soit à la campagne, ce qui l'est bien moins.

Si toutes celles qui ont la foi avaient le courage d'user de leur liberté pour se montrer chrétiennes, elles deviendraient une force avec laquelle l'Administration devrait compter. Beaucoup parmi les meilleures au point de vue professionnel seraient de ce côté, celles aussi dont la vie privée est exempte de tout reproche, celles qui font leur classe avec le plus de dévouement, car elles ont un but infiniment plus noble à atteindre, et un stimulant à leur activité que ne connaîtront jamais les autres.

Mais ces deux groupes, les soi-disant athées et les catholiques notoires, forment la minorité. Le plus grand nombre parmi nous est indifférent. Les institutrices ignorent tout de la religion, parce qu'elles n'en ont jamais rien étudié ou si peu ! — ce qui ne les empêche pas d'en parler avec plus d'assurance qu'un théologien. Elles vont à l'église les « jours de fête carillonnée » pour ne scandaliser personne ; elles font baptiser leurs enfants pour faire comme tout le monde et aussi peut-être parce qu'un brin de la foi de leurs ancêtres survit en elles ; elles envoient leurs enfants au catéchisme pour les mêmes raisons et pour ne pas contrarier les chers petits qui veulent aller où vont leurs camarades. Mais le jour de la première communion, on les entend dire que maintenant « l'enfant est bien débarrassé, qu'on va enfin pouvoir le faire travailler sérieusement » et songer à la préparation du certificat d'études.

Indifférentes, elles deviennent volontiers malveillantes dans leurs rapports avec le prêtre qu'elles accusent d'intolérance, dès qu'il ne dit pas comme elles, et hostiles, dès qu'une école libre leur fait concurrence. Ce qui se dit en chaire est contre elles, toujours. Une institutrice que j'ai connue avait perdu son père en octobre; jamais la pensée ne lui était venue de faire dire des messes pour le repos de son âme. Là-dessus, novembre arrive. Le curé, pour se conformer à l'esprit du temps, parle en chaire du Purgatoire, des prières que nous devons faire pour nos morts, de l'offrande du saint Sacrifice qu'ils nous demandent. Cela est rapporté à l'institutrice qui se croit visée et part en guerre contre cet insolent curé.

Et cependant, nous aurions besoin plus que d'autres d'être au vu et su de tous, je ne dis pas des religieuses, mais religieuses, de pouvoir recourir en toute liberté, au soutien qui seul compte : Dieu. Que ceux qui n'ont pas vécu de notre vie s'en étonnent ! L'expérience les instruirait. En effet, pour toute institutrice digne de ce nom, l'instruction est chose secondaire. Sans doute, il faut instruire ; sans doute, toute science est bonne, tout développement sain et ordonné de l'être humain est louable, mais combien supérieure à l'instruction est l'éducation ! J'entends par là, non ce vernis extérieur, cette superficielle politesse que donne l'habitude d'observer les convenances de la société, mais la culture morale, l'épanouissement du cœur et de la volonté, ce qui fera de l'enfant qu'on nous donne aujourd'hui, la femme vaillante et vertueuse de demain. L'enseignement moral a sa place marquée dans nos programmes. Tous nos maîtres en pédagogie nous en ont proclamé l'importance prépondérante. Mais la vertu ne s'enseigne guère. Elle est la résultante d'un ensemble d'influences auxquelles est soumise l'âme de l'enfant bien plus que l'aboutissement, le couronnement d'un cours professé avec éloquence. Pour l'institutrice d'âme chrétienne, il est très douloureux de sentir combien inefficace, incomplète est la morale que l'État lui permet d'enseigner seule. Certes, c'est quelque chose. Aucune des notions de bien, de beau, de devoir enseignées par cette morale ne saurait être en contradiction avec la morale évangélique. Mais il manque à cet idéal son fondement surnaturel ; il lui manque l'émotion communicative, la douceur tendre et forte, l'amour dont le cœur humain a tant besoin pour l'aider à consentir les nécessaires sacrifices qu'exige chaque jour l'accomplissement du devoir. Nous pouvons élever l'âme, nous ne pouvons guère la toucher et par là, notre influence est nulle ou presque. Et nous avons souvent la douleur de voir des jeunes filles que nous avons aimées, que nous avons entourées de notre plus vigilante sollicitude pendant des années, oublier, dès leur première jupe longue, tous les principes de dignité morale, toutes les semences de vertu que nous croyions déjà écloses en leur âme. La cause en est beaucoup à l'absence du principe chrétien dans notre enseignement. Cependant elle n'est pas la seule, puisqu'on rencontre souvent parmi des enfants formées dans des écoles religieuses, la même légèreté, le même égoïsme, le même relâchement. Nous ne pouvons rien sur les enfants parce que nous les possédons trop peu, parce qu'à notre influence, la toute-puissante influence de la famille ne vient pas se mêler. Les parents ne sont pas nos alliés ; souvent, ils sont nos ennemis. Il faudrait, pour faire œuvre utile, une alliance intime, une collaboration réelle entre les parents et les maîtres.

Le maître, en somme, n'existe que parceque les parents ne peuvent pas entièrement se consacrer à leurs enfants. Il faudrait unité de pensée, unité d'influence pour ne pas troubler la jeune âme, pour l'ouvrir et l'orienter vers le bien. J'ai tant désiré cette collaboration que, les premiers temps de mon séjour à X., j'avais essayé de l'obtenir. J'aimais à causer avec les parents de mes élèves, soit au hasard d'une rencontre dans la rue, soit au cours des visites, que j'ai cru devoir faire à mon arrivée dans chaque maison où il y avait des enfants. Mais j'ai vite senti que mon zèle était mal apprécié et qu'en voulant faire du bien, je faisais du mal. Ouvrir les yeux à une mère sur les défauts de sa fille est une tentative bien hardie. « La pauvre petite, elle est paresseuse, elle est menteuse, mais elle a si bon cœur ! elle est si intelligente !.. Si elle voulait travailler ! punissez-la, Mademoiselle, je vous en prie. » Conseil qu'il n'est pas bon de suivre à la lettre : on vous objecterait que l'enfant est nerveuse, délicate et à ménager — à moins que l'on ne vous dise de gros mots, si l'on est grossier. J'étais jeune à cette époque et sans méfiance, mais j'ai vite compris qu'il me serait difficile, pour ne pas dire impossible, de voir les parents sans être la cause inconsciente et innocente d'un tas de commérages propres à diviser la population du village. On se servait de mes plus simples paroles pour vanter une enfant aux dépens des autres ; on m'invitait à prendre parti dans des querelles de famille et je me suis parfois trouvée si embarrassée que j'ai tôt renoncé à ce que j'appelais mes « visites pastorales ». Je n'ai gardé que l'habitude de visiter mes élèves malades. Les parents sont toujours sensibles à cette marque de sollicitude, les enfants, même indociles, sont heureuses de voir leur maîtresse assise à leur chevet, et les mauvaises langues ne peuvent pas dire qu'on cherche les faveurs et les présents des parents un peu plus favorisés par la fortune, puisqu'on prend soin d'aller partout où une enfant souffre.

J'ai aussi compris plus nettement que je ne l'avais fait jusqu'ici l'importance de l'absolue justice en classe, plus encore pour les familles que pour les élèves. Celles-ci ont un sens très droit de la justice, elles savent en général discerner à qui est due la récompense. Mais pour les parents, il n'en est pas toujours ainsi. Chacun de leurs enfants est nécessairement supérieur à ceux des autres, et les récompenses scolaires sont parfois l'objet de petites brouilles entre familles. C'est pourquoi je punis et récompense le moins possible. Le devoir accompli pour lui-même a bien plus de prix que s'il n'était fait qu'en vue de la récompense promise ; et les enfants habitués à n'être pas comblés de prix ou de témoignages de satisfaction, travaillent tout aussi bien que les autres.

Ainsi donc, ma jeune, mais déjà douloureuse expérience, m'a appris dès mes débuts que la vie de l'institutrice doit être presque solitaire, qu'il lui faut se confiner dans son intérieur, vivre chez elle et en elle. J'en ai pris mon parti, non sans souffrir, mais que faire contre l'inévitable? Je me suis occupée de mon intérieur, j'ai tâché de l'arranger avec goût afin de m'y plaire, et aujourd'hui encore, peu de chose est changé à ce qui fut ma vie à cette époque déjà lointaine.

L'emploi de ma journée est bien toujours à peu près le même.

Le matin, lever souvent tardif. Faut-il une excuse? On a parfois veillé tard à la correction des cahiers, à la préparation de la classe, à la lecture d'un livre qui plaisait. Prière, ménage et toilette rapides, cheveux relevés simplement, tablier noir, et c'est tout. Sur la lampe à alcool, le petit déjeuner ronronne ; on « l'avale » à la hâte, car 8 heures vont bientôt sonner : c'est l'heure d'entrer en classe.

La récréation du milieu de la journée, de 11 heures à 1 heure, devrait — si l'on était raisonnable — être toute occupée à la préparation du repas et au déjeuner. Mais il est rare qu'on ait l'utile sagesse de donner à cette occupation l'importance qu'elle mérite. L'antique adage : «une âme saine dans un corps sain», n'est guère médité par les jeunes institutrices, et beaucoup ont plus tard à payer par toutes sortes de malaises leurs négligences de jeunesse ; on mange hâtivement un repas préparé plus hâtivement encore, à moins qu'on ne prenne un livre pour faire oublier qu'on est seule à table.

Il serait bon ensuite de faire une courte promenade ; on aurait le temps, si l'on voulait ; l'esprit y gagnerait en clarté et le corps en vigueur. Mais seule, toujours, c'est bien peu encourageant, Et l'on reste enfermée chez soi.

Même lorsqu'elle n'est pas trouvée douloureuse, cette vie est anormale. La solitude, a-t-on dit, est l'école des forts. Belle parole, mais il y a solitude et solitude. Autant est bonne, fortifiante, remplie de vertu purifiante la solitude volontaire et momentanée, autant la solitude forcée, absolue, indéfinie à laquelle est soumise l'institutrice de campagne est déprimante et pleine de dangers. Etre seule dans sa cellule, quand on est une religieuse, y consacrer au travail et à la prière les heures qui passent graves et rapides, et puis retrouver aux instants fixés par la règle des compagnes aimables, souriantes, gardées par la pureté de leur vie dans une certaine enfance d'âme qui leur permet l'innocente gaieté du jeune âge — cela peut être bon et cela peut constituer une vie haute en même temps qu'heureuse, même au sens humain. Etre seule dans sa chambre, jouir avec délices d'une heure de calme laborieusement dérobée aux travaux de la journée, aux occupations de la société, c'est pour une femme du monde un délassement d'un charme profond, une halte dans une vie trop dispersée, une visite quotidienne à soi-même, qui maintient l'âme à un niveau moral d'où les petitesses de la vie l'auraient vite fait descendre, si elle n'avait su se ménager cette « tour d'ivoire ». Mais la solitude de l'institutrice, la solitude pesante, inexorable, qu'elle est lourde à l'âme ! L'esprit ne peut toujours être tendu vers les choses graves, l'âme, même la plus noble et la plus religieuse, ne peut continuellement vivre dans la contemplation de Dieu. Nous sommes des êtres de faiblesse ; nous avons besoin de nous distraire. Et pourtant, pour l'institutrice, il n'est point de distraction, au sens réel du mot ; elle ne peut se détacher d'elle-même et de ses pensées, puisqu'elle est toujours seule : seule, en face de son modeste repas, seule, quand ses doigts agiles font courir l'aiguille ou manient le crochet, seule, quand ses pas la portent au hasard de la campagne, parce qu'elle a voulu respirer un peu d'air pur, seule dans les longues veillées d'hiver, quand tout se tait autour d'elle et que la chaleur du foyer, la douce lueur de la lampe font penser aux chères réunions familiales, seule, quand le printemps fait chanter la joie dans tous les cœurs, seule, toujours seule, et c'est bien triste.

Une telle solitude est pleine de tentations. Beaucoup d'institutrices, presque toutes en somme, ont au cœur le besoin de tendresse inhérent à la nature humaine. Elles voient autour d'elles les élèves mêmes qu'elles ont élevées se marier, avoir des enfants et elles ont le droit d'envier leur bonheur, car la vie de ces jeunes femmes est normale, et la leur l'est si peu ! Et à mesure que les années s'ajoutent aux années, emportant chacune un peu de jeunesse, un peu de charme, un peu d'espoir, à mesure que les enthousiasmes s'émoussent et que les illusions s'envolent, l'isolement se fait lourd et douloureux. L'idée fixe qu'on a manqué sa vie s'empare de l'esprit, s'y loge chaque jour un peu plus profondément et le ronge parfois jusqu'à la douleur physique. Le système nerveux, surmené par une vie trop intellectuelle et une hygiène insuffisante, ne résiste plus aux ravages de l'idée fixe, et ce n'est, hélas ! malheureusement pas par snobisme que beaucoup d'institutrices sont atteintes de la maladie en vogue : la neurasthénie.

Oui, la solitude est dangereuse. Les congrégations religieuses enseignantes l'avaient si bien compris qu'elles n'exposaient jamais seule une des leurs. Les sœurs étaient toujours au moins deux, et elles avaient, pour les garder par devers elles, le devoir de fidélité à leurs vœux.

En résumé, la vie de l'institutrice est austère. Il faut, quand on l'accepte, attendre d'elle bien des souffrances — souffrances que le monde ignore parce que ses apparences calmes passent pour des indices de bonheur. Une âme élevée et délicate sait y trouver des satisfactions morales. Sa tâche à remplir est belle entre toutes, en théorie du moins, car, en réalité, le résultat est loin de ce qu'on a rêvé. Mais enfin, on vit une vie utile, on tient au moins une place nécessaire. Aux heures où je crains de perdre courage à voir le peu de résultats obtenus pour tant d'efforts déployés, souvent j'ai pensé à ce que serait le village où j'exerce, si ma place n'était tenue par personne ! J'aurais à refaire ma vie, aujourd'hui comme à 16 ans, c'est encore dans cette voie que résolument j'entrerais. Mais combien d'autres jeunes filles, celles qui ont trop souffert, celles que la solitude a trop douloureusement meurtries, accepteraient tout plutôt que de revivre des années qui furent si lourdes ! Combien envient le sort de leurs sœurs qui, restées dans leur village ou leur ville natale, ont épousé un brave ouvrier de leur monde, ont une famille

à elles, une existence toute remplie par l'amour de
leur foyer ! Elles ne connaîtront jamais les joies
intellectuelles de l'institutrice, mais elles les ignorent, et, par conséquent, n'en souffrent pas. Que
ces joies paraissent peu de chose à celles qui se
sentaient créées pour les joies de la famille et qui
vivent solitaires !

XXX.

III

MA CARRIÈRE
D'INSTITUTRICE LIBRE

Ce livre est sincère ; en côtoyant
bien des vies il reflète leurs couleurs,
tantôt claires, tantôt sombres. Ici
domine la couleur sombre. Celle qui
écrit se demande pourquoi elle a
souffert du prochain. Et elle répond
courageusement qu'elle ne l'a pas assez
aimé, elle veut mieux se donner au
travail social de l'institutrice et, à sa
base, elle mettra le sacrifice.

Ma carrière d'institutrice libre

PROLOGUE

« J'aurais à recommencer ma route, que je prendrais celle qui m'a conduite où je suis. » Certes, la montée a été pénible, les sentiers tortueux ; mais voici, après les obstacles de la carrière, la route plane et ombragée que je parcourrai désormais jusqu'au *lieu de repos*, point extrême et brillant de mon horizon.

Si je ressens aujourd'hui une telle sensation de bien-être, alors que beaucoup d'étapes me restent à franchir dans la voie que j'ai choisie, je le dois, sans conteste, à la valeur matérielle et morale de ma profession, à la loyauté avec laquelle je me suis toujours donnée sans marchander, et aussi à la maternelle Providence qui m'a fait naître en un temps où tout encourageait et facilitait les élans de mon esprit et de mon cœur vers la *vérité*. N'est-ce pas pour la mieux saisir moi-même en la livrant aux autres que je me suis faite institutrice, Educatrice ?

MES DÉBUTS

L'Institutrice libre, telle que je l'ai connue à ma seizième année, est comparable à ces prolétaires de la Rome antique condamnés au dédain et à l'isolement. C'est la sous-maîtresse fraîchement brevetée, mais d'une médiocre expérience, connaissant de la science ce que lui ont appris ses professeurs et ses livres, demeurant étonnée, plutôt par surprise que par ignorance, devant les questions subtiles que pose une génération d'élèves plus inclinées à la méchanceté qu'à la curiosité.

C'est la professionnelle par nécessité, qui doit s'estimer heureuse d'être recueillie pour 25 francs par mois et attelée plus de dix heures — de jour et de nuit — à toutes les besognes longues et fastidieuses que d'autres refuseraient. C'est celle à laquelle personne ne parle, ni maîtresses, ni élèves : elle est trop jeune, trop sincère, trop sérieuse. Elle n'a pas encore la fatigue ni les désillusions des unes ; elle a renoncé aux enfantillages des autres...

Il lui faut, au début, la farouche espérance de lutter et de vaincre. Il lui faut pleurer chaque soir et sourire de nouveau chaque matin, sans jamais abandonner la place.

PREMIÈRES DÉSILLUSIONS

J'avais dix-sept ans en 189..., j'étais chargée d'un cours supérieur, suivi par de petites Françaises et de grandes étrangères. Presque toutes mes élèves étaient plus âgées que moi. J'avais le grand tort d'être jeune, celui, plus grand encore, de le paraître. Mes élèves n'avaient pas le front de me résister en face ; mais, à toute heure, je saisissais une hostilité sourde qui déconcertait mon esprit et alarmait mon cœur. Une certaine fierté native aidant, j'avais assez de maîtrise pour masquer ma souffrance à la galerie ; mais, une fois déposé le collier des lourdes journées, seule, loin des yeux inquisiteurs, je n'étais plus qu'une pauvre enfant de dix-sept ans. Un immense besoin de détente me prenait, et je voulais être *remontée*.

J'avais dans le pensionnat une amie très aimée, et universellement appréciée. Avec ma confiance, elle eut mes confidences. Par malheur, mes élèves le devinèrent. Elles me le firent cruellement sentir...

Et c'en fut fait de mon dernier réconfort ! De ce jour je connus un sentiment peu naturel aux cœurs jeunes : la méfiance. Je me repliai sur moi-même toujours davantage et m'interdis toute intimité avec qui que ce fût.

MA PREMIÈRE LEÇON D'HISTOIRE

La petite « Chose » fait sa première leçon d'histoire devant un auditoire nombreux. Grande est l'émotion du nouveau professeur. Depuis la veille au soir, la petite « Chose » compulse des documents sur le règne de Philippe le Bel. Elle possède son sujet à fond. L'affaire du pape Boniface VIII, le procès des Templiers, laissent entrevoir avec beaucoup de clarté la situation politique et l'état des esprits à cette époque. L'heure est venue de déployer son talent.

Dans la grande classe, les élèves attendent la nouvelle sous-maîtresse. La voici, très pâle et très émue. Elle doit parler pendant une heure environ ; tous les yeux sont fixés sur elle. Au milieu d'un imposant silence, son récit se déroule, serré, imagé. La voix de la jeune fille tremble un peu, une peur intense lui tenaille le cœur à la pensée qu'elle peut perdre ses moyens et avoir épuisé son sujet avant l'heure fixée.

Oh ! comme la petite « Chose » voudrait être loin ! Là-bas, sous la feuillée, les merles sifflent comme pour la narguer, et les chauds rayons du soleil entrent par la fenêtre entr'ouverte, pour l'inviter à la joie et à la liberté. Tout bas, dans son angoisse, elle appelle à son secours : elle se voue à tous les saints du Paradis. Et les bons saints ont fort à faire pour comprimer jusqu'au bout de ces quatre longs quarts d'heure de Rabelais l'émotion de la débutante.

Enfin, la leçon est terminée. Le savant conférencier quitte son estrade fastidieuse et court se détendre au fond le plus retiré du parc, pour oublier Philippe le Bel, ce roi démodé, la classe morne et les élèves au sourire moqueur..

CORRECTION DES CAHIERS

Une chambre de trois mètres carrés, éclairée par une lampe fumeuse : voilà le refuge de la jeune sous-maîtresse après les heures de cours. Elle y travaille pendant les froides soirées d'hiver sans cesse ni relâche. Il lui faut un jour sur l'autre, annoter une quarantaine de copies cousues de fautes d'orthographe et rembourrées de non-sens ! Avec quelle ardeur la petite « Chose » lit, relit, commente les devoirs d'élèves à peine connues d'elles ! Neuf heures sonnent : c'est le signal de la retraite. Une jeune sous-maîtresse doit rentrer au dortoir et s'y coucher sagement. Mais le travail n'est pas terminé. Pour une fois, on peut bien enfreindre le règlement. Du reste, elle aura dès le lendemain matin à rendre compte des rédactions corrigées.

Bravement, la petite « Chose » se remet à

l'œuvre. Il est difficile de dire combien d'heures elle dormira cette nuit-là. Le jour suivant, les fameuses copies sont rendues aux élèves. Ne croyez pas qu'elles apprécient la somme de travail fournie par la correctrice. Elles font fi des annotations, quand elles ne les critiquent pas. Témoin cette jeune fille allemande qui, d'un ton insolent, reproche à la correctrice trop consciencieuse de lui avoir couvert sa copie d'encre rouge *à seule fin de la contrarier* !

PROMENADES

Un des moindres agréments de la vie de sous-maîtresse est celui des promenades du jeudi et du dimanche. Par le brûlant soleil de juin ou par le froid piquant de décembre, c'est une tradition, aux environs de ......, de conduire les élèves sur les rives plates de la Loire. Les jeunes filles marchent trois par trois jusqu'à la sortie de la ville, puis se débandent dans la campagne. Des groupes se forment, suivant les attirances réci-proques. Alors incombe à la surveillante une tâche ingrate où elle doit user de tact et de modération. Il lui faut épier les gestes, prêter l'oreille aux con-versations chuchotées entre des rires étouffés. Et de temps à autre, il lui faut ramener parmi leurs compagnes les élèves qui s'égarent ou s'at-tardent volontairement. Les enfants, dont le jugement est encore amorphe, admettent avec peine ce rôle de la sous-maîtresse. Elles le lui rendent ardu, presque impossible à remplir, tant elles affectent par leur attitude d'être coupables lorsqu'elles ne sont qu'ironiques. Je me suis sou-vent demandé quel plaisir intellectuel et moral mes élèves pouvaient goûter en de semblables promenades. Taquineries d'enfants, coups d'épingle sans gravité comparés aux coups d'épée que nous réserve la vie. Mais ils frappaient alors une âme neuve, une éducatrice bien inexpérimentée et qui ne savait plus ou pas encore très bien que la source du courage se trouve pour l'apôtre dans une prière ardente et dans la contemplation de son Modèle divin.

Fin d'une étape

Il est — ou plus exactement — il fut des Institutions qui auraient dû pendre au-dessus de leur porte une enseigne représentant des brebis entre les mains du tondeur, et, offrant en exergue, cette invite alléchante : « Ici, on tond pour rien. » Oui, on vous prend votre laine... et on ne vous la paie pas, comme à ces pauvres brebis... On vous use jusqu'à la corde. Et un beau jour, quand vous avez assez « rendu » et qu'à vous maltraiter davantage on s'exposerait à vous voir tomber et rester sur le carreau, ce qui serait un embarras, on vous pousse délicatement dehors, pour introduire d'autres jeunes filles naïves, destinées à être tondues, elles aussi, comme de petits agnelets bien tendres. Pour vous, l'exploitée qu'on remercie, on vous enguirlande, on vous encense, afin de vous congédier sans faire d'histoires. « Désolés, Mademoiselle, de vous perdre. Vous étiez si parfaite ! Trop parfaite pour notre modeste maison. Allez porter vos mérites sur un théâtre plus élevé. » N'est-ce pas gentil, ce coup de pied ? On me le donna en décembre 1899.

Je dus quitter la maison où j'avais brûlé la première étape de ma carrière. J'eus un serrement de cœur en disant adieu à la personne intelligente et bonne qui m'avait si bien comprise et dirigée avec tant de délicatesse.

Aujourd'hui, je rends hommage à sa mémoire en disant que j'ai conservé vivant dans mon âme, le souvenir de ses conseils et de ses suprêmes encouragements. Que de fois, depuis, je l'ai nommée à Dieu ! Et il me semble que sa sollicitude me poursuit encore et m'enveloppe de maternelles prières.

En quête d'une situation

Le lendemain, le train de Paris m'emportait loin des bords de la Loire. J'arrivai dans la capitale, assez inquiète de l'avenir, aiguillonnée par la nécessité de trouver un emploi mieux rétribué. Je courus toutes les agences de l'enseignement, avec la volonté ferme d'aboutir. Je connus les longues attentes dans les antichambres, les alternatives de doute et d'espoir et plus encore les humiliations de ceux qui ont besoin des autres pour gagner leur pain. Le bon Dieu me soutenait. Après huit jours de pas et de démarches, j'acceptai une place de sous-maîtresse dans une modeste institution dirigée par des vieilles demoiselles... J'y entrais à demeure et recevais trente-cinq francs par mois. C'était peu. Mais je pouvais espérer davantage, si l'on était content de mes services. Et je fis comme Perrette : avec mes trente-cinq francs je me construisis des châteaux en Espagne. Des ruines, aujourd'hui !

Seconde étape

Je n'oublierai jamais mon arrivée dans la petite ville de Z... Ce devait être une fête de vétérans, à moins que ce ne fût plutôt l'anniversaire d'un mort illustre ou les funérailles d'un pompier. Les braves de la localité défilaient aux sons d'une marche funèbre qui prétendait être de Chopin. Il se dégageait de cette musique une impression faite de tristesse et d'agacement. J'avais envie de pleurer et de m'irriter. Etait-ce un présage? D'autres que moi l'auraient pensé. Aussi, lorsque je pénétrai dans la nouvelle institution, personnes et choses m'avaient un air d'enterrement. Ma figure, à moi, n'était sans doute pas plus épanouie.

La maison, en fait, n'était pas plus lugubre qu'une autre ; mais elle était bien étroite. Une fois dans la cour de récréation, on se trouvait entre quatre murs noirs et nus. Dans un angle, une véranda : *la serre*, comme disait orgueilleusement la Directrice, encore que pas une fleur n'y poussât et que le froid y fît rage. C'est là, dans cette *serre*, que le soir de mon arrivée, j'étrennai mes fonctions de surveillante, tandis que mes petites filles, tout en chantant « sur le pont d'Avignon », essayaient de deviner ce qu'il fallait augurer de cette nouvelle maîtresse.

NUITS BLANCHES

Après la fatigue d'une rude journée de labeur, la sous-maîtresse devient responsable des accidents qui peuvent survenir dans le dortoir qu'elle surveille. Cela l'oblige à lutter contre le sommeil, quand des espiègles ont des velléités de dissipation. Cela l'oblige surtout à se réveiller en sursaut, si une élève, subitement indisposée, appelle à l'aide.

. . . .

J'eus si froid, la première nuit passée dans la vaste salle, que je ne pus fermer l'œil. Je songeai tout éveillée aux péripéties de la journée. Soudain une dormeuse gémit. Adieu, mon rêve !

J'accourus. Les plaintes devinrent des cris de douleur. Etait-elle victime d'un cauchemar ? Souffrait-elle réellement? On l'eût dite en proie à une crise d'épilepsie. Ses compagnes, brusquement éveillées, s'affolèrent. Je fis appel à tout mon sang-froid pour rétablir le calme sans cesser de prodiguer mes soins à la petite malade. Le repos et la diète lui suffirent pour achever sa guérison. Le lendemain, j'appris que la fillette avait mangé trop de friandises au parloir ! Combien de lendemains de sorties me réservèrent des surprises analogues ! J'en passe, des meilleures.

Prises en détail, ces misères inhérentes à la fonction ne sont que des incidents sans conséquence. La mère de famille a bien d'autres ennuis ! Je le sais. Mais quand cela se répète et se prolonge des mois, on sent tout ce que cette dépense journalière de courage et de patience exige de force d'âme et de caractère. J'admire davantage les bonnes religieuses qui m'ont élevée, maintenant que j'ai cheminé par leurs sentiers.

DU DANGER D'UNE DISCIPLINE TROP RIGOUREUSE

« Etant donnée votre grande jeunesse, soyez féroce avec vos élèves », m'avait dit ma Directrice. J'avais pris au pied de la lettre sa recommandation : au moindre manquement, je sévissais.

J'espérais m'imposer ainsi dès le début. J'avais compté sans le mauvais esprit des élèves et de leurs parents. Pour des banalités, on analysa mes procédés d'éducation. A peine soutenue par mes collègues, j'en vins à me défier de moi-même. Je redoublai de zèle, mais j'oubliai que la trop grande justice confine à l'injustice. L'expérience m'a instruite. Je reconnais maintenant ne point avoir été conciliante. J'aurais dû tenir compte de l'état psychique et du caractère des enfants confiées à mes soins. J'aurais dû fermer les yeux sur nombre de peccadilles. J'eusse moins souffert. J'eusse gagné plus tôt l'affection de mes élèves. De la reconnaissance et de la tendresse de ces dernières, je suis sûre aujourd'hui, après les preuves multiples que j'en ai reçues.. Il s'est glissé dans la gratitude de ces enfants devenues femmes un certain remords qui aiguillonne leur affection. Depuis longtemps je leur ai pardonné les souffrances d'amour-propre qu'elles m'ont infligées. Toutefois, je ressens une certaine amertume, à revivre mes luttes et mes révoltes dans cette salle de classe où j'ai travaillé avec l'ardeur de mes vingt ans. Dur apprentissage de la vie !

Je ne le regrette pas trop. A quoi bon des tristesses qui ne modifient rien au passé et dépriment pour le devoir présent? Après tout, j'ai fait mes écoles, et j'y ai gagné. J'aurais pu ne me donner qu'avec mesure, au compte-gouttes. Mais je n'aurais pas l'austère satisfaction de me dire aujourd'hui : « J'ai bien accompli tout mon devoir. » Que Dieu m'en tienne compte !

JOURS SOMBRES

A vingt ans, une jeune fille a le droit d'avoir des lacunes dans sa vaillance. J'eus donc les miennes... Il m'arrivait de geindre sous le fardeau et de glisser de quelques mètres sur la pente du découragement. Désespérée, je l'ai été à mes heures. Qui m'en aurait empêchée? Le bon Dieu? Hélas ! je confesse qu'à cette époque, je lui avais bien un peu faussé compagnie. Mes collègues? Ne subissaient-elles pas la même dépression morale? Mes directrices? Que leur faisaient mes peines? Peu chrétiennes, elles menaient leur ma'son comme une affaire. Ma famille? Elle était loin et me croyait heureuse. J'avais bien un frère qui devinait quelque chose et s'alarmait. Pour endormir sa sollicitude, je lui mentais effrontément, feignant le bonheur, jusqu'au jour où, sous la poussée des douleurs accumulées depuis des mois, mon âme m'échappa et se déversa tout entière dans de longues pages mouillées de mes larmes.

Bienfaisante confidence ! A dater d'elle, je ne fus plus seule. Mon frère partagea mes peines, et j'eus pour me guider ses conseils, pour me soutenir, ses encouragements, pour me rendre foi en la vie et en Dieu, son exemple et sa douce tendresse.

DISTRACTIONS DU MÉTIER

J'avais l'honneur de maintenir la discipline pendant les cours de Messieurs les Professeurs, dans la dite Institution. Ce n'était pas une sinécure. Le sieur D***, licencié ès-sciences, vieux et vénérable célibataire, très brave homme au fond, faisait ses cours en amateur. Ce digne émule de Montaigne ne comprenait pas la pédagogie sans l'hilarité continue. Son principe ne s'harmonisait point avec ma discipline. J'avoue que j'étais trop rigoriste. Je souris aujourd'hui de ma mine impassible d'autrefois.....

Au dire du professeur de sciences, le Cours perdait de sa valeur et surtout de sa saveur par l'intrusion d'un élément si farouche dans la place... Pauvre monsieur D*** ! De ses leçons il ne restait dans l'esprit de mes élèves que le souvenir du prix net des éprouvettes, cornues, verres optiques, le détail pittoresque des us et coutumes du vieux célibataire ! !

Et dire que si j'avais été plus aimable, l'excellent homme m'eût légué, (n'ayant pas d'héritiers), sa machine pneumatique, d'une valeur intrinsèque de 200 francs, plus une des quatre places dans son caveau de famille où personne n'était encore enterré ! !.........

· ·

C'est mardi ? Est-ce mardi? Oui, c'est mardi. Donc nous avons la leçon d'histoire. O Muse ! que ne choisis-tu mieux tes interprètes ! Celui-ci, de sa personne, prenait trop peu de soin. Ses cheveux longs et pommadés émergeaient de sa calotte crasseuse sur le col luisant de sa redingote. Ses ongles, comparables à ceux d'un mandarin, ne quittaient jamais le deuil.... Le reste à l'avenant. Et ce monsieur trapu, paresseusement allongé sur sa chaise, faisait le procès des rois fainéants, déplorait de n'être pas né en un siècle où il eût pu s'illustrer sur quelque champ de bataille, ou s'attendrissait sur la mort de Louis-le-Grand..

Cet attendrissement-là le reprenait chaque année à la même époque. Sa voix chevrotait quand il pressentait le désastre de Malplaquet ou le froid de 1709... Mais son émotion n'était pas communicative. Il la refoulait du reste et pour clore gaiement le récit, il ne manquait jamais de rappeler la manière inconvenante dont Villeroi recevait les envoyés de son maître.....

A ce cours d'histoire monotone et endormant, les élèves apportaient une attention toute passive. Et le rôle de la sous-maîtresse se bornait à saisir au vol les caricatures du malheureux professeur...

Autre sujet de distraction : les visites ! Certaines ne manquaient pas de charmes, celle-ci, par exemple, d'un délégué cantonal.

— Bonjour, Madame. Votre santé est-elle bonne?

— Excellente, Monsieur le Délégué.

— Ces petites filles sont-elles sages, travailleuses?

— C'est selon...

— J'en vois une qui pleure là-bas, dans le coin. Dissipée, sans doute, et punie?

— Hélas ! oui ! Monsieur le Délégué.

— Voulez-vous me faire un plaisir, Madame? Pardonnez-lui. Je vous promets qu'elle ne recommencera plus. N'est-ce pas, mon enfant? Au revoir, Madame ! Je suis enchanté de ma visite.

— Et moi surtout, Monsieur le Délégué.

Je n'ai pas inventé cette scène : elle s'est répétée plusieurs fois pour moi, avec des variantes dans les expressions, dans *les formes*, dans *la forme* — si vous préférez — de M. le Délégué. Le fond, lui, était à peu près le même chez tous. Sont délégués de braves gens bien notés dans le canton, le dessus du panier. On ne leur demande pas une orthographe parfaite. Qu'ils sachent peu ou prou, c'est sans importance. Ils n'ont qu'à contrôler la morale, les bonnes mœurs. Peu leur chaut, à ces honnêtes ignorants, le comment et les méthodes de l'enseignement, même si la formation des élèves en doit souffrir.

PATIENCE ET LONGUEUR DE TEMPS
FONT PLUS QUE FORCE NI QUE RAGE

Les ressources de l'Institution ne permirent pas de payer longtemps des professeurs diplômés. Il me fallut les suppléer. Ce fut un bien pour moi : du jour où j'eus toute l'initiative dans ma classe, je vis s'affermir mon autorité. Peu à peu, à l'obéissance servile succéda la soumission volontaire. Les plus rebelles devinrent les plus dociles. Alors s'ouvrit pour mes élèves et pour moi une ère prospère et glorieuse. Nous luttions d'ardeur au travail. Je puisais dans leur affection un stimulant à mon dévouement. Puis, chaque jour, la science devenait plus attrayante pour nous. Je me rappelle certaines leçons de morale, objet de notre prédilection, où les regards éveillés de mes quarante élèves me suivaient avec un intérêt croissant parce que, moi-même, je m'animais soit en exposant une doctrine suggestive, soit en énonçant une des grandes lois morales. L'heure fuyait avec une rapidité effrayante ; souvent la matinée s'écoulait de même. Qu'importaient les programmes? Nous vivions dans une atmosphère de vertu sereine..... Après l'exposé de la leçon venait la libre discussion. En toute simplicité, chacune émettait son opinion, demandait un éclaircissement. J'étais inflexible en matière de morale. Aussi aux objections les plus fondées, j'opposais des arguments irréfutables.

Suivant leur dire, je finissais par avoir toujours raison. Et j'étais si jeune alors de cœur et d'intelligence que je croyais inculquer à mes élèves des principes auxquels jamais elles ne pourraient déroger. L'expérience m'a ôté mes illusions. Beaucoup de fillettes devenues femmes sont restées honnêtes. Mais les autres, les plus faibles, les plus passionnées, que sont-elles devenues? Je n'ose y penser. Cela me fait mal et m'arrache une illusion de plus....

. . . .

REVIREMENT

L'Institution dans laquelle j'avais vécu depuis tantôt sept ans fut vendue. Je la quittai avec regret. Mes élèves suivirent mon exemple. Dans cette solitude, foyer de tant d'affections, ma vie s'était écoulée si active que je m'habituai difficilement à la séparation et au repos. Et puis, ce fut pour moi une amère déception. J'avais eu pendant si longtemps le confiance de mes Directrices ! J'avais contribué en si grande part à la prospérité de leur maison que de voir celle-ci tomber en des mains étrangères me chagrina profondément.

Certes, il était bien désintéressé, ce chagrin ! Pauvre, j'étais venue, pauvre, je m'en allais. Au cours de ces années, toute entière au plaisir d'enseigner, j'avais oublié que la fortune, pour se donner, veut être courtisée. Une fois dehors, quand je me trouvai bel et bien sur le pavé, je m'aperçus de ma détresse. Mon avenir était à construire. Pendant plusieurs mois, j'errai comme une âme en peine, en quête d'une branche plus solide et d'une situation moins précaire!

L'ASSAUT

L'étrangère qui avait acheté l'Institution fut impopulaire dès le début. Aux yeux des parents, elle rompait avec les coutumes presque séculaires de la maison. Je restais seule gardienne de ces traditions. Aussi, pour me faire réintégrer le foyer quasi-familial que j'avais déserté, me livra-t-on un véritable assaut. Ce fut d'abord un concert de louanges, puis des appels pressants de mes anciennes élèves et enfin des promesses magnifiques de la nouvelle propriétaire. Celle-ci vint me supplier. Elle me fit entendre que cet établissement serait désormais mien. J'acceptai les propositions, heureuse de revivre bientôt les beaux jours d'antan, et quelque peu flattée des honneurs qui m'étaient réservés...

DERNIÈRE ÉTAPE

« La petite Chose » est Directrice ; oui, Directrice !... ne souriez pas. Acceptée par la Préfecture, revêtue des multiples charges qui incombent à sa dignité. La petite Chose, pleine d'enthousiasme, se met à l'œuvre. L'œuvre est difficile, très difficile et la responsabilité écrasante. Mais qu'importent ses forces et sa santé ? Elle veut apporter d'utiles améliorations dans l'établissement. Elle veut relever la réputation de la maison. Rien ne peut distraire la jeune Directrice de sa tâche. Dès le matin, elle s'enquiert de la santé des enfants, veille à leur hygiène, s'occupe du menu ; après quoi, elle reprend sa classe, de neuf heures du matin à six heures du soir. Les soins de l'économat, la surveillance du personnel lui reviennent de droit.

Ni son associée, ni ses adjointes ne la secondent en rien. Toutes abusent de sa trop grande jeunesse et de son ancienne camaraderie. Elle est bonne jusqu'à la faiblesse. Elle croit que ses collaboratrices suivront son exemple et elle redouble de zèle. Bientôt la paresse et la légèreté consenties de ses jeunes sous-maîtresses l'obligent à assumer toutes les tâches...

....

UN POINT FINAL... PROVISOIRE

Tant et si bien qu'un beau jour la pauvre Directrice dut amener son pavillon et quitter la place, ce qu'elle fit d'ailleurs avec une pointe de satisfaction. D'autres, qu'on pensait plus forts et plus habiles, lui succédèrent, et — Dieu me pardonne cette constatation ! — ne demeurèrent pas. L'enthousiasme de la « petite Chose » est refroidi, mortes ses ambitions. Depuis ces derniers temps, son zèle est éteint, et si plus tard il se ranime, ce ne sera plus avec la même abnégation ni le même dévouement. Tout de même, il lui semble qu'elle portait en elle l'étoffe d'une brave institutrice. Enfants, enfants, est-il vrai qu'elle ne vous retrouvera plus, qu'elle ne vous enseignera plus, la « petite Chose » qui vous aime?

Qui sait ! Dieu la mène. Le ruisseau court à la rivière, et son cœur, à elle, court aux enfants. Mais, quoi qu'il arrive, jamais, oh ! jamais, on ne la reprendra, la sotte « petite Chose », à être Directrice.

1909

*
*   *

Au fond de mes tiroirs, j'ai retrouvé ces pages écrites voilà plus de trois ans. Comme nous vieillissons vite ! Est-ce bien moi, cette petite personne qui s'est racontée là? Que de choses je ne dirais plus ou dirais autrement ! A la longue, mes yeux se sont ouverts, et j'ai vu que dans ce passé, j'avais laissé trop peu de place aux autres... à Dieu qui me menait pourtant, à mes collègues dont je me désintéressais. Depuis, j'ai nourri des projets que j'appellerais apostoliques, si le mot n'était bien osé dans ma bouche, et volontiers, je regarde autour de moi, pour chercher s'il n'y aurait pas un peu de bien à faire. Et puisqu'on m'assure que je puis être utile à mes sœurs de France, les Institutrices, en accrochant à mon premier récit mes réflexions présentes sur leur état social, timidement, je m'exécute. Oh ! je sens bien ce qu'il y a de prétentieux dans ce geste d'une jeune fille de vingt-neuf ans, qui s'improvise économiste ! Mais il paraît que c'est la mode ! Allons ! Tant mieux ! Au moins, lecteurs, ne m'intimidez pas trop, et si, d'aventure, mes naïvetés vous font sourire, d'avance, je vous le pardonne.

*
*   *

A n'envisager que le côté matériel, la situation de l'Institutrice libre est un bien triste métier. Il fournit le pain, j'y consens. Mais souvent, neuf fois sur dix, il sera impossible de se créer un avenir en rapport avec l'éducation reçue — et l'on grossira l'armée des déclassés. Tantôt c'est la place qui manque à l'Institutrice, tantôt l'Institutrice qui ne peut remplir la place faute d'une culture pédagogique suffisante.

Pour toutes, l'histoire est à peu près la même.

La jeune fille sort de l'école, du pensionnat. Elle a dans sa serviette un parchemin, le B. E., parfois — oh ! si rarement ! — le B. S. ; et dans sa tête, un léger bagage de savoir. Cela ne se voit pas de prime abord. Ce qui se remarque vite, c'est sa grande jeunesse, son inexpérience. Ignorante de l'épreuve et de l'échec, elle y va bravement de ses premières leçons. Oh ! la belle route qui s'ouvre ! Qu'elle est donc riche en promesses, cette carrière de l'enseignement ! Elle-même, Mademoiselle l'Institutrice, que la voilà bien au-dessus de ses anciennes compagnes de classe, l'épicière, la blanchisseuse, la caissière, la couturière, la fille de ferme, et le reste ! Attendez ! Bientôt elle déchante. Pour les autres, souvent, à l'usage, les difficultés du début s'émoussent ; ou du moins, tout de suite l'on sait où l'on va, et le malheur ne nous prend pas en traître. Mais ici, les obstacles se multiplient à mesure que vous montez. Etes-vous résolue à les vaincre ? Réfléchissez, travaillez sans répit, sacrifiez tout plaisir, toute détente ; immolez-vous à votre tâche. Il s'en recontre, de ces courageuses. Elles veulent arriver quand même. Leur vie de jeune fille est austère. Ont-elles pour reprendre haleine le foyer paternel, qu'elles bénissent Dieu ; il en est de plus à plaindre, les isolées. Ces recluses volontaires sont vite marquées à l'empreinte du milieu dans lequel elles se meuvent. Et je ne certifie pas que cette empreinte soit toujours des meilleures ! En ces dernières années, on a pris plaisir à noter les travers de ces humbles religieuses, filles du peuple, sans culture profonde, qui, revenues à la campagne, n'échappaient pas toujours à la mesquinerie, et formaient de petites communautés ouvertes à bien des défauts. Pour être laïques, peut-être à cause de cela, les groupements d'institutrices libres ne sont pas irréprochables. Eh ! mon Dieu ! nous sommes femmes ! Les papotages, les cancans, les susceptibilités, les froissements, les rancunes, les jalousies, tout cela est dans notre besace, et pour peu que l'éducation reçue ne l'ait pas hermétiquement ficelée, cette pauvre besace, les heurts et les chocs, inévitables, dès qu'on est plusieurs ensemble, ont tôt fait de laisser s'envoler toute cette dangereuse nichée !

Emprisonnée dans un cercle trop restreint, la débutante risque de se former de l'existence une conception fausse. Le monde, pour elle, c'est son école. Autour de son école tout gravite. N'ont d'importance que les seuls intérêts débattus devant elle. Sa norme pour juger de la bonté ou de la malice humaine, c'est la bonté ou la malice des personnes avec lesquelles elle fraye tous les jours. Rien de mieux pour développer la misanthropie !

Et voici qui dilate l'égoïsme. Parce qu'elle ignore les vraies souffrances, la jeune institutrice exagère ses peines. Elle se mure dans sa petite personnalité, elle ne connaît que *ses* petites affaires. Misanthrope et égoïste, quand il eût fallu se faire une âme ouverte, attentive aux besoins d'autrui !

L'est-elle seulement aux siens ? Pas même ! La routine l'enlise. Même si elle ne se sent aucun attrait pour la vie religieuse ou le célibat laïc, elle ne songe pas à élargir son existence, à se créer un foyer. Comment le pourrait-elle d'ailleurs, vu les maigres ressources dont elle dispose? Économiser? Il n'y faut pas penser. Entre-t-elle au pair dans un pensionnat, elle est défrayée du vivre et du couvert, c'est vrai ; mais, à moins de rencontrer une bonne institution, quasi-familiale, souvent la nourriture qu'on lui sert ne répond pas à la somme de travail qu'on lui demande. S'engage-t-elle contre honoraires, ils seront toujours modestes, parfois dérisoires ! Vite absorbés par les menues dépenses, par la toilette surtout, car une demoiselle qui enseigne *doit* s'habiller. On a difficilement une idée des conditions imposées à une jeune institutrice. Lorsqu'après bien des courses inutiles, des heures d'antichambre, elle a enfin trouvé une directrice disposée à utiliser son brevet, assez condescendante pour guider ses premiers pas, elle est bien obligée, la pauvre enfant, de se soumettre aux conditions qui lui sont faites.

A une sous-maîtresse qui exerce depuis plusieurs années, la directrice confiera une classe supérieure avec une responsabilité écrasante. Et quarante francs seront trop souvent le salaire mensuel de ce labeur si lourd.

Non que chez l'employeur ou l'employeuse on rencontre mauvais vouloir ou avarice. Nous, les employées, nous subissons les lois de la vie ; ils les subissent comme nous. Regardez donc en face, là où s'élève *l'autre jeunesse.* Qui paye? L'Etat. Avec quoi? Avec l'argent du contribuable? Savez-vous qu'à ce compte, c'est un plaisir d'être bon prince !

Chez nous la charité seule est mise à contribution. Elle ne peut, reconnaissons-le, suffire à tout. Il semblerait assez équitable que le Dieu-Etat, après avoir pompé toutes les bourses, imitât son frère le soleil, lequel prodigue indistinctement sa lumière aux bons et aux méchants. Pourquoi, nous, catholiques, sommes-nous condamnés à soutenir de nos deniers des écoles dont nous n'usons pas, et à tendre la main pour les nôtres?

Directeurs et Directrices des écoles libres en sont donc réduits à se tirer le sang des veines pour établir et maintenir leur œuvre. Les économies sont englouties, les capitaux prennent parfois le même chemin. Et malgré ces dévouements, que de naufrages ! Dans ces conditions, comment nous, les quémandeuses, espérerions-nous des appointements meilleurs? Quand on navigue sur un vieux bateau, il faut prendre son parti de n'être pas plus armé que le patron contre les sautes de la mer.

Avant l'exode des congrégations, il y avait la victorieuse concurrence des grands pensionnats. Ils offraient tout le confort moderne — et, vu leur admirable discipline — présentaient les plus sûres garanties de moralité et d'éducation. Les Directrices libres ne recueillaient guère que la bourgeoisie plus modeste.

La concurrence des religieuses a été abolie. Le sort des pensionnats libres y a-t-il gagné? Attendons un peu, avant de l'affirmer. On ne le peut nier : l'enseignement privé est en voie de progrès ; mais il a encore du chemin à parcourir ! En face de lui, se dresse l'État, colosse insolent, parce qu'il est le maître. Il ouvre toutes grandes ses portes et se montre débonnaire. Il crée des bourses accessibles aux enfants de toutes classes. « Entrez donc ! c'est pour rien ! » Et la principale clientèle des pensionnats libres — petite bourgeoisie — pousse ses fils et ses filles dans les écoles gouvernementales. Les Directrices privées sont bien dans l'impossibilité d'être si généreuses. Mais comme il faut vivre, les nouvelles brevetées acceptent n'importe quoi. Pauvres enfants !

Ainsi, leur situation personnelle n'a pas été relevée, du fait de l'étranglement des rivales congréganistes. Pour sortir de l'ornière, elles ont besoin d'une aide : le syndicat. Beaucoup se refusent à être chaperonnées, par peur du collier.

L'histoire m'a été narrée tout récemment d'une jeune fille de vingt-huit ans, qui, munie de son B. S. et de son C. A. P., balayait l'école et n'arrivait pas à ses cinquante francs par mois, s'il vous plaît. Le syndicat eût fait valoir son C. A. P.... A-t-elle fini par consentir à se laisser attacher ? Je ne sais. Et puis, ayant pensé et agi comme elle, dix années durant, je serais mal venue à lui jeter la pierre.

Une organisation professionnelle bien comprise, soumise sans réserve à la direction de l'Eglise en matière d'enseignement chrétien, peut, à mon sens, faire beaucoup pour le relèvement de l'institutrice.

D'autre part, ce même groupement, s'attachant à protéger les intérêts économiques de ses membres, à développer leur valeur pédagogique, à réclamer de l'Etat ce qui lui revient, sera une force précieuse.

Il rapprochera et ramassera en un faisceau les dévouements, les bonnes volontés qui vont à l'Enseignement libre. Il travaillera à former des éducatrices.

Il favorisera le légitime épanouissement de la personnalité. Peu à peu, il grossira, pour l'opposer à l'autre, le Bloc chrétien.

Et cela sera la sauvegarde des institutrices privées

séparément et de notre corps enseignant tout entier (1).

Mais il y a une dizaine d'années l'idée de se syndiquer n'avait pas encore fait sa trouée. L'heure était aux incertitudes. Les syndiqués étaient des audacieux : *Audentes fortuna juvat*, ils ont réussi.

Mes compliments !

Un dernier conseil, et je finis.

Tout bien pesé, l'Institutrice libre a une situation sans avenir comme sans fortune. La vie lui est dure. Elle a à faire preuve d'une incessante abnégation. Les religieuses enseignantes qu'on a chassées des écoles s'oubliaient totalement pour ne plus penser qu'à l'œuvre éducatrice. Mais elles avaient un double ou triple soutien : la grâce de leur vocation, la vie commune, l'absence de soucis touchant le pain quotidien. Nous autres, nous avons même tâche, mais non mêmes réconforts, ni d'ailleurs, mêmes obligations. Nous dévouer, nous ne demandons pas mieux. Mais vivre et, pour cela, manger, est nécessaire à qui veut se dévouer. Notre carrière est aussi un métier, un gagne-pain. Après tout, rien de plus légitime ni de plus nécessaire.

Que celles qui se sentent attirées, appelées à être des institutrices libres mesurent leurs forces physiques, intellectuelles et morales. Plus que jamais cette carrière est un champ de bataille où l'on triomphe par la foi et le sacrifice. La vie de la femme ou de la jeune fille, qui remplit dans une maison d'éducation les fonctions de Directrice ou d'adjointe, demande à être inspirée par un intense

1. Veut-on mettre en parallèle les deux situations : celle de l'institutrice primaire publique, et celle de l'institutrice primaire libre ? Qu'on lise ce qu'en écrit Mlle Daubresse dans le *Mouvement Social* de novembre 1909 (p. 1236). On reconnaîtra que tout est à l'avantage de l'institutrice publique et l'on conclura que l'autre a grand besoin d'être épaulée par un Syndicat.

sentiment religieux. C'est dans la religion seulement qu'elle puisera les énergies, les lumières, les consolations dont elle aura besoin à ces heures difficiles où tout appui humain se dérobera. Et que sa religion soit profondément enracinée : faute de quoi, elle sera vite ébranlée — sinon par l'indifférence ou les railleries de l'entourage — du moins par l'esprit de doute et d'incrédulité épars dans les livres, les revues, les journaux. Le seul fait d'être de l'enseignement libre n'est pas un préservatif. Là comme ailleurs la foi peut se perdre et la tenue morale. Dieu vous les garde à toutes, chères lectrices ! Votre tâche est si belle !

GEORGE LOEDIC

IV

ET LA MIENNE

Plusieurs se demandent si elles ont ou si elles n'ont pas la vocation. Plusieurs, aussi sages que les premières ne se demandent rien, n'interrogent sur rien ; elles suivent l'attrait, elles entendent la voix irrésistible. Les enfants des autres seront leurs enfants, elles ferment leur horizon et enferment leur vie.

L'une de celles-là écrit cette page intime dont le lecteur gardera le charme profond, en répétant la parole du Maître, « elle a choisi la meilleure part ».

Et la mienne

Ma vocation?.. je ne l'ai pas cherchée, je ne l'ai pas attendue, elle est venue, peu à peu, s'insinuant en moi pendant mes années d'études ; et quand au lendemain de mes examens, je donnai ma première leçon à l'Institution X., ce fut avec beaucoup plus de joie que d'émotion ; je vivais ma vie !..

Vivre sa vie, même celle d'une humble sous-maîtresse, c'est le bonheur. J'ai eu ce bonheur, je l'ai toujours ! Certes, il n'a pas été sans mélange; déboires, ennuis, infortunes, douleurs ne m'ont pas été épargnés ! mais ce sont toutes choses qui trempent le caractère, renforcent la volonté, obligent l'âme à regarder plus haut, et font trouver encore meilleure cette joie immense, *se dévouer*.

Perdues au milieu des notes de toutes sortes j'ai relu des bribes de mes impressions de début, et je les croyais d'hier, tant vivre avec les jeunes vous cache la vieillesse qui vient !.....

Je voudrais, en rappelant mon autrefois, en parlant un peu de mon aujourd'hui, encourager les jeunes dans la carrière si rude de l'enseignement et en même temps si pleine de lumière.

Oui, si pleine de lumière, car les coins sombres ne

sont jamais ténèbres, les désenchantements jamais désespoirs.

Au lendemain de ses examens surtout quand on a fait la folie de passer à la queue leu-leu le B. E. et le B. S., on sent le besoin impérieux du repos absolu. Aussi les vacances, *six semaines*, (de mon temps elles n'étaient pas plus longues), devaient être beaucoup trop courtes !... Trop courtes, je le pensais..... et au bout de quatre semaines, j'en avais assez, tant j'appelais le retour à ma chère Institution, au milieu de toutes mes compagnes, *celles qui désormais seraient mes élèves....* Mes compagnes !... Nous avions suivi les mêmes cours... et j'allais être leur professeur !... Mes dix-huit ans enseigneraient leurs 17 et 16... C'était bien de l'audace..... Mais l'audace est le fait des jeunes, et jeune, je l'étais, malgré mon air froid et sévère.

J'avais choisi les mathématiques — l'enseignement se faisant par cours — les mathématiques, parce qu'elles avaient toutes mes préférences, que je leur devais en partie mes succès scolaires ; et puis je pourrais les enseigner *sans aucune préparation.* J'en savais beaucoup plus long que la matière du programme; à onze ans, n'avais-je pas concouru avec les élèves du B. S. ;... franchement, je n'aurais pas besoin de me fouler...

Illusion de jeunesse !..... dès l'exposition des principes sur lesquels repose la preuve de la division, au premier exemple qui me vint à l'esprit, ma science fut en défaut... Pour comble, j'avais affaire aux élèves de troisième, réputées les plus difficiles de la maison, et elles l'étaient.

Elles avaient de onze à treize ans, et nous savons qu'à cet âge la turbulence bat son plein. De plus, toutes les maîtresses passaient au crible de leur jugement malicieux, je pouvais prévoir qu'elles ne m'épargneraient pas. Bref, je m'en tirai comme je pus, remettant la démonstration au prochain cours « faute de temps ».

Le cours suivant fut soigneusement préparé ; ... et depuis, malgré la science acquise, l'expérience et l'habitude, j'ai préparé ma classe.

Les devoirs écrits étaient nombreux, et tous corrigés en dehors des cours. On n'avait pas encore adopté la correction collective. Donc, chaque jour, je me vois encore, avec mes 150 devoirs, comprenant 300 problèmes et questions théoriques, à vérifier dans un temps très restreint.

Certains jours, je n'avais pas une heure et demie à consacrer à mes corrections et pas un coin pour m'isoler !... Ah !si je n'avais passu *mes problèmes* sur le bout du doigt, si j'avais hésité dans la vérification des calculs, jamais je ne m'en serais tirée !...
« Bah ! me diront quelques collègues, ce n'était pas malin, il fallait prendre un journal scolaire ou bien un livre de maître où les problèmes sont faits ; la vérification n'est plus rien. Si la réponse est juste c'est bien ; si elle ne l'est pas, on écrit *faux* en marge..... et voilà !... »

Eh ! oui, voilà !.. mais voilà aussi que j'aurais eu honte d'une besogne toute faite. Je voulais une science à moi ; et c'est pourquoi je bûchais les problèmes les plus bizarres, j'en simplifiais les énoncés et j'en composais de nouveaux. Pendant deux ans, je fis huit heures par jour de mathématiques, (arithmétique, algèbre, géométrie) sans jamais m'en lasser, passant successivement des classes élémentaires aux classes moyennes et supérieures. Vraiment, se spécialiser est tout profit pour les élèves que l'on enseigne, mais pour le maître, le bénéfice est beaucoup moindre. J'en fis la preuve.

A vingt ans, je commençai à m'occuper des préparations d'examens ; je dus enseigner les lettres et les sciences, les lettres que je n'aimais pas beaucoup, et l'histoire que je détestais presque.

L'histoire... elle avait été mon cauchemar. La succession des faits, les tables chronologiques, dans leur sécheresse, n'avaient jamais satisfait mon esprit. Il n'y a pas de vérité mathématique en histoire, alors combien de doutes qui n'étaient point dissipés et de pourquoi demeurés sans réponse !

C'était non pas une étude à refaire, mais *à faire*, *il me fallait savoir* pour enseigner les autres.

Mes études littéraires, elles aussi, étaient insuffisantes. Où et comment ferais-je ces études?..

Où?.. j'habitais une ville universitaire : sa bibliothèque fut ma salle d'études.

Quand?.. à tous mes moments libres, entre et après mes cours.

Et ce fut ainsi pendant cinq ans, pour étudier sérieusement ce que j'ignorais en histoire générale et en littérature.

Plus tard j'ai amassé, classé bien d'autres richesses intellectuelles. Ne le fallait-il pas?.. N'avons-nous pas toujours besoin d'emmagasiner les matériaux dans lesquels nos élèves auront à puiser?.. Nous est-il jamais permis de nous arrêter, quand la science marche toujours, quand les découvertes accroissent le domaine géographique ; les études historiques s'étendent et se précisent ; les écrivains se multiplient dans tous les genres littéraires?.. Et lorsque changent les programmes scolaires, les méthodes d'enseignement, avons-nous le droit de fermer notre intelligence aux choses nouvelles, de cadenasser pour ainsi parler notre esprit et de lui dire : « Tu en sais assez » ?

J'ai cru, dans mes premières années d'enseignement, et je le crois encore davantage, depuis que les années se sont ajoutées les unes aux autres, que nous sommes toujours des écolières, nous avons à nous asseoir sans cesse devant une chaire de professeur ; nous avons à apprendre.

Certes, nous ne pouvons avoir l'ambition d'une science complète mais l'institutrice qui instruit, qui élève, a besoin au moins d'une science suffisante, dans ses premières années d'enseignement, afin de n'être point découragée par les débuts d'une carrière ; puis, d'une science qui s'accroît par les études personnelles, les cours, les conférences, les entretiens avec des personnes de haute valeur intellectuelle.

J'ai été, je l'avoue, très bien située pour sentir le contact des intelligences d'élite, pour m'imprégner de leur savoir, mais aussi pour me convaincre de la petitesse de mon esprit devant les horizons immenses qu'on lui faisait entrevoir. Cependant, et je l'affirme pour rassurer les jeunes institutrices dans leur travail intellectuel, je n'ai jamais éprouvé une heure de lassitude. Je n'acquérais pas pour moi, mais pour mes élèves; tous mes efforts s'orientaient par leurs besoins, je me devais à leur intelligence et à leur cœur.

Mes études littéraires et historiques étaient refaites, je ne parle pas des sciences, car, les préférant aux lettres, j'étais à l'affût de toutes leurs découvertes, ce qui ne m'empêcha point de réapprendre trois fois la chimie... Comme elle avait changé depuis mes examens !.. Certains éléments étaient devenus des corps composés ; des gaz permanents se liquéfiaient et solidifiaient !.. mes pauvres vieux cahiers scolaires, que d'erreurs vous contenez !.. En 1886, la psychologie et la morale ayant été introduites dans le programme du B. S. je fis mes études de philosophie. Ce fut une dure besogne ; et j'avoue que si les études théologiques ne les avaient précédées, si je n'avais été élevée chrétiennement, si je n'avais puisé dans ma chère Institution de X. tout ce qui peut donner à l'âme une foi éclairée et solide, le doute m'aurait pénétrée. Certaines questions philosophiques sont un dédale pour l'esprit, lorsqu'on les aborde sans guide.

Etudes utiles pourtant aux éducatrices, mais qui doivent être dirigées, surtout quand la vie n'a pas apporté à l'esprit le poids de son expérience pour l'empêcher de divaguer ou de se perdre dans le brouillard.

Plus tard, j'ai complété ces études psychologiques, par la psychologie de l'enfant dès son plus bas âge ; étude curieuse et instructive, indispensable aux Institutrices des Ecoles maternelles et des classes enfantines. C'est un peu ce que l'on appelle aujourd'hui la *puériculture*. Or, pour cultiver l'enfant, il faut reconnaître sa nature, et à l'âge scolaire, à six ans, c'est trop tard. Ce que l'on croit en germe, les défauts, et hélas ! quelquefois les vices, ont déjà des racines tenaces ; et il sera difficile à l'éducatrice d'extirper ces racines, si elle ne sait pas dans quel terrain elle travaille.

L'école maternelle, et avant l'école maternelle la pouponnière et la crèche, sont des champs d'expérience qui ne devraient pas être inconnus aux institutrices.

Les circonstances imprévues peuvent nous ame-

ner un jour ou l'autre dans le milieu des tout petits ;
mais pourquoi ne pas prévoir et faire naître ces
circonstances?..

De jeunes institutrices m'ont avoué ne pas
aimer les enfants... alors comment ont-elles choisi
la carrière de l'éducation?.. Nous devons être
toutes des mères ; les mères aiment leurs enfants,
et celles qui les délaissent ravalent leur dignité et
descendent au-dessous de la brute.

Plus tard encore, et à l'âge où l'on ne songe plus
à se munir de nouveaux diplômes, j'ai subi les
épreuves de C.A.P. Pouvais-je savoir moins que les
élèves que je formais, devais-je ignorer pratiquement les méthodes de pédagogie en cours dans les
écoles publiques?... J'ai gravi tous les degrés de
l'enseignement primaire, élémentaire et supérieur,
j'ai été successivement adjointe, professeur de
cours, directrice d'école populaire et d'institution.
J'ai même pris du service dans une pouponnière ;
et sans doute pour qu'il me soit possible d'apporter
dans mon enseignement des modifications heureuses et pratiques, la Providence voulut mon séjour à l'étranger dans un centre essentiellement
éducatif. Depuis quarante ans j'étudie l'enfant, je
me plais parmi tous ces jeunes qui grandissent et se
développent. Ma vocation ne s'est pas démentie
un seul instant ; dans les heures tristes ou troublées, heures inévitables, Dieu a été ma force, mes
études l'apaisement. Et comme l'a dit le poète :
« Je sens au fond des cieux quelqu'un qui voit mon
âme. » Cela suffit.

UNE VIEILLE INSTITUTRICE

V

DÉVOUEMENT TRANQUILLE

Ce court chapitre se sépare à peine de celui qui le précède. Ce sont les mêmes pensées, elles ne tombent pas de la même plume. Les âmes se ressemblent. N'est-il pas bon d'en montrer plusieurs formées sur le même type?

Dévouement tranquille

C'est bien la Providence qui m'a amenée à la laborieuse et sainte carrière d'institutrice, à laquelle ma première éducation ne semblait guère me préparer. Mon père était soldat ; il ne se préoccupait nullement de la culture de mon intelligence. Par bonheur pour moi, notre petit village possédait une école congréganiste. Je ne la fréquentais pas, mais, le dimanche, je me mêlais aux jeunes filles qui y passaient quelques heures de récréation. Dès l'abord, l'habit religieux m'inspirait plutôt de l'éloignement... mais, un jour, deux Sœurs quêteuses vinrent à l'école. L'une d'elles nous parla si bien de Dieu, du bonheur de le servir dans la personne des pauvres, que je me pris à réfléchir : je compris que la vie religieuse n'est pas ce que le monde en pense, et ce que j'en avais pensé moi-même jusqu'alors. Je fréquentai plus souvent l'église ; l'appel de Dieu se faisait entendre. Les pages de l'Évangile que je me plaisais le plus à relire étaient celles qui nous décrivent les tendresses de Jésus pour l'enfance : « Laissez venir à moi les petits enfants, car le royaume des cieux est pour ceux qui leur ressemblent. » — « Ce que vous ferez à l'un de ces petits, c'est à moi-même que vous le ferez. » J'entrai dans une congrégation enseignante. Ma mission d'institutrice allait commencer. Je fus envoyée dans la banlieue de Paris. Quel ne fut pas mon étonnement en constatant qu'un grand nombre de mes petites élèves ne savaient pas faire le signe de la Croix ! Pauvres enfants! elles n'avaient pas le bonheur de posséder une mère chrétienne qui leur aurait appris à joindre leurs petites mains et à bénir le nom de notre Père céleste ! Le champ était vaste, et en même temps que j'enseignais à ces jeunes intelligences les éléments de la science, je m'efforçais de tourner les cœurs vers Dieu. Noble tâche assurément, mais où le succès ne couronne pas toujours l'effort, surtout dans ce pays où les plaisirs et les fêtes mondaines remplacent les pratiques religieuses ; les églises y sont désertes, la foi, comprimée par le respect humain. Je passai cinq années au milieu de ces chères enfants. Après le calme devait venir la tempête : les religieux furent dispersés. Je dus, comme tant d'autres, me séparer de mes petites élèves. Dans la guerre acharnée faite à la foi de la jeunesse, la sécularisation m'apparut alors comme la seule arme de défense. Beaucoup de jeunes filles chrétiennes se dévouaient, il est vrai, à l'enseignement libre, mais leur nombre était encore minime relativement aux besoins : la moisson était abondante, les ouvrières manquaient. Cette considération me détermina à quitter l'habit religieux, afin de travailler encore à procurer la gloire de Dieu. Celles-là seules qui ont fait ce sacrifice peuvent en comprendre la rigueur. La mort dans l'âme, je dis adieu à ma chère communauté ; je laissais dans cette sainte maison la meilleure partie de moi-même, mais mon cœur y restait à jamais attaché.

Durant quatre ans, je continuai à enseigner dans un département de l'Est. Je me sentais seule. L'enseignement libre périclitait dans cette région où il avait autrefois prospéré ; un très petit nombre d'écoles avaient pu être rouvertes ; plusieurs ne tardèrent pas à être fermées par la persécution : la mienne fut du nombre. C'est alors qu'ayant eu connaissance de la bonne organisation de l'enseignement libre dans le Nord, je demandai à y être admise. Un résultat bien imprévu, mais très appréciable de ce changement de milieu fut celui-ci : je m'aperçus que ma méthode de faire la classe était démodée depuis longtemps, et que je devais, pour bien remplir ma mission d'institutrice chrétienne, me mettre au point. J'en pris les moyens, et après deux ans de travail, j'obtins le C. A. P. Je crois n'avoir jamais autant aimé ma classe que pendant ces deux années préparatoires à mon examen. Tout en perfectionnant mes méthodes, je me donnais plus entièrement à mes élèves, je les aimais davantage, et ces chères enfants me payaient bien de retour. Il est si bon de vivre à côté de l'enfance, de voir ces jeunes âmes s'épanouir aux rayons bienfaisants de la grâce ! Mes petites élèves me donnaient ce bonheur : chaque jour, elles croissaient en piété et se fortifiaient dans l'accomplissement du devoir, en vue de plaire à Dieu. Lorsque j'expliquais quelques pages de l'Evangile, leur âme semblait avide de cette nourriture céleste, comme autrefois la foule dans le désert et, souvent, leur émotion se trahit par ce cri : « Que c'est beau ! » Le récit des souffrances de Notre-Seigneur excitait en elles l'amour des

petits sacrifices, et de combien n'ai-je pas été
l'heureux témoin ! Une de mes fillettes me confia
un jour, en rougissant, qu'elle avait fait, pour
plaire à Dieu, l'effort de manger le gras de sa
tranche de viande. — Le sacrifice ne me paraît
pas héroïque, répondis-je en souriant. — Oh !
Mademoiselle, vous ne savez pas combien il m'a
coûté ! — Une de mes enfants avait été chargée
de recueillir les offrandes de ses compagnes pour
l'Œuvre de la Sainte-Enfance. A la fin de l'année,
elle m'apporta triomphalement 80 fr. de sous !...
Combien de petites privations cette somme repré-
sentait ! Que de paquets de bonbons supprimés !
Les anges seuls en savent le nombre ...En même
temps que l'esprit de renoncement, celui de charité
fleurit parmi cette jeunesse. Une élève de mon
école est un peu infirme, elle n'a pas grandi : c'est
ce que l'on appelle dans le peuple une enfant
nouée. Eh bien ! elle est l'objet des attentions de
toutes : c'est à qui lui donnera la main en récréation, à qui la favorisera dans les jeux, à qui lui fera
de petits plaisirs.

L'année 1909 laissera dans ma vie d'institutrice
un délicieux souvenir. C'était la veille de la première communion. Depuis quelque temps, j'observais
avec plaisir les efforts de mes élèves qui se prépa-
raient au plus grand acte de leur vie : la retraite
préparatoire arrivée, elles en suivirent les exercices
avec beaucoup de recueillement et de piété. Enfin
ces chères enfants reçurent l'absolution ! L'une
d'elles vint à moi, et au moment de parler, elle
éclata en sanglots. J'essayai de la consoler, mais
elle me répondit : « Oh ! Mademoiselle, je suis trop
heureuse ; c'est le bonheur qui me fait pleurer ! »
J'étais moi-même si émue que je dus me retirer

quelques instants pour donner libre cours à mes larmes. Je me disais : « Si ce jour ne devait pas finir, ce serait le ciel sur la terre. »

Je viens de terminer ma deuxième année dans cette petite école de village. Je quitte, non sans regrets, mes élèves que j'aimais beaucoup, pour reprendre la direction d'un établissement plus important, et me donner de nouveau toute entière à l'œuvre qui m'est confiée. Puissé-je réaliser les espérances que l'on a fondées sur moi, et mériter un jour la récompense que Dieu a promise à ceux qui passent en faisant le bien !

LILLOISE.

VI

CÉLIBAT ? MARIAGE ?

Les préférences de l'Eglise sont visibles, comme aussi celles des familles chrétiennes. Mais il faut compter avec la dispersion des Congrégations. Autre la virginité dans le monde, autre la virginité dans le cloître. L'auteur examine le problème sans le résoudre, et de fait la solution unique n'existe pas. En soi, le célibat serait meilleur, mais il ne s'impose point. A chacune de s'examiner, de consulter son cœur et sa vocation.

Célibat ? Mariage ?

Célibat, dirions-nous tout de suite, et le chapitre serait clos — si nous n'avions à donner ici que notre avis personnel. Mais au cours de notre enquête, nous avons entendu faire à cette question des réponses diverses, et elle préoccupe trop quiconque s'intéresse aux institutrices, pour qu'il nous soit permis de la négliger. Nous rapporterons donc simplement les opinions d'autrui, puis, modestement, nous prendrons parti dans le débat.

Mademoiselle Bertha Wallroth, de Berlin, a enquêté un peu partout : France, Belgique, Angleterre, Finlande, Hollande, Italie, États-Unis... Voulez-vous savoir si une institutrice a *le droit de se marier*, sans perdre sa fonction, ou si le mariage *entraîne la démission* de celle qui enseigne à l'école, elle vous répondra ceci, dans le N° 17 de l'*Institutrice* (1).

En Autriche, l'autorisation pédagogique est nécessaire à toute institutrice qui veut se marier ; en Angleterre, on est disposé à fermer l'école à l'institutrice mariée. En France, la proportion des institutrices mariées est le 1/3 du total des institu-

<hr>

1. Revue scolaire allemande, die Lehrerin.

trices des écoles publiques et privées, en Angleterre 1 /6 ; en Finlande 0 /100 (1), en Hollande 3 /10.

Ecrivant pour des Françaises, nous avons borné notre enquête à la France. Chez nous, pour l'institutrice, qu'est-ce qui convient le mieux : mariage ou célibat? A cette question nous sont venues les réponses suivantes. La première émane d'une vieille institutrice libre laïque, la seconde, d'une inspectrice d'écoles diocésaines.

Première lettre

« Les institutrices ne font pas nécessairement vœu de célibat. Pourquoi ne se marient-elles pas? Est-ce contraire à leur profession? Je ne le crois pas. Sans doute, c'est à des religieuses, à des vierges que l'Eglise confie plus volontiers ses petits enfants. Mais, qu'est-ce que cela prouve? Qu'une femme *vouée à Dieu* se dévouera plus facilement et ne comptera pas avec ses peines ; et non qu'une femme mariée soit condamnée à être une mauvaise éducatrice des enfants d'autrui. De ce que la virginité chrétienne, religieuse, est l'idéal pour l'institutrice, il ne s'ensuit pas que, dans certaines circonstances, le mariage ne lui soit pas bon.

Pour les institutrices des classes primaires, celles qui auraient été non mariées d'excellentes institutrices, surtout d'excellentes éducatrices, ne peuvent, à mon avis, perdre ces qualités du fait qu'elles ont des enfants à elles à élever. Si elles ne sont pas supérieures aux autres, au moins peut-on penser qu'elles ne leur seront pas inférieures. Elles connaîtront mieux la vie, elles se feront un esprit plus ouvert, plus indulgent, et si leur mari

1. Sur cent institutrices, aucune n'est mariée.

est un homme intelligent et bon, elles gagneront à son contact un peu de la solidité de l'intelligence virile, un peu de ce quelque chose de plus ferme et de plus large qui distingue de la nôtre une âme d'homme, quand elle est haute et éclairée.

Quant à celles qui, restées célibataires, se seraient confinées dans leur classe, il est possible qu'une fois mariées, partagées entre les choses du ménage et celles de la classe, elles négligent un peu celles-ci pour celles-là. Si l'institutrice doit préparer les repas et repriser les vêtements de son mari et de ses enfants, elle gardera davantage ses heures de liberté et les élèves quitteront l'école à 4 h. au lieu de 6. J'ose dire que c'est plutôt là un bien qu'un mal. Un peu de surmenage et de science livresque seront sacrifiés : la perte est maigre.

Pourquoi alors, puisque leur profession n'en souffre pas, les institutrices se marient-elles aussi rarement? Cela tient d'abord à la solitude où elles vivent. Sans relations, il est difficile de trouver un parti. D'autre part, beaucoup d'institutrices sont des déclassées — nous n'entendons pas donner à ce mot un sens qui leur soit défavorable — par leur famille, par leurs relations, par leurs moyens d'existence, elles appartiennent au peuple, à la classe tout ordinaire de la société ; par leur instruction et leur éducation, celles qui sont susceptibles de s'élever peuvent sans désavantage supporter la comparaison avec les jeunes filles d'une classe bien supérieure. Les hommes qui leur plairaient par leur éducation ne songent pas à elles à cause de la modicité de leur fortune, et ceux pour qui le traitement de l'institutrice serait une bonne aubaine leur sont intellectuellement trop inférieurs pour qu'elles espèrent trouver le bonheur dans une union où n'existerait pas une certaine parité d'âme. Quelques-unes cependant, les moins intelligentes, les moins délicates, celles que l'idée d'une famille tente toujours, acceptent de ces mariages disproportionnés. On voit des institutrices de 35 ou 40 ans épouser de tout jeunes gens sans éducation, sans métier souvent, beaux parleurs de village, revenant du service militaire avec le premier galon d'or, et elles travaillent toute leur vie de leur pénible métier, pendant que ces messieurs fument et boivent à leur santé, heureuses encore s'ils daignent tenir le ménage, faire la cuisine et s'occuper des enfants tant bien que mal, plutôt mal que bien, car ce n'est point leur rôle. Quelquefois — c'est un roman, alors ! — un homme d'âme haute et désintéressée qui, trouvant dans l'institutrice de son village, la compagne d'esprit ouvert et de grand cœur qu'il rêvait, l'épouse et l'arrache à sa vie de labeur et de solitude; mais de celles-là on ne parle pas, pas plus que dans le monde, des filles sans dot qui épousent des millionnaires.

Aujourd'hui, il arrive souvent qu'instituteurs et institutrices se plaisent et s'épousent. L'administration favorise ces mariages, en donnant autant que possible un poste double à ces ménages. C'est là une des meilleures unions que puisse faire l'institutrice, puisqu'elle est à peu près certaine de rencontrer en son mari beaucoup de similitude de pensée et d'éducation, puisque les deux époux peuvent mutuellement s'entr'aider dans leur œuvre parallèle. Les deux classes de garçons et de filles ne sont plus alors rivales, et la paix de la commune y gagne beaucoup.

Seconde lettre.

« Mon avis sur la question : « célibat ou mariage », le voici :

Les institutrices sont sur ce point dans la situation de tous les chrétiens. C'est pour elles affaire de vocation personnelle.

Imposer à toutes le célibat serait une grave imprudence. Certainement, celles qui vont simplement et uniquement à Dieu en se donnant tout entières à l'éducation de la jeunesse, ne cherchant pas à se créer d'autre famille que l'école, ont une vocation supérieure ; mais il faut craindre pardessus tout comme institutrices les *vieilles filles* au cœur sec, égoïste, à l'esprit étroit, aux pratiques religieuses mesquines et routinières ; — et les *mécontentes du célibat*.......

L'obligation de choisir cet état de vie peuplerait les écoles d'institutrices de ces deux catégories.

Il ne faut donc pas écarter l'institutrice mariée ; d'autant plus que si elle est vraiment bonne et vraiment institutrice, elle aura pour l'éducation un intérêt spécial, des lumières, l'expérience de la vie, l maternité étendue à d'autres enfants que les siens.

« Il me semble qu'il ne peut y avoir de rejet bsolu et d'exclusion, mais que la préférence doit être .onnée à l'institutrice qui peut être appelée *vierge sage*, à laquelle la grâce d'état et la grande fidélité à s'instruire de tout ce qui est nécessaire à sa vocation d'éducatrice procureront ce qui manquerait du côté de l'instinct maternel. »

D***

Inspectrice diocésaine.

*
* *

Les deux professionnelles dont on a rapporté les avis, s'entendent sur un même point : « nécessité de la vocation ». Et c'est précisément la *vocation* de célibat qui a donné pendant 32 ans en France la prépondérance à l'enseignement congréganiste. Il faut croire que l'État y avait reconnu lui-même un avantage sérieux, puisqu'un très grand nombre d'écoles publiques (écoles communales) étaient confiées aux religieuses. Les raisons qui ont milité en faveur de la laïcisation des écoles (loi de 1882) ne sont point celles touchant à la situation morale de l'institutrice (célibataire ou mariée), puisque les 2/3 des institutrices publiques n'ont pas contracté mariage.

*
* *

« C'est en vieillissant, écrivait une institutrice laïque, que je songe au bonheur de ceux qui se sont créé une famille, un foyer !.. Les célibataires ne sont pas toujours égoïstes, c'est quelquefois et même souvent le *besoin de se dévouer pour d'autres* qui leur a fait oublier de penser à eux. Mais quand les désenchantements surviennent, quand ceux pour lesquels on a vécu ne sont plus là, ou quand leur bien-être demande qu'on s'éloigne d'eux, c'est alors que la célibataire devient égoïste ; la solitude est plus lourde au cœur que n'importe quelle épreuve !... »

*
* *

Quelques lignes

du journal d'une institutrice célibataire

« Sincèrement, je regrette de n'avoir pas subi le sort commun ; il est vrai que je n'y ai guère songé, et quand le désir en est venu effleurer mon esprit, je n'avais point du tout le temps de m'y arrêter.

« Ma vie a été faite autrement que celle du commun des femmes, et pourtant, je ne suis pas une exception. Nous sommes million peut-être, qui n'avons pas eu, les unes le courage, les autres le temps de fonder une famille !...

« J'ai cru pendant mes premières années d'enseignement qu'une amitié sincère pouvait combler le vide de notre cœur...

« Quelle illusion !...

« Cela n'est vrai que lorsque l'élu du cœur est à nos côtés. Mais quand l'espace est entre lui et nous, quand les semaines et les mois s'écoulent sans qu'on ait pu échanger un regard, un sourire, une parole, notre âme est pleine d'amertume.

« Pourquoi donc, ô mon Dieu !.. avoir mis dans notre cœur des sources de tendresses, si vous éloignez de lui tous ceux sur lesquels tant d'affections pourraient s'épandre?... »

A ce pourquoi... une autre répond :

« Pourquoi je ne me suis pas mariée?.. Pourquoi j'ai voulu le célibat?.. pourquoi enfin je suis demeurée dans mon coin de village... dans *mon trou* (c'est vous qui le dites)... pourquoi?... Alors c'est une confidence qu'il vous faut ; *confidence,*

puisque je vais chercher tout au fond de mon cœur
ces raisons que je ne dirais point, certes, si j'avais
encore 20 ans !......

Me marier?... Il m'aurait fallu vingt enfants pour
me contenter... alors?... Eh bien ! oui ! alors,... j'ai
renoncé au mariage, et je me suis dit : « Ma petite,
puisqu'il te faut une famille nombreuse, *archi
nombreuse, tu seras institutrice* ; alors tu auras
toute une ribambelle de petits à éduquer... Ça ne
t'amusera pas toujours... ça ne t'amuserait pas
sans doute toujours d'avoir à t'occuper de tes vingt
fils et filles, si tu les avais... Il est vrai que lorsque
tu débarbouillerais les petits, les grands marche-
raient tout seuls et peut-être songeraient déjà à
faire comme toi !... Mais puisque tu ne veux que
des tout petits... reste fille, et sois institutrice... »
Et je suis institutrice... depuis?... non, je ne vous
dirai pas depuis combien... enfin je pourrais être
grand'mère, bisaïeule... quoi !...

Mon trou !.. vous osez appeler un trou *mon foyer*,
car X. est mon foyer, j'y suis grand'mère vous
dis-je ; *la grand'grand'mère*, comme me nomment
les filles de mes petites-filles.

On m'a oubliée dans mon trou?.. Oh ! que non.
Mais j'ai voulu qu'on m'oublie, ce n'est pas difficile,
allez !...

Une question vous brûle les lèvres, vous n'osez
pas la faire, je vais vous aider : « M'a-t-on demandée en mariage?... » Bien sûr !... et même
*pour avoir les filles, quand mon mari aurait les
garçons !...* Autrefois, c'était difficile à caser, le
mariage Instituteurs, aussi il y avait... une agence
matrimoniale pour la découverte du double poste...
J'ai laissé le poste double à d'autres... Une autre
fois... des autres fois?... mais je ne vais tout de

même pas vous raconter tout cela... Enfin je suis restée fille !... *Vieille* fille?... Pour cela non, je n'en ai pas *eu le temps*. La vieille fille, ça élève des chats, des perroquets, des singes ;... je n'ai aucun de ces animaux-là ; mais des petites filles, qui, dame ! avaient peut-être un peu de ces petites bêtes, mais vite, vite, nous avons extirpé la malice et l'hypocrisie du chat, le bavardage du perroquet, et les singeries de l'autre.

Si je me suis ennuyée seule, dans mon école, quand tous mes oiseaux étaient hors de leur cage?...

S'ennuyer !... c'est un verbe que je ne connais point. Je pensais à tous mes enfants, quand ils n'étaient plus avec moi, à ce que je leur dirais demain, comment je m'y prendrais pour donner la becquée à telle récalcitrante, comment j'apprendrais à telle autre à essayer ses ailes... quelle nouvelle forme j'adopterais pour que mon enseignement les charmât...

Et puis... et puis... si j'avais du sombre dans l'âme, j'ouvrais le saint Evangile, ou bien je lisais quelques versets de l'Imitation de Jésus-Christ.... Je n'étais plus seule, puisque j'avais avec moi Celui qui encourage et console.

Vous me demandez encore si je suis pour l'institutrice mariée ou pour la célibataire, si je conseillerais à mes filles l'un ou l'autre état, ou l'un préférablement à l'autre?...

Je ne saurais répondre catégoriquement. Mais je leur dirais : « Si une fois mariées vous avez le cœur assez grand pour aimer vos élèves comme vos enfants, si vous êtes capables de faire marcher en même temps et sans négligence votre ménage et votre école, si le double fardeau que vos épaules auront à porter ne vous semble pas trop lourd, mariez-vous.

Mais, si vous voulez vous donner sans compter, vous dévouer *complètement* aux enfants des autres, ne vous mariez pas. »

*
* *

Il y a des moments dans la vie d'une femme mariée, qu'elle soit ouvrière ou institutrice, où il lui est impossible de s'oublier, où son dévouement se limite : c'est le mois qui précède et celui qui suit la naissance de l'enfant. Et je me demande si l'Etat y avait songé, donc, s'il avait prévu le mariage de l'institutrice et sa maternité?... Ce qui ferait croire à la négative, c'est qu'il a attendu 1910 pour édicter la loi du 18 mars ainsi conçue :

Art. 1ᵉʳ « Un congé de deux mois, avec traitement entier, en dehors des congés pour maladie, prévus par le décret du 9 novembre 1853, est accordé aux institutrices, moitié avant, moitié après les couches.

« Les institutrices ne peuvent reprendre leurs services qu'après examen et certificat médical constatant qu'elles sont en état de le faire sans dommage pour leur santé ; en cas contraire, la prolongation du congé nécessaire leur est accordée aux conditions du congé lui-même jusqu'à concurrence de deux mois. » (1)

Je me suis réjouie de cette loi. Que n'a-t-elle été édictée dix ans plus tôt ! L'une de mes chères filles, directrice d'école annexe, n'aurait pas eu à déplorer la mort de son premier enfant. Quand je songe que *l'ad-mi-nis-tra-tion* l'obligea à faire la classe jusqu'à la dernière minute !... C'est une marâtre, l'admi-

(1) Cf. Année sociale internationale 1911, p. 149 ; — 1912, p. 137.

nistration ! On a bien dit : elle n'est pas une mère de famille !

La loi a bien oublié encore quelque chose. Une Inspectrice aurait pu souffler au Parlement ce qu'il devait faire de plus... Et l'allaitement?... La directrice allaitera son enfant pendant la classe, s'il le faut, mais l'adjointe?... Amènera-t-elle son bébé à l'école?... Non, sans doute ; alors elle le mettra en nourrice, ou à la crèche ; mais, enfin, si elle veut le nourrir?...

Alors ce sera selon le bon plaisir de la directrice... Et si la directrice est une marâtre comme Madame l'Administration?... Le cas s'est présenté... ce sera encore une maternité tronquée.

L'administration dira à l'institutrice que sa situation ne diffère pas, dans ce cas, de celle de l'employée de bureau, de la dame du téléphone et du télégraphe... C'est vrai, mais ces dames n'ont pas à faire l'apprentissage de l'éducation. Si elles ne s'occupent pas de l'enfant qui est le leur, elles ne s'occupent pas non plus de celui des autres.

Lettre d'une Sévrienne

Vous me demandez mes impressions, ou plutôt *nos idées*, sur un point très spécial que vous me précisez : célibat ou mariage.

Rien n'est fait à l'école pour préparer le jeune professeur à l'un ou l'autre état. Le plus grand nombre d'entre nous n'a songé en venant travailler ici qu'à la situation, à la carrière. Celle de professeur dans un collège, dans un lycée, est bien plus lucrative que la meilleure dans l'enseignement primaire. Et, par le fait même de cette situation, je ne crois pas qu'aucune de mes compagnes ait renoncé absolument au mariage. La Sévrienne, femme d'un professeur, aura bien de quoi faire vivre et élever ses enfants.

Cependant, quelques-unes d'entre nous sont avant tout des *intellectuelles*, celles-là contracteront difficilement mariage. Mais elles sentent que pour accepter le célibat de plein cœur et sans tomber dans ses travers et ses inconvénients, il faut *mieux que la science*.

Chacun ici arrange sa vie intime à sa guise ; nous ne sommes que deux *vraies catholiques* ; et quoique nous ne fassions pas bande à part, nous n'avons pas la même mentalité que les *intellectuelles*. Bien souvent, avec les littéraires — plus idéalistes que les scientifiques — nous avons traité la question du *lendemain*. Ce demain qui isolera forcément le jeune professeur du lycée de province, si peu que ce jeune professeur ait la foi religieuse !

Personnellement, je sais ce qui m'attend... du côté de mes futures collègues... Mais je suis résolue à vivre ma vie de chrétienne et ma vie de célibataire, célibataire *volontaire*.

Vous penserez sans doute que cette détermination est due à mon éducation au couvent... Vous vous tromperiez. Si j'ai vu de près, en effet, le dévouement des religieuses, si je les ai admirées, enviées quelquefois, je n'ai jamais eu l'idée de prendre leur habit ni leur voile... Mais j'ai quand même la vocation de l'enseignement, et pour m'y vouer comme je le désire, j'ai besoin de mon cœur libre ! Mon cœur libre pour *aimer* mes élèves, et les aimer au point de leur donner tout ce que j'ai de meilleur en moi.

Un mari, des enfants, les miens, seraient à chaque instant en rivalité avec mes élèves. Et puis vous savez bien que je conçois l'épouse, la mère, à *son foyer* et non à l'école. Or, si je donne mes préférences à l'école, c'est que je renonce au foyer, me jugeant dans l'incapacité de remplir très bien un double devoir d'importance égale.

M. S.

*

* *

Puisque, dès le début de cet article, il a été conseillé de se documenter près de Melle Wallroth, de Berlin, sur la question qui a fait le sujet de *cette enquête*, on ne rouvera pas mauvais que nous reproduisions ici ces quelques lignes de la *Pædagogische Zeitung* de Berlin.

L'Union « des Institutrices de Prusse considère que la mission de l'institutrice et la mission de la mère, sont, en général, difficilement conciliables. Elle croit qu'un petit nombre de femmes est seul capable de satisfaire aux devoirs complexes qui en résultent. Elle se voit, en conséquence, dans l'impossibilité de demander la radiation de la clause relative au mariage dans les conditions d'admission, bien qu'elle voie dans cette cause une limitation de la liberté individuelle (1)... »

Si l'on considère l'état de l'enseignement libre en France avant la fermeture des écoles congréganistes, tant dans ces écoles que dans les *Institutions* libres *laïques*, on y voit tout l'enseignement confié à des célibataires. C'est à peine dans la proportion de 1/25 qu'on rencontre une *directrice mariée*, rarement des adjointes. Or, vous ne pouvez mettre en doute le dévouement *illimité* des institutrices

1. Extrait du *Manuel Général*, 7 janvier 1911.

libres laïques, célibataires par la *vocation d'institutrice*.

Il semble bien que le groupe des laïques célibataires de l'enseignement libre et qui n'étaient pas obligées à cet état de célibat par la vocation religieuse, ait compris comme les institutrices allemandes que difficilement les deux missions sont conciliables.

Citons une dernière lettre, reçue d'une directrice d'école rurale.

« Je ne saurais trop vous remercier de m'avoir crue capable *quoique mariée* de diriger l'école de S... Avoir élevé ma fille a été certainement un bon apprentissage, un stage meilleur que celui de deux années exigé pour le C. A. P.

Ma fille est très jeune encore, elle est bien la grande sœur de toutes mes autres petites filles.

Quand on a su à S. qu'une institutrice mariée dirigerait l'école, quelques mamans ont craint le manque de soins, la négligence ; d'autres ont exprimé franchement leur joie.

Aujourd'hui, toutes sont contentes. C'est que nous, mamans, nous avons l'expérience de mille petits riens, qu'ignorent les célibataires. Ce n'est pas l'institutrice que l'on vient voir à l'école, lorsque quelque chose va de travers à la maison, mais la *maman*, une femme comme les autres mamans, qui a souffert des mêmes douleurs, des mêmes angoisses, qui a tremblé aussi de la même fièvre quand les petits étaient malades !... et la maman sait consoler, encourager, réparer [...].

Quand mes collègues viennent à mon école, elles s'étonnent d'y sentir la famille ; elles *s'émerveillent*, je le dis sans vanité, des petites méthodes que j'invente, pour que mes cinquante petites filles m'écoutent et me comprennent... Ah !... si elles étaient des mamans !... »

L'ensemble des réponses est pour le célibat. Il est vrai que si nous avions pris nos renseignements dans certains journaux et chez certaines personnes, le mariage l'eût emporté. Mais est-il bien sûr que ces opinions matrimoniales soient exemptes de parti pris? Il suffit que l'Eglise recommande la virginité, pour que le mariage soit jugé meilleur. Ce sont là des préférences dont nous n'avons pas à tenir compte.

La raison et les leçons de l'expérience s'accordent pour adopter la même conclusion que suggère a piété chrétienne, appuyée sur les paroles de l'Esprit-Saint. Pour l'institutrice, pas plus que pour tout autre, le célibat n'est affaire de précepte ; mais il est affaire de conseil. Qu'elle médite l'enseignement de saint Paul :

« Aux vierges et aux veuves, voici ce que je dis : Il leur est bon de rester comme je suis. Sont-elles en péril de tomber, qu'elles se marient. Car le mariage vaut mieux que l'incontinence. » Si l'Eglise confie plus volontiers ses petits enfants à des vierges, à des religieuses, c'est dans l'intérêt des élèves comme des maîtresses. Celles-ci peuvent se donner plus entièrement à Dieu. Et les enfants n'ont pas à en souffrir. Celui qui a dit : « Laissez venir à moi les petits enfants », sait bien tourner vers eux les pensées et le cœur de ses servantes. En ces âmes « réservées », consacrées, livrées de leur plein gré et de leur propre élan au labeur de l'éducation, les délicatesses maternelles germent spontanément, parce que leur virginité est née d'un besoin de dévouement plus vaste que celui de la mère de famille, et non d'un désir égoïste. « Nos mères ! », disions-nous avec respect de ces vierges. Cette virginité maternelle et cette maternité virginale ont subi la loi des suspects. Elle n'en demeurent pas moins l'idéal. Pourquoi l'interdire à l'institutrice libre? Par là, elle ressemblerait à sa sœur congréganiste, à condition qu'elle fût, elle aussi, toute entière à son poste, *une dévouée*.

MYRIAM.

VII

LA VIE INTELLECTUELLE

Apprendre est pour une institutrice comme une condition de son enseignement. Apprendre, et tout ce que ses enfants recevront d'elle, et beaucoup d'autres choses qu'elle, gardera pour elle, pour l'ornement de sa vie, l'occupation de sa solitude.

L'auteur envoie son élève à ces livres bien-aimés, amis toujours fidèles, toujours discrets, elle invite à les consulter, à conserver leurs leçons, à noter leurs pensées et même leurs paroles, surtout lorsque la parole ne fait qu'un avec la pensée.

L'élite goûtera ces fermes conseils ; c'est à elle qu'ils s'adressent — à elle seule.

La Vie intellectuelle

I. — Une Enquête

X....

Quand je parlai d'ouvrir une enquête sur la vie intellectuelle des institutrices primaires, les plus respectueux me rirent au nez. C'était significatif. J'aurais pu m'en tenir là, et noter sur mon carnet :

Vie intellectuelle de ces Dames : *nulle*.

Tout de même, je me suis mis à l'œuvre. J'ai écrit, interrogé. Les réponses ont varié. La plus fréquente a été celle-ci :

— Etudier? Pas le temps.

— Mais encore?

— Je suis mère de famille, Monsieur. Avant et après les enfants des autres, les miens. Vous permettez, n'est-ce pas? Je n'ai pas les moyens de me payer une bonne d'enfants. Et mon ménage ne se fait pas tout seul.

— Bon ! écrivons : Institutrice mariée, trop occupée, ne peut prétendre à une vie intellectuelle.

Mais l'autre, la célibataire, l'isolée?

Elle non plus n'a pas le temps.

A la campagne, elle prétexte le lopin de terre à biner, les courses à droite et à gauche. A la ville, il faut visiter et recevoir les amies, courir les magasins, soigner sa toilette. Ici et là, c'est le surmenage des classes et des copies à corriger. Les jours se succèdent avec la même rapidité : tout entière absorbée par les soins à donner aux choses extérieures, l'institutrice ne peut songer à elle-même.

— Cependant, il en est qui sont casanières et comptent des loisirs. Le mal est qu'elles s'engourdissent dans l'inaction, qu'elles ne font rien, parce que la pensée ne leur en vient pas. Routinières ! Elles ne vivent et ne se meuvent qu'en vertu de l'impulsion initiale. C'est à elles que je dédie cette page, due à la plume d'une de leurs aînées, une active, celle-là, une travailleuse, morte trop tôt à la tâche, et qui prit peur, un soir, de l'espèce d'enlisement intellectuel dont elle se sentait menacée.

« Tout doucement, je me suis abandonnée non point au plaisir de ne rien faire, mais au facile agrément de faire toujours semblablement de semblables besognes. J'ai cessé d'être l'ouvrière ingénieuse qui, l'esprit toujours en éveil, imagine sur la dentelle, la batiste ou la soie, des dessins nouveaux. Je suis devenue à mon insu la tricoteuse dont les aiguilles vont et viennent toujours du même mouvement pour tisser des bas toujours pareils. Aux mêmes dates, j'ai fait faire les mêmes devoirs, donné à apprendre les mêmes leçons. Pour exprimer les mêmes idées, je me suis servie des mêmes mots tout faits. Ma pensée s'est emprisonnée dans des formules immuables. Insensiblement ma classe a marché comme marchent les montres et les pendules, une grande roue en poussant une petite, toute la machine à marquer l'heure, à la suite de cet ébranlement, de grandes roues qui en ébranlent de petites, envoyant seconde par seconde dans l'espace, le bruit monotone de son tic-tac régulier.

Montres et pendules font toujours entendre leur tic tac régulier. A le percevoir, on croirait qu'elles ont la vie. Pourtant elles ne l'ont point, parce qu'elles n'ont point d'âme. Ne serais-je point en train de perdre mon âme? Comme par le passé les enfants m'écoutent, mais il me semble qu'elles ne m'écoutent plus comme autrefois. Dans leurs yeux, je ne vois plus passer cette flamme rapide qui illumine les yeux de l'enfant quand il suit avec émotion un attachant récit. Je fais fausse route. Il n'est que temps de changer de chemin (1). »

Chère lectrice, seriez-vous du nombre de celles qui n'ont point d'âme? Etes-vous une machine ou une âme? Or, pour être une âme, il faut être un cœur et une intelligence. Et si douée que vous ayez été par Dieu, vous ne serez une intelligence vivante, féconde, que si vous vous travaillez. Il y avait ces dernières années — et Dieu veuille qu'il y soit encore ! — dans un canton du Tarn-et-Garonne, un bon docteur, organisateur d'une bibliothèque locale, lequel, tint un jour à ses villageois ce *docte* langage, ou un autre, assez approchant : « J'ai dérobé à mon dur travail les heures nécessaires pour écrire... et je viens d'accomplir un salutaire voyage dans l'idéal. Faites comme j'ai fait, non seulement votre devoir, mais un peu plus, non seulement votre état, mais une chose plus haute. Vous êtes attaché à des besognes inférieures, ennoblissez-les en y ajoutant, le soir, un peu d'au-delà. Regardez autour de vous : Ceux qui n'ont de la vie aucune idée générale et ne veulent voir de l'univers que les trois pieds de terrain qu'ils habitent peuvent quelquefois montrer l'apparence

____

1. *Journal d'une Institutrice*, p. 247.

de bien vivre, mais ils ne sont qu'illusion et que mensonge. Vous en rencontrerez tous les jours. Ils sont très faciles à l'expérience. Parlez-leur, questionnez-les ; il ne restera plus rien d'eux, au bout d'un instant, que l'outil misérable qui les fait vivre. Ils ont, pour user d'une expression familière, l'esprit et l'âme entièrement *défaufilés* ; ça a l'air d'être bien cousu ; mais, au moindre coup de doigt, tout tombe. Gardez-vous de leur ressembler (1). »

Une institutrice qui n'ennoblit pas son labeur matériel par l'étude et la culture personnelle, qui se laisse envahir par le côté terre-à-terre de ses fonctions, au point de ne jamais se permettre la moindre petite échappée vers l'idéal, est bien en danger d'avoir, elle aussi, l'esprit et l'âme entièrement *défaufilés*. Et c'est grand dommage, car telle institutrice, telles élèves ! Mais pardon, je ne devais être qu'un rapporteur, et je deviens sermonneur !

— Monsieur, vous êtes injuste. Moi, je suis pour la haute culture, pour la vie intellectuelle. Seulement, voilà ! Je n'en ai ni *le* moyen, ni *les* moyens. Pas de livres, ou si peu ! Pas d'argent pour me monter une petite bibliothèque. Et croyez bien que beaucoup de mes collègues sont logées à la même enseigne : elles meurent d'envie d'étudier, et elles ne le peuvent, étant trop pauvres.

— Il y aurait, en effet, quelque chose à faire. On s'y est mis d'ailleurs, avec les conférences pédagogiques et religieuses : il n'est pas une association, pas un syndicat qui n'ait les siennes.

Cela n'est pas suffisant. Ces conférences sont trop rares. Puis, elles ne sont pas le travail per-

_____
1. *Annales politiq. et litt.*, 22) In 1902.

sonnel, celui qui est le plus profitable à l'institutrice. Elles sont de plus hors d'atteinte pour quantité d'institutrices perdues dans la campagne. Repas d'ortolans ! N'y touchent guère les rats des champs. J'ai rencontré de jeunes institutrices acharnées à se créer une situation dans le haut enseignement. Le petit nombre réussit. Les autres obtiennent un bon poste, et, de leurs années d'étude, elles gardent le goût du travail. Mais ces opiniâtres sont une élite. Je ne dirais pas à toutes : Faites comme elles ! Que de déceptions s'ensuivraient, et que d'esprits seraient faussés, de cœurs rétrécis et desséchés par ce chauffage intensif en vue des examens ! La vraie culture intellectuelle est toute autre.

Souvent aussi, j'ai recueilli cette réponse : Je suis une lectrice incorrigible et impénitente.

— Ah ! très bien ! Cela se pardonne ! Et que lisez-vous de préférence?

— Deux fois sur trois, et même deux fois et demie, il m'a été répliqué : Des romans !

— Au moins, sont-ils bons?

— Hélas ! on prend ce qui est à la mode, ou ce qu'on trouve, Une institutrice officielle m'écrivait : « Sur les rayons de notre bibliothèque populaire, j'ai vu chez les garçons, des livres qu'une collègue mariée qui me connaît bien et me sait peu scandalisable, m'a conseillé de ne pas lire. Zola était là tout entier, et bien d'autres, de même farine. Les instituteurs achètent un peu au hasard, puisque la bibliothèque est populaire et pas seulement scolaire. Et comment voulez-vous que nous autres, qui voulons tout de même occuper nos veillées utilement et agréablement, nous ne soyons pas tentées, un jour ou l'autre, par ce fruit défendu que s'obstine à nous tendre l'instituteur ? Car cette fois, c'est lui qui commence. Alors, Eve est bien un peu excusable, si elle succombe, puisqu'on ne fait rien pour l'aider à nourrir son esprit de lectures honnêtes et sérieuses. »

On commence à faire quelque chose. A Versailles, depuis le mois de novembre 1908, est installée une Bibliothèque Normale Catholique. Elle a pour but de seconder dans leurs travaux intellectuels, les institutrices et toutes les personnes qui s'intéressent à l'enseignement, en leur fournissant soit par abonnement, soit par location pour une année, les ouvrages qu'elles désirent.

Bien plus, les fondateurs et directeurs veillent à ce que des conférences soient données chaque hiver sur des sujets littéraires, historiques, scientifiques, et même sur des questions sociales, avec libre discussion (1).

Les premières conférences mensuelles, comprenant la science religieuse, la pédagogie générale, la littérature, la psychologie ont été données dans la Vienne par les soins du Syndicat de l'Enseignement libre de Poitou. Les conférences, mensuelles en 1906 et les années suivantes, sont devenues hebdomadaires en 1909.

En 1907, le Syndicat des Institutrices libres de l'Ouest créait non seulement les conférences pédagogiques, mais un cercle d'études littéraires et

---

1. Bibliothèque Normale, 5, rue Neuve, Versailles.

Administration : une Présidente, une Secrétaire, une Trésorière et des Dames conseillères. — Ce comité se réunit tous les mois. On peut travailler à la Bibliothèque Normale, qui est ouverte trois fois par semaine :

Le dimanche, de 10 h. à midi ;
Le mardi, de 4 h. à 7 h. ;
Le jeudi matin, de 9 h. à midi ;
soir, de 1 h. 1/2 à 6 h.

La Bibliothèque renferme de nombreux et sérieux ouvrages d'apologétique.

historiques pour les membres de l'enseignement libre résidant à Cognac. Dans les Deux-Sèvres, à Niort, pendant les mois d'hiver, des conférenciers traitent devant les dames du monde et les *institutrices* des sujets de littérature, d'histoire, de morale. Il serait désirable que ces conférences fussent hebdomadaires.

Le Mans, Séez, Alençon, Chartres, Amiens, Clermont-Ferrand ont aussi des conférences de pédagogie, suivies régulièrement une fois par mois.

Nous ne saurions taire Paris et Versailles, avec leurs cours, non seulement de pédagogie, mais de haute éducation intellectuelle. L'Archevêché, l'Institut catholique, le Syndicat des Institutrices privées, rue de l'Abbaye, rivalisent pour faciliter l'extension et le complément des études des institutrices.

Enfin nous signalons les cours de vacances qui réunissent pendant quinze jours, un mois, des groupes d'institutrices, de 60 à 200, suivant les centres. Véritables cours de perfectionnement et d'éducation intellectuelle.

Clermont-Ferrand, Rodez, Périgueux sont les centres les plus actifs.

L'Union des Associations de la région lyonnaise a créé à l'Ecole Normale Sainte-Marie, tous les cours nécessaires à la formation professionnelle des maîtres.

Le travail par correspondance facilite l'éducation intellectuelle de l'institutrice libre ; la Revue de Limoges, l'Ecole Française, le Syndicat de l'Enseignement libre du Poitou comptent le plus grand nombre d'élèves par correspondance. L'enseignement libre a fait des efforts admirables pour aider ses maîtres dans leur savoir professionnel, et même beaucoup plus que l'Etat en faveur des siens.

Mais ce qui manque et ce qui coûte, ce sont les livres.

Une bibliothèque pédagogique est insuffisante à l'éducation intellectuelle, et toutes les Institutrices n'habitent pas une ville universitaire pourvue d'une riche bibliothèque.

Les Prêts-Revues qui sont nés des initiatives catholiques, sont aussi d'un grand secours pour les institutrices. En maints endroits, elles se sont unies pour payer un ou plusieurs abonnements : Revue d'éducation, de pédagogie, ou autre. Un seul numéro circule d'école en école, dans un canton et au-delà. Les lectrices y gagnent de pouvoir échanger leurs idées, lorsqu'elles se revoient.

Blois, Boulogne-sur-Mer, Lyon, Poitiers ont des bibliothèques roulantes. Les livres peuvent être gardés un mois dans la ville qui possède une bibliothèque, trois mois à la campagne.

A Poitiers, 7.000 volumes sont mis en circulation. L'abonnement qui donne droit à 100 volumes par an est de 10 francs.

Voilà ce qui est fait ; mais ce n'est que l'acheminement vers la vie intellectuelle. La route est jalonnée ; il y a même, — qu'on me passe la comparaison, — des magasins de vivres pour permettre à chacun de suivre le chemin sans souffrir de la disette intellectuelle, mais encore faut-il vouloir le suivre et se sustenter.

Il ne s'agit point de bourrer son cerveau, de surmener sa mémoire, d'avaler les pages de nombreux volumes ; c'est à l'intelligence de procéder exactement comme l'estomac à un travail d'assimilation, travail d'assimilation proportionné au tempérament, à la force vitale de chaque individu.

L'institutrice rurale aura, à quelques exceptions près, une culture intellectuelle moins raffinée que l'institutrice urbaine ; mais cela ne signifie pas une culture moins saine.

« Je n'ai pas beaucoup de livres, écrivait une institutrice perdue dans un fond de campagne, alors je les relis souvent et j'y découvre sans cesse des choses nouvelles. Je ne suis pas très habile, et je ne saurais point dire quatre mots sur les romans à la mode ; mais je sais tout ce que j'enseigne à mes petites filles, je connais leur intelligence aussi bien que la mienne, je me forme en dedans pour les former à leur tour ; et quand je suis contente de moi, je suis certaine de l'être d'elles aussi. »

Des livres, des bibliothèques, des conférences, c'est très bien ! Mais ne faudrait-il pas dire aussi : Travaillez-vous par le dedans ! Cultivez-vous dans votre ligne ; ayez une idée et une méthode !

Pour l'institutrice chrétienne, cette idée, cet idéal sera avant tout chrétien. Et cet idéal, s'il est prenant, vivant, lui mettra au cœur le feu sacré de l'étude : il lui fera souhaiter d'être dans son intelligence très « romaine et catholique », pour frapper à coup sûr de la bonne marque les intelligences toutes neuves de ses élèves. Bien plus, il inspirera son mode de culture et, jusqu'à un certain point le choix de ses méthodes, car, pour paradoxal que cela paraisse, une méthode, une simple méthode peut contribuer à saper l'esprit chrétien dans une jeune âme, tout comme à le consolider. Il se rencontre des abécédaires irréligieux ou areligieux, comme il en est d'excellents. Me permet-on le récit d'un trait charmant ? Un bébé apprenait à lire : A... B... C...

Il arrive à la lettre D... Devinez quel nom elle commençait. Lentement l'enfant, du doigt suivant le contour des lettres, épelle D... i... e... u . « Oh maman, s'écrie-t-il tout joyeux, le nom du bon Dieu ! » Et il l'embrasse. Sans nul doute, dans un manuel de lecture qui aurait contenu *Dada*, *Dick*, *Domino*, *Dragée*, le petit homme aurait appris aussi bien son D ; mais le bon Dieu aurait perdu cet élan du cœur et ce baiser.

Nous écrivons pour l'Institutrice de France, pour laquelle l'idéal religieux veut être doublé d'un idéal patriotique : Elle n'a pas à faire des chrétiennes quelconques, mais des chrétiennes de *France*, et pour *la France*. Ce n'est pas quand les étrangers de l'extérieur et de l'intérieur s'emploient à tuer chez nous le culte de la patrie qu'elle peut négliger son devoir de fabricante d'âmes françaises. Et voilà pour lui indiquer le ton et la couleur de sa culture intellectuelle. Le tort et la faiblesse de beaucoup est de se répandre sur mille choses. Or, qui trop embrasse mal étreint. Rien n'oblige l'institutrice à être une Encyclopédie. Son action sera bien autrement puissante si elle se réserve et se recueille, si elle garde toujours dans ses études et ses réflexions le souci d'être et de se montrer de plus en plus chrétienne et française.

II

ENTRETIENS

Mlle Grelet

Alors, vous tissez de l'ennui et vous vous préparez à la *vie grise* d'une nouvelle année scolaire ! —

La *vie grise*, ma chère enfant ! quand elle devrait être pour vous ensoleillée comme un beau jour de printemps... La vie grise ! quand toutes les petites intelligences qui vont s'épanouir par vos soins seront brillantes et gaies comme les boutons d'or et les pâquerettes de nos prés !... La vie grise !... parce que vous la voyez à travers des lunettes noires !... Allons, un peu de courage ; sortez avec moi du brouillard, et montons sur les sommets. Nous avons besoin, et peut-être plus que d'autres, nous, les institutrices, de sortir du terre à terre, et j'ajouterai même : *nous en avons le devoir*. Or, je ne connais qu'un sommet de lumière, qu'un chemin pour y conduire : Dieu, l'étude...

Mais oui, ma chère élève, *Dieu et l'étude*, parce que nous avons des intelligences à cultiver, des petites âmes à éclairer. Or, si vous demeurez ce que vous êtes, sans chercher vous-même à grandir, sans sortir de votre ornière, si vos ailes sont toujours repliées, si vos yeux ne s'arrêtent que sur vous et sur les misères de votre vie, comment aurez-vous l'âme sereine, le cœur débordant d'amour pour vos tout petits? Comment leur apprendrez-vous à voler sur les hauteurs?

Ne sais-je pas, et mieux que vous, moi, la *vieille institutrice*, tout ce que notre profession a de pénible, et, suivant votre propre expression, de *désillusionnant*? Mais je sais aussi qu'un champ inculte fatigue celui qui le défriche, et que l'orage détruit en quelques heures la récolte prévue, et je n'ai jamais vu le laboureur s'asseoir désespéré et dire : je ne sèmerai plus.

Il faut semer, semer sans cesse; mais pour semer, le grain est nécessaire ; ce grain, réserve de récoltes précédentes fructueuses et bonnes, ce grain que le bon cultivateur choisit afin qu'il n'y ait ni mélange, ni cassure.

Ce grain, ma chère élève, cette semence de choix, vous le devinez bien, c'est votre science, cette science acquise quand vous étiez assise sur les bancs de l'école et que vous la receviez à pleine mesure. Elle a dû germer et produire, si, à votre tour, vous avez semé dans votre terrain nouvellement labouré... Vous *n'avez pas semé*, j'en suis convaincue, puisque vous vous ennuyez ; et l'herbe repousse vite dans le terrain inculte !... Mettez-vous donc tout de suite au travail ; dans quinze jours vous reviendront tous vos enfants ; qu'ils sentent, en passant le seuil de l'école, la joie du retour au foyer. L'école, *un foyer* ! c'est-à-dire *une vie*. Vous devez être la vie de votre école, vie par le travail de vous-même et en vous.

C'est dans votre cerveau, ma chère élève, que s'élaborera la substance intellectuelle à transfuser dans celui de vos écolières ; entendez bien *s'élabore*, c'est-à-dire un travail d'assimilation des matières déjà acquises par vos études et de celles que vous acquerrez journellement. Vous devez, comme l'abeille, butiner le pollen des fleurs, puis le transformer en miel doux et parfumé, nourriture de vos petites abeilles.

« Nourrir et élever un homme, écrivait Mgr Dupanloup, sera toujours la plus noble chose qu'une mère puisse faire sur la terre. » Méditez cette affirmation, ma chère élève, et demandez-vous si élever la femme qui sera la mère de cet homme n'est pas aussi une grande et noble chose.

L'isolement du cœur, l'engourdissement de l'esprit, conduisent souvent des âmes splendides sur le bord de l'abîme ; or, les lectures utiles, les études

convenables qui s'ajoutent aux occupations jour-
nalières *remplissent le vide de l'âme*.

Remplissez ce vide, je vous y aiderai de tout
mon cœur ; heureuse d'avoir encore quelque chose
à enseigner à l'une de mes filles bien-aimées.

*
* *

Refaire vos études?... non, je ne le vous demande
pas... mais les compléter, les vivifier, voilà ce qui
est désirable, et les orienter vers l'âme de vos
enfants. Il ne suffit pas de leur apprendre à lire,
écrire, compter ; il y a à les préparer pour demain ;
demain vos petites filles seront des jeunes filles,
demain elles seront des femmes. Il faut les armer
pour ce demain, en éclairant leur conscience, re-
dressant leur caractère, trempant leur volonté. Ce
n'est pas tout de faire naître à la vie physique, ce
n'est que le tiers du travail maternel ; il y a au-
dessus la naissance à la vie intellectuelle et morale,
et l'institutrice coopère à *cet au-dessus*. Or,
comment coopérer au plein épanouissement de la
vie, si vous ignorez l'art merveilleux de l'éducation?

« Un enfant vient de naître fils de l'homme et
fils de Dieu, tout dort, tout sommeille en lui », il
appartient au père et à la mère et plus tard, à
vous, l'institutrice, de développer les trésors cachés,
« de préparer l'éveil des nobles facultés qui font
une âme humaine, et de susciter dans cette âme les
actes qui élèveront sa vie à la ressemblance de la
vie divine ». Ne voyez-vous pas que pour vous
mettre à la hauteur d'une telle mission l'étude
est nécessaire?...

L'étude de l'intelligence de l'enfant, de sa

nature, de ses défauts, de ses qualités, de ses besoins, de son caractère, de son âme, de son cœur.

Quand vous aurez commencé cette étude, la *psychologie de l'enfant*, vous peuplerez votre solitude des soirs d'automne et d'hiver d'un monde de petites âmes avec lesquelles vous vivrez, parce que vous y penserez ; et alors, vous apporterez dans ce que vous nommez une *besogne fastidieuse*, parce qu'elle est toujours la même, le renouveau et la variété. Vous ne bourrerez plus des cerveaux, mais vous élèverez des intelligences ; vous *n'imposerez* plus *tyranniquement* une discipline, mais vous captiverez l'attention et dirigerez les volontés; vous aurez mis dans votre enseignement les rayons de soleil qui réchauffent et épanouissent les âmes.

Il revient sous ma plume cette belle page de Monseigneur Dupanloup, je la transcris pour vous ; méditez-la, ma chère élève, et après, abordez sans crainte et joyeusement vos *humanités*.

« Formez donc l'homme tout entier ; cultivez non pas seulement tel ou tel côté de son intelligence, mais toute son intelligence : la Raison, le bon sens d'abord, base de tout, granit, si je puis dire ainsi, de la vie humaine ; puis sculptez ce fond granitique ; mettez-y la beauté et la grâce dont Dieu a voulu que son image fût ornée : le bon goût, l'imagination, l'esprit et le sentiment ; mais donnez à toutes ces facultés un développement harmonieux, faites, en un mot, un *bon esprit*......

« Et n'en restez pas là, ce n'est pas là tout l'homme : formez, avec l'esprit, le caractère, car le caractère surtout c'est l'homme.......

« Et allez plus loin, si vous ne voulez pas laisser votre œuvre tristement inachevée ; pénétrez à une plus grande profondeur dans cette âme d'enfant, et saisissez là, au cœur même de son être, sa plus sainte puissance, sa conscience ; si vous allez jusque-là, vous mettrez le dernier trait à la grande image que vous essayez de former dans cette âme ; c'est alors seulement qu'elle arrive à la dignité de la créature, à la ressemblance divine. »

Je vous ai dit : le but fondamental de l'éducation c'est de former dans l'enfant l'esprit, le caractère, la conscience ; et quand je vous ai parlé des *humanités*, je n'ai pas voulu exprimer autre chose que *l'acquisition de la science nécessaire* à la triple éducation qui devra transformer le petit garçon en l'homme qu'il sera quand en viendra l'âge, et la petite fille en une femme. Que l'on soit institutrice dans le plus petit des villages français ou dans l'une de nos grandes villes, notre devoir éducatif est le même ; et sous le prétexte que vos élèves ne seront jamais appelées à jouer un rôle dans la société, vous n'avez pas le droit de vous soustraire à une coopération qui est le fait même de votre fonction. L'expérience m'a appris que si nous ne sommes pas d'abord notre propre éducatrice, nous n'aurons sur nos élèves aucune heureuse influence. Si vous ne savez commander à vous-même, quelle autorité exercerez-vous ?... Il faut être fort pour être doux, ferme pour être indulgent. Fort contre les ennuis, les malveillances, les contrariétés, même les fatigues physiques, toutes choses qui influent sur notre caractère si nous ne les dominons pas ; ferme dans nos pensées, nos convictions religieuses, notre conduite.

Mais en dehors des études psychologiques, il y en a d'autres qui occuperont d'une manière moins absorbante vos facultés intellectuelles, et qui vous aideront à l'acquisition de la science générale, je veux dire les *études littéraires*.

Combien de fois vous ai-je répété que l'on *n'est riche que de ce qu'on possède!* Or, la science que vous laissez dans le livre ne vous enrichit point, il faut vous l'assimiler. Quand elle sera classée, bien rangée dans votre cerveau, vous pourrez y puiser à l'aise. On ne sait jamais trop. *Pour enseigner peu il faut savoir beaucoup :* c'est un principe pédagogique que les jeunes maîtresses oublient, parce qu'elles s'imaginent que toute la science est le petit bagage des matières des brevets primaires.

Vous ferez vos études littéraires *la plume à la main* ; c'est excellent, ma chère élève, autant pour fixer dans votre esprit le meilleur de votre lecture, que pour vous apprendre à écrire sans divagation, avec précision et aussi à juger sainement.

Les meilleurs amis, quand nous savons les choisir, sont nos livres. Ils sont là toujours près de nous pour nous conseiller, nous instruire, nous distraire ; jamais ils ne nous importunent ; ils attendent patiemment que nous les visitions, nous reçoivent avec le même visage aimable. Visitons-les souvent.

Vous ne serez jamais seule, quand vous aurez dans votre chambre, sur les planchettes de votre bibliothèque, les ouvrages choisis de nos écrivains français et quelques traductions d'œuvres de littérature ancienne et étrangère. Votre bibliothèque est encore à l'état rudimentaire, il faut l'augmenter à mesure de vos besoins.

J'entends, vous le comprenez, la *littérature sérieuse*, celle qui peut vous inspirer le sentiment du beau moral et religieux.

Ne croyez pas que les *romans*, même les plus anodins, servent à votre formation littéraire, ils ne sont jamais d'une très haute envolée et à part quelques romans sociaux, (c'est un genre à la mode), ils n'ont guère d'idées profondes. Vous avez mieux à faire que de vivre dans un monde de chimères ; ce monde-là ne repose point l'esprit.

La littérature des grands siècles convient préférablement à toute autre, à votre nourriture intellectuelle.

Les écrivains comme Plutarque, Virgile, Tacite (dont nous avons les traductions), Corneille, Racine Boileau, Bossuet, Fénelon, La Bruyère, Mme de Sévigné et Mme de Maintenon vous donneront des modèles parfaits de la saine littérature ; vous sentirez dans leurs ouvrages le souffle puissant qui emportera votre âme vers les splendeurs du vrai, du beau et du bien. Que sont à côté de tels grands noms les romanciers à la mode, dont les ouvrages courent sur toutes les tables des salons des grandes dames et aussi des petites bourgeoises? et quelquefois, hélas ! sur le bureau de l'institutrice !

La fausse littérature « renverse l'harmonie des facultés humaines », puisque l'imagination et la sensibilité prédominent quand la première place appartient à la *raison*. Lu dans le calme de votre petite école, à l'heure de la veillée, laisser vagabonder votre imagination et pleurer vos yeux en lisant un roman, croyez-moi, c'est absorber le poison qui, le lendemain, vous rendra maussade et vous montrera tout en noir. Sans que vous vous en doutiez, votre goût moral se pervertira peu à peu ; et malgré vous, pendant que vous tiendrez comme en vos mains l'âme de votre petite écolière, le poison s'infiltrera et le mal naîtra tout seul.

Je n'exagère pas, notre enseignement pénètre l'enfant, il s'infiltre dans tout son être comme la sève dans les plantes et le sang dans les artères ; n'apportez donc point les théories dissolvantes des romanciers, rappelez-vous la parole de saint Paul : « Ce sont les mauvais discours et les mauvais livres qui corrompent les mœurs. »

Veillez donc à ne jamais atteindre, j'allais dire *souiller* le cœur de vos élèves par l'énervement du vôtre. Elevez toujours votre esprit en lisant ce qui est vrai, pur, grand. « L'application est la vraie force de l'âme » ; soyez donc une instututrice qui s'applique, c'est-à-dire qui étudie.

VIII

UNE ATTITUDE MORALE

Les lettres qui suivent sont, au meilleur sens du mot, éducatrices ; elles le sont deux fois, et avec une grande vérité, par la Religion et par la Profession.

La Religion d'abord rentre dans une âme qui l'avait oubliée, elle y rentre avec la paix, avec le devoir, avec le désir du dévouement...

La Profession apparaît, sous cette pure lumière, comme le champ d'expérience ouvert à ce dévouement. C'est la vie intime, la vie intérieure qui se répand et enrichit les enfants de son superflu, parce que (c'est tout l'enseignement de ces lignes), une âme qui aime Dieu ne cesse de le donner.

Une attitude morale

(Échange de lettres)

T... 27 *Novembre* 1909

MADAME,

Reconnaîtrez-vous encore la fugitive, l'ingrate qui vous revient après huit ans de silence et qui n'a pas eu un mot de merci à vous adresser pour toutes vos bontés? Je me souviens d'un enfant prodigue dont vous nous racontiez l'histoire, au temps où je me préparais près de vous à la première Communion. Son père l'a reconnu sous ses haillons et lui a ouvert ses bras ! Soyez bonne comme ce père ; je suis trop seule, trop meurtrie...

J'ai lutté contre moi-même avant de vous écrire. Je ne voulais pas d'abord, car je suis si loin de vous maintenant par les idées ; puis, je n'osais pas... Le silence me pèse trop aujourd'hui, il faut que je vous parle. Ne craignez pas que j'abuse de votre compassion ; je n'y ai plus droit, je le sais...

Depuis un an que j'ai quitté l'école normale, je suis ici, à T***. Le malheur m'y avait devancée. Dès les premiers jours, j'ai senti l'angoisse de l'isolement ; mon pauvre père, dont vous savez le triste écart, m'a attiré, de la part des inspecteurs de très graves ennuis. Les parents de mes élèves me gardent rancune, eux aussi, de sa conduite que je n'ai pu leur voiler. Il n'y a pas jusqu'à ces enfants, à qui je me suis donnée pourtant, qui ne semblent ni vous aimer, ni vous comprendre. C'est atroce ! J'ai frappé à la porte de mes collègues, les croyant expérimentées et de bon conseil ; elles m'ont blessé le cœur plus à fond, elles ont martyrisé ma piété filiale. Je les abhorre.

Toute seule, je me suis raidie, j'ai voulu lutter. Pour chercher au-dedans de moi un appui que l'on me refusait au dehors, j'ai voulu revenir aux principes qui nous ont été donnés au cours de morale. J'ai tendu les deux mains ; je les ai serrées sur le vide. Rien ! et je glisse à l'abîme.

Il me reste vous... ou, plus rien.

Vous voyez si je vous aime encore, puisque je vous dis tout cela. Aimez-moi, vous aussi, je vous en supplie, pour aider l'enfant prodigue.

IRMA B...

MA PAUVRE CHÈRE ENFANT,

E... 6 Décembre.

Oui, je vous aime, et me voilà toute prête à vous aider, à vous donner cette affection qu'on vous refuse à T***. J'attendais votre retour. Il fallait peut-être qu'il se fît par les douloureux sentiers où vous avez marché depuis un an.

Quand votre père vous retirait de chez nous, en 1900, parce que notre école cessait d'être communale, j'étais sûre que vous nous reviendriez un jour ; votre cœur m'en était le garant. C'est lui

qui vous ramène aujourd'hui ; mais il est meurtri.
Nous le guérirons, n'est-ce pas ! Non, chère enfant,
vous ne glisserez pas au fond de l'abîme. Vous
élevez les mains ; étreignez celles que je vous tends.
Nous sommes deux déjà, et Dieu est avec nous.

Ne dites pas que vous êtes « loin de moi » ;
vous-même, vous évoquez le souvenir de votre
première communion. Entre Dieu et vous, il n'y a
qu'un voile tendu, et vous croyez qu'il y a des
abîmes ; soulevez le voile, vous retrouverez votre
foi d'enfant, toute proche de vous. Essayez de
prier. C'est si facile, le soir, quand la campagne qui
fait silence se recueille et prie, quand les étoiles
scintillent par milliers dans la nuit, comme la petite
lampe de l'église de T*** sous sa voûte noire.
Ramassez ces souvenirs de votre enfance, vous
retrouverez votre âme d'alors qui était pieuse,
confiante... heureuse.

Voulez-vous redevenir heureuse? Priez. D'ici
je prie avec vous, pour vous.

Prier et agir : c'est pour vous le salut ! Croyez-
moi, le remède est là : prier et agir. Ne vous bornez
pas à prier, agissez, entendez-vous ; piétinez le
découragement qui vous envahit, et marchez
quand même. Le salut, pour vous, est dans votre
profession plus parfaitement comprise, plus pleinement exercée.

Ne restez pas seule ; écrivez-moi, sans craindre
jamais d'abuser. J'attends de vous cette preuve
d'affection. Nous avons tant de choses à nous dire
depuis huit ans !

C. Desouges

T... 8 Janvier 1910.

CHÈRE ET BONNE MAITRESSE,

MERCI ! Un gros merci qui a grandi chaque jour dans mon cœur, depuis un mois, de toute la paix recouvrée ; un gros merci que je vous donne, et que je tire de ce pauvre cœur meurtri encore, mais déjà bien consolé... par vous.

Vous devinez que j'ai prié. Je n'aurais pas cru que ce fût si facile, après un si long oubli. Mais l'âme retrouve vite la piste des chemins par lesquels elle a passé toute jeune, et dont la trace ne disparaît peut-être même jamais sous les herbes folles.

Mais j'ai peur encore, à certains moments, de m'être égarée. Vous me disiez que le salut est pour moi dans l'exercice de ma profession ; vous avouerai-je que je crains parfois de m'être trompée, j'ai l'impression d'être acculée à une impasse, et je ne vois pas d'issue.

Je vous dirai tout. Instruire pour instruire, sans rien de plus, me semble le dernier des métiers, le plus ingrat ; mais ce quelque chose de plus, l'éducation, qui m'apprendra à la donner? Je ne m'y sens pas préparée par l'école normale. J'ai regardé agir mes collègues, je les ai questionnées, elles ne m'ont rien appris.

Jeudi dernier, nous étions une dizaine, réunies pour une conférence pédagogique. A titre de débutante, je demandai des conseils. « Votre beau zèle tombera vite, m'ont dit ces demoiselles. Et vraiment, cette marmaille mérite-t-elle tant de soins et tant d'efforts ! On se fait la main peu à peu ; vous y viendrez bientôt. Vous apprendrez à obtenir une discipline extérieure suffisante pour éviter les affaires ; avec cela, vous vous ménagerez quelques succès dans les concours, en poussant deux ou trois élèves intéressantes. Que voulez-vous de plus, et qui vous en demande davantage ? »

Cette désinvolture m'a peinée. On nous avait donné d'autres leçons à l'école normale. Je me souvenais de la Directrice, personne très digne, et très grave, qui nous faisait le cours de pédagogie.

En rentrant chez moi, le soir de cette conférence, j'ai relu mes cours, pour y chercher un réconfort. Dieu ! que ces pages sont vides ! La « *solidarité* », la « *gloire posthume* », « *l'avenir de la race* »... des mots, et encore des mots, mais qui n'ont pas d'âme. J'ai relu ces lignes d'un *appel* adressé aux jeunes institutrices par une *Union des Jeunesses Enseignantes* : « Nous voulons... savoir que, dans les lointains épars, des *pensées fraternelles* répondent à la nôtre, sont animées de la même *foi*, marchent au même idéal. » Et j'ai pensé avec angoisse que, sous la sonorité des mots, il n'y avait rien. C'étaient là comme des grelots, sonores à la vérité, mais creux et vides. Quelle est cette *foi*, cet *idéal* ?...

J'en sais qui ont puisé dans ces *mots* une rare énergie, qui veulent être des éducatrices par amour de l'Humanité, et qui s'acharnent à leur besogne, et qui sont vaillantes. Je ne puis les suivre, je ne puis, quelqu'effort que je fasse, m'enthousiasmer pour une chimère que je reconnais telle, m'éprendre d'une illusion que je sais être une illusion. J'ai besoin de sentir la terre ferme sous mes pieds pour faire un pas en avant. Il n'y a qu'une certitude pour me satisfaire.

Déjà, grâce à vous, j'ai recouvré ma foi que je croyais morte. Comment utiliser cette foi pour devenir une éducatrice? Conseillez-moi, chère maîtresse, aidez-moi. Je remonte la pente où je glissais ; soutenez-moi, pour que je poursuive très haut l'effort de cette remontée.

Votre disciple docile et toute confiante,

IRMA B.

*E***, 24 Janvier 1910.*

MA CHÈRE IRMA,

Votre idéal est beau et *réel*, parce qu'il est chrétien.

Je m'explique ; mais laissez-moi d'abord vous transcrire ces quelques lignes d'un rapport présenté par Jouffroy à l'Académie des sciences morarales : « Pour que l'instituteur aime sa mission (d'éducateur), il faut qu'il la comprenne et qu'il soit chrétien; ne lui fermez pas les yeux sur sa mission, ouvrez-les-lui, au contraire. Mais ouvrez-les-lui au point de vue chrétien, le seul d'où elle puisse être comprise dans toute sa grandeur et dans toute sa sainteté, parce qu'il est le seul d'où elle puisse apparaître ce qu'elle est véritablement : *une association glorieuse à l'œuvre de Dieu, aux desseins de la Providence sur l'humanité...* »

Nous parlons d'*idéal* ; un idéal n'a de valeur que s'il correspond à une réalité élevée, et plus cette réalité est haute, plus l'idéal est grand. Sans cette correspondance, l'idéal s'appelle d'un autre nom : c'est un rêve, une chimère.

Or, quelle réalité est plus haute que Dieu, et quelle ambition plus noble que de soulever des âmes jusqu'à lui, que de s'associer, comme dit

Jouffroy, « à l'œuvre de Dieu, aux desseins de la Providence sur l'humanité » ?. Rappelez-vous le catéchisme : « Dieu nous a créés et mis au monde pour le connaître, l'aimer, le servir et obtenir par ce moyen la vie éternelle. » C'est toute la vie, c'est la destinée réservée à nos petites ; c'est la fin de l'éducation. Et je ne connais pas pour un homme d'autre moyen de s'élever que de monter à Dieu. Il n'y a de vrais grands hommes que les saints qui se sont approchés de Dieu ; les autres, ceux de l'histoire, ont tous eu leurs petitesses.

Vous me demandez le moyen d'utiliser votre foi ; le voilà : aidez vos enfants à monter vers Dieu.

Un mot encore. Avez-vous remarqué combien l'éducation exige de sacrifices ? Vos collègues incroyantes peuvent-elles les imposer à leurs élèves ? Pour moi, je leur répondrais : « L'Humanité n'a pas le droit de me demander des sacrifices. Je vaux plus que l'Humanité, car je vis, et elle n'est qu'une abstraction. Je ne lui reconnais aucun droit sur moi ; autour et à côté de moi, je ne connais que des hommes, mes égaux, mais que Dieu m'a commandé d'aimer. »

Mais le moyen d'élever des âmes ? direz-vous. Ce moyen, ce levier, c'est votre âme à vous. On pourrait définir l'institutrice : une âme qui élève des âmes. Votre cœur doit être le moule où cette pâte délicate prendra sa forme, si vous voulez.

Non, ne craignez pas d'avoir fait fausse route. L'avenir que Dieu vous réserve est magnifique. Votre action personnelle sera féconde, merveilleusement. Je fais des vœux pour vous. Demeurez très confiante ; de mon côté, je vous reste très dévouée.

C. DESOUGES

T... *7 Février* 1910.

Ma chère Maitresse,

Quelle curieuse coïncidence ! J'ai trouvé votre dernière lettre au retour d'une visite à une de mes collègues. Avant de vous remercier de vos lumières, il faut que je vous raconte un épisode de cette visite.

L'institutrice que je visitai est une consciencieuse, mais très laïque. Nous avons au moins cette préoccupation commune de vouloir élever nos enfants. Comme je lui disais le sentiment profond que je ressens de la grandeur de notre tâche, et ses difficultés, elle prit sur sa table un numéro de Revue et me le tendit en soulignant du doigt le passage suivant : « Pour soutenir à travers la vie un grand effort, une fois accepté, il faut un idéal. Choisissez-le bien élevé, pour qu'il gouverne mieux et de plus haut vos actions. Dans les moments d'épreuve, il vous soulèvera d'un puissant coup d'aile au-dessus de vous-même, et vous maintiendra au niveau des grands devoirs, des sacrifices nécessaires. » C'était signé : Gasquet, directeur de l'enseignement primaire.

Les yeux dans mes yeux, mon interlocutrice put lire mon impression : j'étais déçue. Alors elle s'essaya à me convaincre, reprenant un à un chacun de ces mots qui m'avaient laissée froide : idéal bien élevé..., grands devoirs..., sacrifices nécessaires... Elle ne faisait qu'en rendre les contours plus vagues et plus indécis. Un peu découragée de son insuccès, elle conclut avec une certaine mélancolie : « Il faut pourtant que vous le sachiez, Mademoiselle, le plus difficile n'est pas d'écrire ces belles phrases ! »

Elle se leurre, elle aussi, volontairement, pour avoir le courage de rester. J'admire sa persévérance ; je serais incapable de l'imiter, n'ayant pas d'autre appui.

Votre bonne lettre venait bien sur cette impression. La foi est une base d'action, oui, la seule qui tienne. L'idéal que vous me montrez est solide ; il me passionne. Pour lui, je saurai faire des sacrifices. Il les mérite ; il y a droit.

Mais est-ce bien vrai que mon âme, ma pauvre âme, doit être le principe élevant, la force ascendante qui enlèvera mes élèves ? Vous êtes trop bonne pour vous moquer, et pourtant, je le sens bien, je n'ai pas le ressort, je n'ai pas le moteur. On ne demande pas à une baudruche ballottante, à demi dégonflée, d'enlever une nacelle. Je suis si prompte à me déprimer moi-même, et à m'abattre ! Où trouverai-je cet excédent de force ascensionnelle qui me permettrait d'élever des âmes ?

Je renonce à deviner l'énigme. Expliquez-la moi ; ce sera peut-être le salut, puisqu'il est pour moi, — vous me l'avez écrit un jour — dans ma profession parfaitement comprise, pleinement exercée. Comme je suis heureuse, chère Maîtresse, de me remettre à votre école et de me sentir redevenue

Votre petite IRMA

E... 21 *Février* 1910.

MA « PETITE » IRMA,

De vrai, je n'avais pas eu l'intention de vous poser une énigme. Je suis heureuse pourtant que cette phrase, un peu laconique, je l'avoue, vous ait fait réfléchir ; nous nous entendrons mieux.

Finissons-en d'abord avec M. Gasquet. Déjà je vous ai parlé de la véritable signification de votre Idéal ; cela posé, je ne fais pas difficulté d'accepter sa formule. Les mots sont vides de sens, je les remplis ; ce sont pour lui de simples sonorités berceuses, j'y mets les idées élevantes que vous savez maintenant... Et vite j'en viens au sujet important de cette lettre : comment être un *principe élevant?*

Je réponds : en faisant croître la vie morale, *en vous-même — pour les autres.*

Depuis le commencement de cet échange de lettres, nous y travaillons. Le réveil de la foi était la condition première, essentielle de cet épanouissement ; et maintenant nous pouvons pousser plus avant.

Le Chancelier d'Aguesseau disait dans sa mercuriale de 1699 : « Il faut commencer par soi-même la réforme du public. » Et dernièrement encore, M. Bourget écrivait : « Il faut guérir la France d'abord en vous-même. » On peut formuler de façon analogue le devoir de l'éducatrice : « Il faut commencer par soi-même l'éducation, la formation morale — c'est tout un — de sa classe. »

Je comprends bien le précepte de d'Aguesseau et de M. Bourget : étant un élément, une unité de ce public, de ce peuple français, je commence leur réforme et leur guérison en me corrigeant moi-même. Mais ce n'est pas tout ; il y a une puissance d'entraînement, un apostolat discret, mais très efficace qui s'exerce par l'exemple. C'est le premier apostolat que doive exercer l'institutrice. Inutile, n'est-ce pas, de vous refaire un cours de pédagogie;

vous savez combien les enfants, êtres de sensibilité, sont observateurs et imitateurs.

Il y a plus, et le progrès moral, *l'éducation* de l'institutrice et de ses élèves sont autrement solidaires l'un de l'autre.

C'est d'abord qu'il faut estimer son âme, pour apprendre à d'autres à estimer la leur. Voilà un protestant, recteur de collège, à Glascow, Thomas Morrisson, qui le proclame : « Celui qui n'a pas pénétré le prix de son âme, ne saura jamais pénétrer l'enfant du prix de la sienne. » Vous voulez faire du bien à vos petites ; vous voulez former leur âme, laissez-moi vous demander : « Irma, mon enfant, estimez-vous la vôtre? Savez-vous ce qu'elle vaut ; ce qu'elle est : l'image de Dieu ; ce qu'elle a coûté : la Rédemption ; ce qu'elle représente : l'éternité. Tout cela, le savez-vous avec conviction? » Si oui, vous auriez tort de vous taxer d'incapacité, vous avez une âme d'éducatrice.

Je le sais, estimer son âme, c'est peu, si cette estime ne va pas jusqu'à provoquer l'effort; mais je tiens qu'on ne peut connaître son âme sans avoir un ardent désir de la perfectionner, de l'élever. Et ce désir fait jaillir des profondeurs de l'être une vie intense qui coule à flots dans l'intelligence, le cœur et la volonté, et de ces facultés, qu'elle a remplies, déborde et se répand de toute part. Voilà où le rayonnement de la valeur personnelle devient fécondant, où la vertu d'une seule engendre des vertus chez toutes celles qui subissent son influence.

Croyez-le bien, ma chère enfant, votre valeur d'éducatrice sera proportionnée à votre degré de vie intérieure, de vie morale. Vous avez résolu de vous donner ; augmentez chaque jour la valeur de ce don que vous faites de vous, en vous travaillant vous-même.

J'y insiste trop peut-être ; mais n'est-ce pas une preuve que j'estime beaucoup votre âme? Vous le saviez déjà ; il me plaît de le répéter, car c'est une façon de vous dire que je vous aime beaucoup, et vous veux un grand bien.

C. Desouges

E*** 2 Mars 1910.

Ma chère Irma,

Une amie me fait ce joli récit. Je le transcris pour vous ; il vous édifiera, je n'en doute pas, sur les effets d'une vie intérieure intense.

La parole est à mon amie.

« Venez nous voir », me disaient il y a quelque temps quatre institutrices dont j'avais corrigé à l'occasion les devoirs de pédagogie.

« Venez, ajoute naïvement l'aînée des quatre, nous ferons devant vous tout ce que nous faisons de plus mal, pour avoir des conseils. »

Je n'étais pas très pressée. Enfin, je me décide. A mon grand étonnement, je trouve une école presque modèle ; et, ce qui me frappa surtout, c'est le joyeux dévouement de ces institutrices, unies entre elles par une solide amitié.

La journée finie, on me fait visiter les chambres. La directrice a quatre lits d'enfants dans la sienne, ses adjointes en ont presque autant. « Ces pensionnaires doivent vous fatiguer, demandai-je?»— Non, dit simplement la directrice (elle n'a qu'un pauvre brevet de capacité, ne connaît certainement pas Kant ou Nietzche) le devoir est toujours bon. »

De sa fenêtre, les croix du cimetière se profilaient à travers les arbres. « Je fais toujours ici ma méditation, me dit-elle, et cela me rappelle mon père dont la mort fut si sainte. Loin d'avoir peur, je prends courage et si la mélancolie me prenait, c'est ici que je viendrais la guérir. »

L'amie qui me racontait cela ajoutait : « On fait involontairement des rapprochements à de certaines heures : je me rappelais une jeune fille munie de tous ses diplômes, intelligente, pleine d'avenir, l'espoir de l'Université qui, un jour, me faisait cette lourde confidence : « Je regrette ma venue au monde; que ne suis-je morte en naissant ! »

Voilà mon histoire. J'aime toujours à en raconter à mes enfants, et vous êtes, vous, mon enfant chérie.

C. DESOUGES

T... 11 *Mars* 1910

Très chère Maitresse,

Vous m'aimez, je le sais, et je me laisse aimer, parce que cette affection me fait du bien et me soutient. Eclairez-moi encore, je vous prie.

Dans une autre lettre vous disiez : « Votre puissance d'éducation sera proportionnée à votre degré de vie intérieure, de vie morale. » Je médite sans cesse cette phrase. Qu'est-ce donc que cette vie morale, cette vie intérieure? Comment en vivre? Comment la nourrir en moi?

Donnez-moi vos lumières, s'il vous plaît. Seulement, chère Maitresse, veuillez tenir compte de ma situation. Ne me proposez pas ce qui, pour moi, serait l'*impraticable* ; j'en aurais trop de chagrin.

Adieu, chère Maîtresse. La rentrée sonne et je veux être au devoir.

Toujours votre reconnaissante et affectionnée

IRMA

28 *Mars* 1910.

MA CHÈRE ENFANT,

Nous touchons au point le plus délicat, et en même temps le plus pratique, des directions que vous attendez de moi. J'ai prié beaucoup avant de vous répondre ; je vous dirai tout ce que je crois le plus vrai, ce que j'essaie moi-même de pratiquer.

La vie morale, la vraie, celle qui est un principe élevant, c'est la *vie chrétienne*, et elle seule. Je sais bien qu'on entend ailleurs autrement ces mots de « vie morale » ; mais je tiens qu'en dehors des certitudes de la foi et des ambitions surnaturelles, les plus vigoureux efforts sont les plus vains, et les plus nobles aspirations, les plus chimériques. On ne bâtit pas une grande cité sur les nuages ; il y faut une autre base.

Nous avons déjà dit tout cela.

C'est un point acquis aussi que pour *élever*, l'éducatrice doit être en haut, plus haut que ceux qu'elle élève à soi. Mais elle-même, comment gravira-t-elle les cîmes? Elle doit s'élever, se faire élever au moins, ou se laisser élever. C'est à quoi réussit merveilleusement la vie chrétienne, qui est moralement la plus belle et rationnellement la plus logique.

Joubert a écrit cette pensée : « Pour enseigner la vertu dont il est tant parlé dans Platon, il n'y a qu'un moyen : c'est d'enseigner la piété. » Il aurait mieux dit : « C'est d'être pieux. » Mais peut-être sous-entendait-il : « On n'enseigne que ce que l'on connaît, ou ce que l'on a pratiqué. » Trouvez-moi donc dans tous les manuels de morale laïque un code de vertus aussi complet, aussi solidement bâti que le catéchisme ! Y en a-t-il seulement beaucoup, de ces manuels, qui ne soient pas scandaleux ?

Et cette logique de l'enseignement moral s'explique. Son auteur est la Sagesse de Dieu ; qui donc mieux que Lui *sait* le Bien et dès lors a pu l'enseigner. Il est le Saint ; regardez, imitez. Les vertus des hommes sont la monnaie de sa sainteté.

Vous avez bien compris votre vocation, ma chère Irma ; la vie de l'éducatrice est faite de *sacrifices*, tout effort d'éducation se paye d'un sacrifice. Or, la vie chrétienne n'est pas autre chose : joies et triomphes, mais chèrement payés. Vous avez conçu votre existence comme un don perpétuel au profit des âmes ; le Christ vous avait devancée dans cette voie. Il reste votre modèle. Vous voulez exercer une influence morale ; exercez une action religieuse, une action chrétienne.

Au risque d'allonger cette lettre, je veux vous citer M. Guizot.

« Pour qu'elle soit vraiment bonne et vraiment utile, il faut que l'instruction populaire soit profondément religieuse. Et je n'entends pas seulement par là que l'enseignement religieux y doit tenir sa place et que les pratiques de la religion y doivent être observées ; un peuple n'est pas *élevé* religieusement à de si petites et de si mécaniques conditions ; il faut que l'*éducation* populaire soit donnée et reçue au sein d'une atmosphère religieuse, que les impressions et les habitudes religieuses y pénètrent de toutes parts. La religion n'est pas une étude ou un exercice auquel on assigne son lieu et son heure ; c'est une foi, une loi qui doit se faire sentir constamment et partout, et qui n'exerce qu'à ce prix, sur l'âme et sur la vie, toute sa salutaire action. C'est dire que, dans les écoles primaires, l'influence religieuse doit être habituellement présente... »

Vous êtes convaincue, et vous m'attendez à la pratique.

Ma chère enfant, je comprends les difficultés de votre situation. Pesez cet avertissement du P. Franco : « Les lois de Dieu ne ressemblent pas aux mailles d'un filet, qui cèdent et obéissent à la main qui les tire ; elles sont constantes et immuables. S'imaginer que Dieu adoucira leur sévérité, même sur un point, parce que le plus grand nombre n'est plus d'humeur à les observer, parce que l'usage l'exige, parce que le monde le commande, parce qu'autrement on s'exposerait à ses railleries, c'est un aveuglement monstrueux. »

Mes conseils seront brefs, comme des ordres d'action. Au reste, vous avez près de vous un prêtre qui vous dirigera dans les conjonctures délicates.

Portez très haut d'abord votre idéal et sachez *en vivre*. Comment cela? en élevant pratiquement vos intentions, en transformant en un apostolat spirituel, en une action vraiment chrétienne ce qui pour d'autres n'est que le métier et la corvée. Au-dehors vos actions paraîtront vulgaires, peut-être ; mais ces actions auront un âme : ce sera votre volonté souvent renouvelée de réserver à Dieu seul la gloire et le profit de vos efforts, comme faisait le Christ, l'Éducateur modèle des peuples.

Les *Commandements* : accomplissement intégral ;

Messe, communion en public, sans ostentation, loyalement : vous cacher serait donner du scandale, car on vous regarde ; fièrement aussi, sans peur... et puis, n'est-ce pas, « Qui qu'en grogne ! »

Vous ne pouvez multiplier les manifestations extérieures de votre croyance. Poussez donc la *vie intérieure*, la vie au-dedans, et soyez sans crainte, elle rayonnera malgré tout et malgré tous sur vos enfants. Les inspecteurs n'ont pas encore trouvé, que je sache, le moyen d'immuniser les pupilles de leurs écoles contre l'action du surnaturel. Travaillez donc votre volonté pour la rendre meilleure ; méditez un peu chaque jour pour vous faire des convictions et vous réchauffer le cœur... Les développements seraient infinis, les conseils de détail m'emporteraient trop loin. Lisez donc ce très bon livre qu'est *Notre Œuvre d'Educatrices* (1) ; il vous donnera ces conseils.

Je conclus cette très longue lettre. Cette vie intime, profonde et vraiment vécue avec le Christ vous mettra-t-elle à l'abri des épreuves? Non, sans doute : la vie du Christ fut un martyre ; mais elle vous rendra vaillante, ce qui vaut mieux que de vous anesthésier. Vous vous sentirez, comme tant d'autres que je connais, soutenue dans votre mission. Vous réussirez, parce que, vous étant haussée vous-même très haut, fût-ce sur un Calvaire, vous élèverez les âmes. Le rêve de votre vie sera réalisé.

A Dieu, chère enfant, *toute à Dieu*, entendez-vous ! C'est un dernier conseil, où je mets tout mon cœur.

G. DESOUGES

---

1. Beauchesne, éditeur, 117, rue de Rennes, Paris.

*T**** 19 *Avril* 1910

Chère et vénérée Maitresse,

Quel bonheur de sentir avec vous, comme vous, sur toutes ces choses si graves de notre vocation ! J'étais si loin, je le croyais du moins, et je suis si près de vous ! Merci de m'avoir reconquise à la Vérité.

Vous me citiez Guizot qui parle d'or en cette matière. J'ai trouvé un protestant anglais, Thring, qui parle comme lui : « Il y a un point dont l'évidence est enracinée au fond de mon cœur : c'est qu'il est absurde de rêver le succès d'une école de premier ordre dont le directeur n'aurait pas le droit d'exercer sur ses élèves une influence religieuse. »

Je vous ai comprise. Je vois l'Idéal ; je le veux, et j'y vais de toute mon âme. Oui ! « qui qu'en grogne » ! j'adopte cette devise, pour rugueuse qu'elle soit. On ne m'en empêchera pas ; j'irai au cœur de mes enfants, j'y prendrai le meilleur, ce par quoi elles aspirent inconsciemment à Dieu, et, pour les élever, je les orienterai vers Lui.

Il n'y a plus d'énigme dans vos paroles. J'accepte la loi de l'effort personnel, de la culture intime sans laquelle il n'y a pas d'éducatrice. Cet effort est fécond : déjà je l'ai éprouvé. Je ne sais quel instinct avertit mes enfants que, grâce à vous, je deviens un peu meilleure. Elles ont d'autres yeux pour moi ; sentent-elles aussi que, m'essayant à me sacrifier moi-même, j'ai acquis le droit de leur demander des sacrifices ? J'expérimente la *valeur sociale* de cet effort sur moi, et le succès que Dieu veut bien me donner m'est un bon réconfort.

Chère Maîtresse, ces joies, cette assurance de la fécondité de ma vie d'éducatrice, je vous les dois. Les mots manquent à ma reconnaissance. Les prières manquent moins. Puissent-elles vous obtenir de sauver beaucoup de mes collègues, qui sont ce que je serais encore sans vous, des désemparées, des impuissantes !

L'enfant que vous avez sauvée.

IRMA B.

IX

A L'ÉCOLE : TOUTE A TOUTES

L'instruction est une chose, l'éducation une autre. L'instruction, certaine instruction, se donne simultanément à tous : il n'y a pas deux manières d'apprendre l'orthographe ou le calcul ; l'éducation se fait d'un à un. Elle a besoin de conseils particuliers autant que de règles générales. C'est que les âmes sont diverses, diverses leurs infirmités, leurs capacités.

Principe lumineux qui éclaire bien l'art excellent enseigné ici par la pratique. L'institutrice se fait bien toute à toutes, comme elle l'écrit et toute à chacune. Alors, Dieu aidant, l'œuvre est parfaite.

A l'Ecole : toute à toutes

Je fus passer l'an dernier une semaine de repos forcé dans un coquet petit bourg, près d'une amie qui dirige l'école du lieu.

L'école occupe un emplacement de choix dans un quartier tranquille, et la cour de récréation descend en pente douce vers la rivière qu'on entend courir et chanter derrière le mur de clôture. Mon amie, elle, est une dévouée, une institutrice et surtout, une éducatrice modèle. La première fois que je la rencontrai, c'était à notre syndicat ; elle fit ma conquête.

On a dit de la Société de saint Vincent de Paul qu'elle était pour les jeunes gens « une amitié toute faite ». Le syndicat est un peu cela pour les jeunes institutrices ; il leur offre des amitiés toutes prêtes, qu'il suffit de saisir. J'ai saisi celle qui m'était offerte, et le temps l'a perfectionnée en mûrissant notre intimité.

Huit jours bien employés ! Savez-vous ce que j'ai appris? A faire de l'action sociale avec des fillettes de douze, onze, dix, et même neuf ans. L'Education du sens social, s'il vous plaît !

— Si jeunes?

— Oui, si jeunes !

— Alors, des œuvres?

— Non ! pas une seule œuvre ! Une simple classe, mais avec des fenêtres ouvrant sur le monde ; avec des escabeaux, pour permettre aux petites filles de se hausser à la hauteur des vitres, et, à travers, de regarder le monde, où *d'autres* travaillent et souffrent. La Maîtresse s'étudie à combattre sans répit leur égoïsme, leur paresse, leur coquetterie, leur orgueil, toute cette nichée de défauts mignons qui emprisonnent l'enfant dans l'individualisme, et l'empêchent de penser aux autres, à ce pauvre prochain qui n'a pas l'avantage d'être elle-même. Cette action-là s'adresse à chaque enfant en particulier ! influence d'âme à âme. Elle n'est sociale que par ricochet ; mais elle l'est réellement, puisque, si personne n'a poussé d'abord une enfant à *l'oubli de soi*, personne ensuite ne pourra la décider *au don de soi*, à la préoccupation d'autrui.

Elle était fort simple cette classe, le budget des écoles libres ne permettant pas beaucoup de luxe, mais tout était d'une merveilleuse propreté. Au mur blanc, que n'étoilait aucun pâté d'encre, le Crucifix pendait, un grand Crucifix à l'expression douloureuse et résignée ; une statuette de Notre-Dame de Lourdes, toute blanche et très expressive aussi, s'accrochait un peu plus bas. Alternant avec quelques tableaux scolaires, et une carte murale de la France, je remarquai de suite quelques belles gravures ; j'exprimai mon admiration un peu surprise à mon amie.

« Oui, me dit-elle, c'est un principe pour moi : il faut rendre l'école attrayante. Tout l'été il y a des fleurs sur les fenêtres ; quant à ces lithographies que vous admirez, elles ont remplacé d'insignifiants chromos qui m'avaient été légués. Le laid n'est pas un moyen d'éducation, il me déplaît, surtout quand il profane et ridiculise un sujet religieux. Si nous étions riches, nous aurions des fresques, comme à la Sorbonne ! nous sommes pauvres, il faut nous contenter de modestes gravures ; au moins qu'elles soient belles ! »

Je ne tardai pas à m'apercevoir que la principale attraction, le charme le plus vrai de cette classe, était mon amie elle-même; son sourire fascinait. C'était un enveloppement de ces âmes d'enfants par l'âme de leur maîtresse. Toujours calme, forte et douce, créant autour d'elle une atmosphère de paix, d'activité et de vie, elle était elle-même, je le sentais, sous l'influence de quelque grande idée, d'un de ces principes directeurs qui fécondent et transfigurent une vie.

Un jour je lui demandai son secret. Elle sourit et me tendit, ouvert à la première page, un petit carnet. Je lus : « Je me suis fait tout à tous pour les sauver tous. » Ces mots de l'Apôtre étaient un épigraphe. Plus bas, une date : « 1er octobre 1895 » et au-dessous, ces lignes, dont chaque mot paraissait souligné d'énergie : « Moi aussi, mon Dieu, je vous le promets à ce début de ma carrière enseignante, je m'appliquerai chaque jour à me faire *toute à toutes mes petites filles et toute à chacune*, afin de les instruire et de les former pour tous. »

Rien de plus à cette première page. Mon amie reprit son carnet en me disant : « Maintenant, vous connaissez à peu près ma vie à l'école... Me faire toute à toutes mes élèves et toute à chacune, je l'ai toujours voulu depuis que je suis institutrice. Mais c'est un art difficile ! J'ai été apprentie longtemps, je le suis peut-être encore. » Je me contentai de lui dire : « Avez-vous gardé souvenir de

cet apprentissage que vous avez fait?.. Votre
méthode pourrait-elle être utile à d'autres? » Elle
me remit son petit carnet, en me permettant d'en
faire tel usage qui me plairait.

J'ai lu ces pages, j'en ai copié de larges extraits,
on les lira plus loin. Mon amie y disait les moyens
d'être toute à toutes, c'est-à-dire, comme elle me
l'expliquait : « Non seulement d'avoir un dévouement universel, mais aussi d'avoir le souci de l'ensemble, d'avoir le sens de sa mission sociale et
religieuse, le respect et l'amour de ses obligations
professionnelles. »

*
* *

Mon amie me disait un soir : « J'accorde que
l'instruction puisse être collective ; l'éducation,
elle, doit être et ne peut qu'être individuelle. »

Je pus observer pendant toute une semaine la
façon dont elle entendait l'application de ce
principe.

La première de la classe est une fillette au front
large, à la physionomie intelligente, au regard
franc et bien éveillé qui semble vous dire : « Interrogez-moi ! » Eh bien ! oui, je vous interrogerai,
mon enfant !

— Etes-vous toujours à cette première place,
mon enfant?

— Pas toujours, Madame.

— La perdriez-vous par votre faute?

— Quelquefois, Madame... Et ici, le front large
rougit un peu, et le regard éveillé ne semble pas
dire : « Interrogez-moi. » J'insiste pourtant :
« Vous aimez votre maîtresse, n'est-ce pas, et je

suis sûre que vous lui permettrez de m'expliquer comment il se fait que vous perdiez quelquefois cette place de première... par votre faute. »

Un petit « oui » étouffé autorise mon enquête. Cette petite Jeanne, m'expliqua le soir mon amie, a moins de volonté que d'intelligence. Esprit prompt, juste et hardi aux heures d'accalmie, mais impressionnable à l'excès. Cette pauvre petite tête a ses tempêtes minuscules et ses bourrasques en miniature, mais qui suffisent à tout bouleverser : résolution, application et le reste. Un échec, une contrariété, et voilà le nuage qui se gonfle de susceptibilité, de mauvaise humeur et qui crève parfois en averses et gronde en tonnerre.

Heureusement, la maîtresse a pris un grand ascendant sur cette nature. Elle a mis tant de tact et de douceur à l'avertir, tant de patience à la supporter, que l'enfant, gagnée, n'a pu s'empêcher de lui dire un jour : « Vous m'aimez donc bien, Mademoiselle? » Depuis lors, concluait mon amie, l'éducation de Jeanne se fait. Oh ! il y faudra du temps, car la besogne est grande et les volontés ne se virilisent pas en un jour. Les défaites sont encore plus nombreuses que les victoires. Mais cela ne m'effraie pas. Jeanne se connaît, elle veut avec moi. J'espère l'amener bientôt à vouloir par elle-même, à réagir sans avoir plus besoin ni de ma parole, ni de mon regard, et j'attends ce résultat décisif de la prière. »

J'avais remarqué, en effet, avec quelle attention et quels efforts d'application cette petite Jeanne avait fait sa prière au début de la classe. Il y avait une intensité de désir singulière dans son regard tandis qu'elle priait.

Une petite tête grave et sérieuse, coiffée sobrement, mais impeccablement, et qui émerge d'un collet simple, mais très propre.

« Avez-vous observé cette petite Lucienne? me demande mon amie, sérieuse n'est-ce pas, presque trop sérieuse. D'intelligence plutôt médiocre, mais donnant sa pleine mesure, exacte, silencieuse, polie, d'une politesse pourtant un peu froide, elle fait son possible et se garde de tout écart. Lucienne a rarement besoin de sentir l'aiguillon ; elle est surtout attentive à éviter tout reproche.

— Une écolière parfaite, alors?

— Parfaite ! non pas précisément. Soyez demain à la classe de deux heures, vous en jugerez. »

A deux heures, le lendemain, j'étais au poste. La maîtresse annonce qu'elle va rendre compte des devoirs de composition française. Les physionomies prennent une expression très vive de curiosité et d'intérêt... D'abord, des observations générales, puis de bonnes idées signalées, puis de mauvaises phrases corrigées au tableau noir, puis, enfin, pour couronner la leçon, la lecture du meilleur devoir. Il paraît que cette lecture, faite par la maîtresse, est une récompense très appréciée, très enviée.

Je sus bientôt que le devoir lu n'était pas celui de Lucienne... Aux premiers mots, son visage s'assombrit, son front se plissa, elle eut un mouvement comme pour s'éloigner de sa voisine de droite, une enfant à l'air simple et modeste, qui paraissait confuse des félicitations de sa maîtresse et des applaudissements de ses compagnes. J'étais renseignée. Lucienne est orgueilleuse. L'éducatrice intervint. « Comment trouvez-vous, lui dit-elle, le devoir que je viens de lire?

— Bien, Mademoiselle.

— J'avais cru qu'il vous déplaisait... »

La petite orgueilleuse rougit, la leçon discrète de la maîtresse avait été comprise, le reproche avait porté. L'instant d'après, à l'heure de la récréation, je remarquai l'effort de Lucienne pour s'approcher de Marguerite, la petite lauréate du jour..

« Ces efforts ne me rassurent pas tout à fait, me confiait l'institutrice. Le cœur de cette enfant n'est pas à la lutte... Tenez, ajouta mon amie, et sa voix prenait un accent plus profond et plus intime — il a fallu que je m'occupe des enfants pour comprendre ce mot du Maître : « Apprenez de moi que je suis doux et humble de cœur ! »

« Le cœur humble, le cœur vide de jalousies, de rancunes, d'envie, le cœur qui se réjouit sincèrement des succès d'autrui ! qu'il est difficile à former ce cœur !

« J'ai raisonné Lucienne ; son sens droit lui fait sentir la laideur de l'orgueil. Elle a honte d'être orgueilleuse, mais, dans l'occasion, elle cédera encore à la sotte vanité. Je plains les éducatrices qui n'ont d'autre argument que l'altruisme ou la dignité humaine pour raisonner leurs élèves.

Vraiment, il n'y a que le *surnaturel* qui compte, comme moyen de réforme d'une nature défectueuse.

Dès à présent j'habitue mes enfants à l'idée de la communion fréquente. C'est là que Lucienne apprendra l'humilité et s'entraînera à estimer affectueusement son prochain.

— La communion, fis-je observer, ne supprimera pas l'action personnelle de l'éducatrice.

— Assurément, mais elle la féconcera merveilleusement. Quant à agir personnellement, j'essaye de n'y pas manquer.

« J'ai telle enfant, impérieuse, prétentieuse, qui

n'accepte de se mêler aux autres que pour les dominer. Despote pour ses compagnes, la récréation est pour elle le moment d'exercer une vraie tyrannie, heureusement éphémère. Vient-elle à perdre la direction du jeu, elle imitera le superbe isolement d'Achille se retirant sous sa tente ! En classe même, plutôt que de reconnaître un tort ou une erreur, elle s'obstinera sottement et défendra maladroitement sa cause. C'est une espèce d'orgueil qu'il faut combattre de front.

« Un type différent : cette petite, enrubannée comme une bergère de Watteau. Ce luxe de brocanteuse cache mal des dessous en guenilles. Le jugement chez elle est nul, et le courage ne vaut guère mieux ; résignée, semble-t-il, à demeurer une non-valeur, elle s'acharne à paraître ce qu'elle n'est pas. Pour chaque réprimande elle a l'excuse toute prête, souvent le mensonge ; adroite et dissimulée, elle est coutumière des tricheries en composition et des emprunts étrangers dans ses devoirs. Cette enfant est un petit masque. Il faut lutter de ruse avec elle et redoubler de surveillance pour la convaincre et la confondre.

— Espérez-vous guérir cette âme? car ici l'orgueil se complique de duplicité !

— Très sincèrement, je crois que je renoncerais à la lutte si je n'avais que les moyens humains. Les plus belles raisons n'ont pas de prise sur ces âmes sans noblesse, ni droiture. Mais la pensée de Dieu, qui perce à jour leur machiavélisme et qui en est comme le grand Justicier, les saisit. Le surnaturel, encore une fois, est ici le seul remède. »

En terminant, ce soir-là, notre causerie, mon amie avait signalé à mes observations du lendemain quelques petites qui occupaient en classe des places de second ou de troisième rang.

J'étais à mon poste d'observation quand sonna le coup de la rentrée. C'est le moment de prendre quelques instantanés.

Et vraiment, c'est un instantané qu'il faut prendre pour retenir l'image de cette petite Juliette, un vrai papillon. Cheveux au vent, de la dissipation plein les yeux, elle rejoint son rang, et c'est pur hasard, semble-t-il, qu'elle le retrouve. Assise à son banc, elle sera calme à peu près, parce que l'œil de sa maîtresse se trouve prévenir chacun des écarts qu'elle tenterait volontiers.

Mais où est donc l'esprit de cette enfant? ou plutôt, où n'est-il pas? Et que reste-t-il, au soir d'un jour de classe, au bout d'une année scolaire, de tant de choses effleurées? Mon pauvre papillon est plus vieux d'un jour, d'une année, mais son savoir, son expérience n'a pas vieilli d'une heure.

Mon amie m'avait dit, en lui appliquant la parole de Monseigneur Dupanloup : « L'âme de cette enfant est un crible ! tout y passe et rien n'y reste » et elle avait ajouté : « Jusqu'au jour où j'aurai pu saisir la conscience de cette enfant, pour l'intéresser aux vérités de la foi, je considérerai son éducation comme impossible. »

Cette autre petite est une égoïste, ou je me trompe fort. Sa démarche est affectée, elle se regarde marcher comme elle s'écoute parler ! Sa mise est recherchée et sa tenue tâche à être imposante. La tête rejetée un peu en arrière, elle a, pour regarder sa maîtresse, des petits airs entendus, du dernier ridicule, et une désinvolture insupportable dans ses rapports avec ses compagnes, qu'elle traite à la façon d'objets intéressants ou gênants.

Mon amie est sans pitié pour cette pauvre Madeleine. Chaque envahissement du pupitre de la voisine par un coude trop conquérant est aussitôt dénoncé. Tantôt, comme c'était son tour de balayage, elle fut avertie de passer à une autre le meilleur balai dont elle s'était emparée. J'avais été surprise de la promptitude de sa soumission. C'est une âme qui, sagement dirigée, s'entraîne à vaincre son égoïsme. Je souhaite bon succès à l'éducatrice.

Le coup de clochette de la rentrée surprit Odile aux prises avec une vaste tartine de confitures. C'est une enfant gâtée, trop dorlotée par une trop bonne grand'mère, un peu gourmande et portée sans doute à la sensualité.

J'ai voulu sonder cette âme. Au moment où elle passait devant moi, je l'ai prise à part pour lui demander des nouvelles de sa mère que je savais malade. Elle a rougi, puis souri en me répondant ; plusieurs fois, pendant la classe qui suivit, nos regards se sont rencontrés, et chaque fois, son visage s'est épanoui.

Cette enfant a du cœur. Mon amie fera quelque chose de cette enfant, car elle saura s'en faire aimer, et dès lors elle aura le droit de demander des sacrifices.

Je doute par contre qu'elle réussisse auprès de cette dernière petite, une pauvre enfant apathique, indolente, mais politique et fuyante, qui dose chacun de ses efforts de façon à ce qu'il en coûte le moins possible, pour atteindre une médiocrité qui défie les réprimandes. « Je ne suis pas contente de vous », lui disait sa maîtresse, en lui remettant un devoir. Les lèvres se serrèrent comme pour retenir une impertinence, pendant que les yeux, sous leur paupière immobile, semblaient dire : « Ça m'est bien égal ! »

« Il faudrait sévir, me disait mon amie, mais quelle impasse, si la punition elle-même n'éveillait pas cette âme ! Heureusement les enfants de ce caractère sont rares ! Je n'ai qu'une pauvre Germaine. Je n'ai d'ailleurs qu'une seule perle, la petite Anne-Marie. »

La première fois que j'entrai dans la classe de mon amie, j'y passai seulement quelques minutes, le temps de voir les enfants et de me laisser voir. Pendant ce court intervalle, une élève de la seconde table ne put tenir en place. Une secousse d'amitié à la chevelure de sa voisine attira une réprimande de la maîtresse. « Il faudra donc gronder tous les jours une enfant qui se prépare à la première communion? » A ce simple rappel, les paupières de la petite espiègle battirent plus vite, deux grosses larmes vinrent gonfler au bord de ses cils. « Contrition parfaite, murmura mon amie en me reconduisant ; bon propos aussi, mais peu durable. Quelle enfant que cette Anne-Marie ! » Une riche et belle nature, pensai-je.

Deux jours après, je traversais la cour à l'heure de la récréation. C'étaient des rondes joyeuses, animées, auxquelles toutes les enfants prenaient part, toutes, excepté Anne-Marie qui, un livre à la main, marchait lentement à côté d'une autre petite fille. Elles semblaient étudier. Anne-Marie expie quelque espièglerie, me dis-je, et j'allai à elle.

« Vous ne jouez donc pas?

— Non, Madame.

— Et que faites-vous donc?

— Nous étudions le catéchisme.

— Comment, Anne-Marie ne sait pas son catéchisme?

— Oh ! si, Madame !

— Alors?

— Hélène ne peut pas l'apprendre toute seule, et si elle ne le sait pas, elle ne fera pas sa première communion.

— Et vous désirez qu'Hélène fasse sa première communion?

— Oh ! oui, Madame !

— Mais, n'aimeriez-vous pas mieux jouer, mon enfant?

— J'ai joué tout à l'heure. Maintenant qu'elle est venue, j'aime mieux lui faire étudier son catéchisme. Notre Maîtresse le veut bien. »

En m'éloignant je fis en sorte de pouvoir suivre les faits et gestes d'Anne-Marie. Elle fut douce, patiente et maternelle.

Comme je communiquais mes impressions à mon amie : « En effet, me dit-elle, c'est une nature très riche et fort intéressante, que cette enfant. Turbulente, espiègle à l'excès, colère même à l'occasion, elle met souvent à une rude épreuve la patience de sa maîtresse et la longanimité de ses compagnes. Mais quelles compensations ! L'activité est excessive parfois, mais exubérante toujours, l'esprit est pénétrant, perspicace, et le cœur seconde l'esprit. Mon effort consiste à discipliner son activité ardente, à l'utiliser, surtout en faisant appel à la générosité de cette âme. Très docilement elle se laisse initier au sacrifice, au don de soi avec des vues grandes, surnaturelles.

« J'attends beaucoup de sa première communion. Son dévouement auprès de sa compagne, cette pauvre Hélène, lui méritera sans doute de grandes grâces. Savez-vous qu'elle réussit mieux que moi auprès de cette pauvre petite! Tenez, — je crois que le bon Dieu met parfois dans ma classe de ces enfants, dénués de moyens, pour nous fournir l'occasion d'exercer le zèle de nos jeunes apôtres.

— En auriez-vous plusieurs?

— J'ai encore un petit trésor caché, oh ! mais si bien, que vous ne l'avez pas découvert. Pourtant j'ai lu devant vous le devoir de Marguerite.

— Cette petite d'aspect si frêle et si timide?

— Elle-même. Observez-la, c'est une nature d'élite. »

J'ai revu Marguerite en classe, j'ai lu de ses compositions et je suis édifiée. Attentive, posant franchement ses beaux yeux clairs, dans les yeux de sa maîtresse pour y saisir les moindres nuances de la vérité enseignée, et comme pour livrer son âme aussi tout entière, âme vivante et qui frémit au contact du beau et du grand, intelligence limpide et sens droit. Telle est, au moral, cette élève d'élite.

Je l'ai suivie à la messe ; son attitude, son recueillement, m'ont fait prier mieux moi-même.

J'ai causé un peu avec elle ; cette enfant de onze ans m'a donné dans sa belle candeur, une leçon d'héroïsme et de dévouement.

« Cette fillette, disais-je ensuite à mon amie, a vraiment de la flamme au cœur. Quel bonheur ce doit être que d'affiner une âme de cette trempe !

— Quelle responsabilité aussi ! me répondit-elle, Dieu merci, je ne redoute pas les responsabilités ! Elles grandissent ceux qui les acceptent, mais l'éducatrice a de bien graves devoirs, pour lesquels elle est justiciable de Dieu et de la société.

Il en est de ces âmes d'élite comme des couvées de mésanges. Qu'une main indiscrète vienne toucher le nid, la mère abandonne ses œufs, et le nid devient un tombeau. Dieu se réserve le grand rôle dans la préparation de ces âmes de choix, et l'éducatrice qu'il prend pour auxiliaire, doit s'appliquer à ne rien froisser, à ne rien heurter surtout. La vocation se perdrait peut-être irrémédiablement.

« Il y faut une vigilance sérieuse sur soi, pour ne laisser échapper aucune de ces paroles imprudentes qui blessent à mort des âmes trop délicates. Mais ces âmes-là surtout, parce que leur mission sera plus haute, doivent être averties du monde qui les entoure, de ses misères, de ses besoins.

Il le faut. Cette éducation, si elle est faite avec sagesse, sera un nouveau stimulant pour elles. Les âmes généreuses vont avec plus d'élan au secours des plus grands maux.

— Croyez-vous donc aussi à l'opportunité de cette initiation préventive?

— Absolument. D'abord, cette révélation est inévitable et puis, mieux vaut, mille fois, qu'elle soit faite méthodiquement, sagement, que d'être laissée au terrible hasard des occasions. A quoi servirait-il à une enfant d'avoir été tenue six ans en serre chaude, si brusquement elle devait être jetée dans cette atmosphère glacée d'égoïsme, de petitesses, de jalousies qui sévit au dehors? Je craindrais beaucoup plus pour elle ce prompt changement. Je veux qu'on ne lui évite pas tout contact pénible, mais aussi que l'on redouble d'affection pour elle. Qu'elle prenne très tôt conscience de la gravité de la vie, de la beauté, mais aussi de l'austérité d'une carrière de dévouement. Ce serait la tromper inutilement et dangereusement que d'en agir autrement. Elle souffrira : soit. Mais au moins elle aura, toute prête, une consolatrice pour les chagrins d'enfant. Plus tard, elle serait peut-être trop seule... »

J'étais heureuse d'entendre exprimer ces idées par une éducatrice aussi prudente que mon amie. Cette initiation complète à ce que la vie a de plus poignant, ces horizons grands ouverts sur les misères qu'il faudra guérir demain, voilà, pensai-je, la meilleure préparation à l'action dévouée. Les œuvres et leur nécessité, le dévouement et ses sacrifices ne se comprennent pas sans cette claire vue des besoins du peuple et de ses misères.

Souvent, dans nos entretiens des derniers jours, cette préoccupation revint : Comment utiliser ces vies, chaque vie, celles surtout qui promettent plus. Et nous tombâmes d'accord que le meilleur moyen était sans doute de mettre tout son dévouement, toute son âme à se faire *toute à chacune*.

« Pour chaque enfant, disais-je, l'éducatrice doit se faire ange et mère. » Et mon amie d'ajouter : « Il faut qu'elle ait *son cœur dans ses yeux* pour surveiller avec amour, et *ses yeux dans son cœur* pour aimer avec intelligence, pour unir au zèle la perspicacité, et la prudence au dévouement. »

Toute à toutes

EXTRAITS D'UN CARNET D'INSTITUTRICE

----

28 *Septembre* 1905.

Après dix ans d'enseignement). — Élever des enfants en les instruisant ; la vocation s'est présentée jadis à moi sous cette forme. C'était très sincère, mais non moins vague. La pratique m'a fait préciser l'objet de mon dévouement. Cet objet très concret, mais, c'est ma classe, cette classe et les trente-sept petites filles dont je viens de relever les noms.

Voilà donc ma tâche de cette année ! prendre ces petites avec leurs défauts, leurs moyens et leurs ressources, et les pousser un pas plus avant vers leur but. Elles vont vers le ciel, sans doute, mais à leur façon, c'est-à-dire en passant par la route où ont marché leurs mères et leurs grand'mères. Je connais déjà les petites villes ; il me faudra *connaître* le gros village où la Providence m'envoie. Surtout il me faudra étudier chacune de mes nouvelles élèves.

Toutes les enfants se ressemblent, je retrouverai chez celles-ci quelques traits qui me rappelleront celles de Ch... ; mais toutes diffèrent aussi entre elles. Reste à savoir en quoi, et comment, pour les former en corrigeant les mauvais penchants, surtout en utilisant les ressources de chacune. C'est plus encourageant pour les enfants, et plus fécond peut-être. Quelle enfant n'a pas quelque petite vertu naissante et dont il faut aider l'épanouissement? Je m'y acharnerai.

Aussi bien, ma classe, voilà mon champ d'action. C'est ma sphère d'influence. Chacun a la sienne plus ou moins étendue, il n'importe; l'essentiel est de rayonner jusqu'au bord de sa sphère, et s'il se peut, d'éclairer encore un peu au delà.....

                                        12 *Octobre*

Chaque jour je jette la sonde. Dès à présent, je puis tirer quelques conclusions de mes observations.

La valeur de ma classe au point de vue chrétien me préoccupait surtout.

A en juger d'après les récitations de Catéchisme et d'histoire sainte, l'instruction religieuse était satisfaisante. La mémoire a été bien entraînée, hélas ! le cœur et l'intelligence l'ont été beaucoup moins ; les leçons sont peu comprises et ne sont pas goûtées. La composition d'hier m'a révélé que certaines grandes affectent du dédain pour les questions de religion. L'exemple est mauvais : les premières de classe ont, en instruction religieuse, des places trop inférieures.

Ici, au moins, on pratique. A Ch***, plusieurs enfants de l'école manquaient à la messe avec la complicité des parents. Ici, toutes sont fidèles, mais Monsieur le Curé m'a dit que cette fidélité ne se soutient pas après l'école. A Ch***, on ne comptait guère ces défections, il y avait plus de conviction. On en est loin ici : de religion, il n'y a plus qu'un léger vernis qui s'écaille bien vite et qui tombe. Les jeunes filles ne gardent pour la plupart qu'une fidélité, bien fragile encore, aux « pratiques cultuelles ». Ont-elles la foi ?

N'est-ce pas Monseigneur Mermillod qui disait : « Aujourd'hui le christianisme ne pénètre pas suffisamment les âmes. Ce n'est souvent qu'une juxtaposition entre les âmes et le christianisme. » Après quarante ans cette parole est toujours vraie en bien des endroits. Elle s'applique hélas ! ici.

Ces âmes, *juxtaposées* au christianisme par des pratiques routinières, il faut les pétrir de religion. C'est affaire à moi de donner un enseignement chrétien qui distille chaque heure un peu de surnaturel dans ces âmes prévenues. J'aime cette lutte. Dieu aidant, je me remplirai l'âme chaque jour de cet esprit chrétien que je veux insuffler à mes élèves .

20 octobre.

Il y a trois divisions dans ma classe. Trois, le nombre parfait. Hélas ! non. Ces divisions *divisent* trop, l'idéal serait de n'avoir qu'un seul cours. Cet idéal est irréalisable ici ; je réduirai donc à deux, j'aurai déjà plus de cohésion, et j'éviterai à mes élèves de grandes pertes de temps.

Je connais maintenant leur valeur intellectuelle. Ma première impression a été fâcheuse ; j'ai jugé les intelligences fermées, les esprits pesants. Les plus simples de mes questions restaient sans réponses. Faute d'exercice, le jugement est somnolent chez la plupart, la mémoire seule a été bien exercée, mais trop exclusivement. C'est une formation à reprendre en sous-œuvre. Plusieurs de ces enfants sont capables de s'intéresser à une explication, de suivre un petit raisonnement. Moins papillons qu'à F*** où j'ai débuté, elles n'ont pas la curiosité de chercher et d'approfondir de mes fillettes de Ch***. L'esprit en général est moins vigoureux, moins vif.

Mon enseignement devra se faire insinuant et stimulant. Il me faut doser et graduer les difficultés et l'effort ; me ménager, surtout au début, des occasions de féliciter et d'encourager. Au reste, un enseignement chaud et vivant réussira fort bien ici, mieux qu'ailleurs. Et c'est si facile de mettre un peu, voire beaucoup de chaleur, en traitant de la religion, de la France, et, dans les leçons d'histoire naturelle, de la nature que Dieu a faite si belle... à son image ! Je crois que je saurai *faire aimer* l'étude, ce qui est le principal moyen de l'éducateur comme de l'instituteur.

26 octobre.

Monseigneur Gerbet écrit : « Le livre du cœur renferme bien des pages, et les pages sont couvertes de caractères, les uns constants, les autres ne laissant que des traces légères ou confuses. Ils appartiennent à deux langues, parce qu'il y a deux voix dans l'homme. Toutes ces lignes se croisent, leurs limites semblent parfois se confondre vaguement, bien des pages sont surchargées de ratures. Il faut étudier avec soin un pareil livre. Si on veut le déchiffrer... »

Mais c'est toute une bibliothèque que ma classe ! Trente-sept âmes ! Trente-sept livres qu'il faut déchiffrer péniblement, obstinément. Quels sont, dans cette collection de grimoires, les caractères généraux, les traits qui affectent l'ensemble?

J'avais cru mes élèves bavardes, molles, un peu entêtées, pas trop paresseuses cependant, ni méchantes. Il faut rectifier, la mollesse est bien un trait « constant », mais d'entêtement, il n'y a qu'une « trace confuse ». Les récréations m'ont renseignée aussi : l'égoïsme est dominant, la charité presque nulle, la serviabilité, l'amabilité sont absentes. J'ai poussé plus avant. J'ai fait causer amicalement, et j'ai reçu des confidences.

En résumé tout le code d'action, pour la grande majorité de ma classe, se réduit à un paragraphe, à un article : loi du moindre effort.

Toutes réserves étant faites pour la conduite des individus, je promulgue, moi aussi, ma loi. Elle tient en un article : Sacrifice. Le progrès de l'éducation morale de mes enfants dépendra de l'exercice donné à la volonté dans le sens de l'abnégation.

16 novembre.

J'ai pensé beaucoup à l'application pratique de ce principe. J'ai prié. Au point de vue chrétien, le sacrifice est une nécessité ; je crois que c'en est une aussi au point de vue social. Lamennais a écrit : « La société humaine est fondée sur le don mutuel, ou le sacrifice de l'homme à l'homme ou de chaque homme à tous les hommes, *et le sacrifice est l'essence de toute société.* » C'est vrai, et l'école, qui travaille pour la Société, doit apprendre la pratique du sacrifice.

J'ai eu une grande joie, un succès. Mes enfants ne sont pas égoïstes, seulement l'éducation du cœur avait été négligée jusqu'ici. Le 3 de ce mois, au lendemain de la touchante procession au cimetière, j'ai demandé, pour les âmes du Purgatoire, le sacrifice d'un silence parfait. Quelle joie d'avoir été comprise ! L'effort n'a pas duré, l'habitude est trop forte. Mais une habitude contraire se fait jour. « L'habitude est vaincue par une autre habitude », dit l'Imitation. Mes chères petites se feront au sacrifice.

3 Décembre

Le silence est en progrès, au grand profit du travail. La *discipline extérieure*, la tenue laissent à désirer.

1º Quelques absences ne sont pas motivées. Les mêmes enfants qui prennent ces libertés, manquent de régularité : fréquemment elles arrivent en retard. Il y a là de la négligence.

2º) La tenue est meilleure quant à l'ordre, à la propreté, mais le maintien est nonchalant, vulgaire.

3º) La surveillante de récréations signale expressions grossières, triviales.

4º) La politesse est en progrès, les enfants se prêtent aussi plus volontiers à rendre un petit service, s'il leur est demandé. La spontanéité, l'initiative dans la complaisance, les prévenances leur sont encore étrangères. Elles y viendront.

Voilà quatre points qui seront l'objet des efforts demandés pendant ce mois, semaine par semaine. Le profit sera double : en exerçant leur attention sur ces différents articles, mes enfants corrigeront un défaut particulier et viriliseront leur volonté. « Les forces de l'âme grandissent à mesure qu'elles s'emploient. » Ozanam a raison. J'emploierai ces forces, et quand les caractères commenceront à prendre de la consistance, nous serons armés pour les grandes conquêtes.

C'est à moi de *vouloir* pour elles toutes, constamment, sans faiblesse, mais les volontés doivent me suivre, elles sont ici à l'entraînement. Plus tard, il faudra qu'elles se poussent par leurs propres moyens.

5 Janvier 1906

Une année qui commence au calendrier ; ici, l'année scolaire continue. N'importe, l'occasion est bonne pour faire le point et relever nos positions.

Où ai-je donc lu cette phrase : « La mère aujourd'hui a reculé devant le maître. Il règne. Toute la civilisation a été soumise à la loi du rudiment.

Le professeur a tout reçu ; on lui a tout confié : les corps, les âmes, la vie, l'espérance. » Certes, je ne me dérobe pas aux responsabilités, mais cette dernière phrase est pour nous faire réfléchir. Je suis donc préposée à la formation virile de ces corps, à l'éducation chrétienne de ces âmes surtout. Je puis faire épanouir, ou je puis faire étouffer la vie ; je tiens entre mes mains les destinées, l'avenir d'un village de France, d'une paroisse de la chrétienté, un peu comme le prêtre. Suis-je à la hauteur de ma mission ?

Mais je ne veux pas que la mère « recule ici devant l'institutrice ». C'est une œuvre commune que nous faisons, chacune y a sa part. Nous devons collaborer, et, pour cela, nous connaître, nous voir. C'est à moi, l'étrangère, l'auxiliaire, de faire les premiers pas ; et l'on a tant de prétextes à la campagne, pour voir les parents ! Plusieurs m'ont rendu visite à l'occasion du nouvel an ; j'irai les voir tous.

18 Avril. Vacances de Pâques.

Encore trois jours, et mes chères petites vont me revenir. Je vais les retrouver pour la plupart un peu amollies, un peu déshabituées de l'effort. Les vacances sont une cause de graves soucis pour un éducateur, il mettra bien des jours à les préparer, et plus de jours encore souvent à les réparer. Je vais, dès la rentrée, grouper les premières communiantes en un bataillon d'élite ; les autres leur emboîteront le pas.

— Il y a une lacune dans mon enseignement. Un peu bousculée au début de l'année par les préoccupations de l'installation, je n'ai pas réfléchi que mes petites fermières de demain ont besoin de connaissances spéciales. Mes enfants de Ch***, destinées pour la plupart, hélas ! à l'atelier et aux manufactures, avaient d'autres besoins.

A dire vrai, je n'ai pas perdu complètement, à ce point de vue, les six mois écoulés. Mon enseignement comprend des notions d'histoire naturelle : j'ai eu soin, en le donnant, d'être très « locale », si je puis ainsi dire, et « ménagère ». La basse-cour et la ferme avec leurs habitants, les champs avec leurs produits et leurs insectes, le petit ruisseau avec ses poissons, ses libellules et sa flore aquatique, ont agrémenté d'exemples variés et connus mes leçons de botanique et de zoologie. Il était tout naturel aussi de signaler les propriétés, les utilités des plantes qui nous passaient par les mains.

J'ai conscience d'avoir préparé un peu aussi mes futures ménagères par les cours d'hygiène, surtout par mes leçons pratiques et mes exigences en matière de propreté.

Reste l'enseignement de l'économie ménagère et rurale. Je vais y pourvoir, Dieu merci, sans bouleverser mon programme. Ma préparation de classe y suffira ; une dictée, une rédaction, une leçon de choses, une lecture, me donneront l'occasion d'initier mes enfants aux connaissances pratiques dont elles ont besoin.

Et pourquoi ne profiterais-je pas de la belle saison pour organiser le jeudi, sous forme de promenades amicales réservées aux plus studieuses, un enseignement extra-scolaire?.. Il y aurait cet autre avantage de rapprocher de leur maîtresse, en dehors de la classe, les meilleures élèves. Ce pourrait être le principe du groupement post-scolaire que je rêve d'organiser un jour.

4 Mai.

Il y a plus et mieux à faire qu'à préparer des bonnes ménagères. Ces enfants sont destinées à devenir des mères, c'est-à-dire à être les premières éducatrices de toute une génération. Napoléon disait : « L'éducation d'un homme commence vingt ans avant sa naissance, par l'éducation de sa mère. » Je travaille pour ceux qui seront des hommes dans quarante ans ! Je dormirai, oubliée, dans quelque pauvre cimetière, quand cette génération d'hommes entrera en scène ; si elle est vaillante et chrétienne, c'est un peu à moi qu'elle le devra. Que c'est beau... que c'est bon !

Saint Augustin, se souvenant sans doute de sa mère, a dit : « Donnez-moi d'autres mères, et je vous donnerai un autre monde.! » Je travaillerai à faire des mères meilleures, pour que le monde soit meilleur ; dévouées, croyantes, afin que leurs enfants soient des dévoués et des croyants.

6 Juillet.

J'ai lu ce soir dans le coin d'un journal ce trait d'une institutrice. Je le glisse dans mes notes, parce qu'il me rappelle plusieurs petites leçons de ce genre qu'il m'est arrivé de donner à mes élèves. Donc, le système est bon, puisqu'il est employé par d'autres, et avec profit. Cela me rassure et m'encourage.

Extrait d'une lettre d'une institutrice :

« Il est 3 h. 1/2. Mes petits diables sont très sages, ce qui me permet de faire bien vite le modèle au tableau. Je dessine un verre à pied,

« Du fond de la classe une voix s'élève :

— Moi, je sais ce que c'est : c'est pour boire de l'absinthe...

« Je me retourne stupéfaite :

— De l'absinthe?

— Oui, Mademoiselle... de l'absinthe. »

« Et devant mon air étonné, ces pauvres petites de sept ans, ravies de m'expliquer une chose que je parais ignorer complètement, me donnent les détails les plus inattendus :

— Le dimanche, on en boit dans le verre à papa!

— On aime ça, c'est bon !

« Et alors, bien que ce soit l'heure du dessin, je leur fais une leçon de morale qui les attendrit beaucoup, et tout mon petit monde me promet de ne jamais boire le vilain poison « quand on sera grande ».

1er *Août*.

« Il faut du temps pour faire venir le blé ; il ne faut qu'une étincelle pour brûler une moisson ! » Cette pensée m'est revenue ce soir en considérant ma classe.

La moisson a grandi, est mûre presque. J'ai peur de l'étincelle durant ces derniers jours de classe. Les vacances qui approchent, la température qui pèse, autant de menaces d'orage ; il y a de la dissipation dans l'air... Veiller, et prier...

15 *Septembre*.

Une colonie de vacances s'est établie au commencement du mois dans un village voisin. Les

« colons » ont fait plusieurs excursions de ce côté. Aussitôt l'envie est venue à mes petites de les imiter et d'aller par les chemins en bandes joyeuses. Je me suis prêtée de bon cœur au désir qu'elles m'ont exprimé. C'est un moyen de les mieux connaître, et de continuer l'œuvre de l'école.

30 Avril 1907.

Le *prêt-de-livres* du Syndicat m'envoie le nouveau volume de M. Brunetière : *Questions actuelles*. Il y a là un chapitre sur l'*Education et l'Instruction*. J'y relève cette page :

« Comment nous y prendrons-nous pour rendre une âme à l'école? » Imiterons-nous un haut fonctionnaire de l'Instruction publique? C'est très sérieusement qu'il proposait l'année dernière (l'article est de 1895) à une assemblée réunie tout exprès, de chercher avec lui sous quel pseudonyme on pourrait réintroduire « le nommé Dieu » dans les écoles, et, comme il craignait sans doute que quelque conseiller municipal ou quelque député n'éventât l'artifice, il demandait que ce pseudonyme assez transparent pour les parents ne le fût pas assez pour Camille Pelletan ou Lévy. La discussion fut longue : les plus timides hasardèrent l'*Idéal* ou l'*Au-delà* ; de plus hardis ou de plus naïfs proposèrent *le Père*, et finalement on se sépara sans avoir rien décidé !.. Je crois rêver moi-même en écrivant ces choses, et nous préserve l'*Idéal* ou l'*Au-delà* d'un semblable remède ! C'est par la grande porte qu'il faut que Dieu entre dans les écoles, et si quelqu'un croit aujourd'hui ne pouvoir plus s'en passer, il faut qu'il nous le dise et qu'on le sache ! » pp. 79-80

Grâce au ciel, Dieu a toujours été chez lui dans

cette école. C'est ma raison d'être ici. Mais il faut qu'il règne sur toutes à la fois et sur chacune : Cette classe est son domaine ; chaque enfant est sa créature ; et c'est à moi d'établir ici l'ordre qu'Il veut et de conduire chaque âme au but qu'Il lui a marqué. Voilà pourquoi je dois m'obstiner à discipliner ma classe : Dieu n'opère pas au milieu de l'anarchie ; voilà pourquoi je dois étudier avec respect l'âme de chaque enfant, la suivre, la soutenir pas à pas. Dieu a fait pour lui-même ces âmes. Il me les prête pour que je les cultive. Elles doivent fleurir pour lui seul.

UNE INSTITUTRICE.

X

AU LENDEMAIN DE L'ÉCOLE

Au lendemain de l'école, l'éducation commence, ou mieux, elle recommence sous une forme nouvelle. C'est que la vie apporte .de nouveaux spectacles. Une jeune fille les interroge, curieuse d'apprendre ce que les livres ne lui ont pas enseigné ; elle demande à son ancienne institutrice de reprendre « ses classes » sous forme de lettres, afin de dissiper ses ignorances et de mieux comprendre ses devoirs. C'est l'œuvre postscolaire sous un aspect aimable et pratique ; c'est une nouvelle invitation adressée à tant de jeunes chrétiennes qui accompliraient mieux le devoir social, si elles le voyaient mieux.

Au lendemain de l'Ecole

*Initiation d'une jeune fille au mouvement et à l'action
sociale par son ancienne Directrice.*

CHARLOTTE DUVERGER A Melle DEVIGNE

Le Val, 19 Août 1910.

BIEN CHÈRE DEMOISELLE,

Il est donc convenu que mon éducation est finie.
Tout le monde le dit autour de moi. Comment ne
serais-je pas de l'avis de tout le monde? Il est
certain, très chère amie, (je le dis uniquement pour
louer l'ouvrière sans me complaire dans son œuvre)
que vous avez bien fait les choses. Religion, Littérature, Histoire, Mathématiques et, grâce à nos
voyages, teinture d'anglais et d'italien, ma tête
contient à peu près tout ce que peut contenir une
cervelle de dix-huit ans placée sur mes épaules.

Les tantes, les cousines, les cousins, le cousin
Albert — vous savez qu'il y a quelque part un
cousin Albert — me font des compliments. Mon
père lui-même, malgré la réserve habituelle de son
affection si profonde, y joint les siens. On est
content de votre œuvre. C'est par vous que je suis
ce que je suis, et je vous renvoie ces louanges bien-

veillantes. Vous m'avez reçue toute petite encore, à la mort de ma bonne mère que j'ai si peu connue. Vos soins incessants ont formé mon esprit et mon cœur, avec une délicatesse que j'admire plus encore depuis que j'en suis privée.

Cependant, très chère demoiselle, votre œuvre est loin d'être un chef-d'œuvre. Outre que la matière n'y prêtait pas, je ne me sens pas finie. Oh ! je sais bien que je ne le serai jamais ; il restera toujours beaucoup à apprendre. La science est longue, dit le proverbe, et la vie est courte. Mais je ne parle pas de cette sorte d'achèvement que donne l'étude ; au surplus, je ne tiens ni à être ni à paraître savante.

Il me manque tout de même un je ne sais quoi. Comment vous exprimer ce défaut, que je ressens plus que je ne le connais? Il me semble que je ne suis pas assez de mon temps, que j'en ignore les misères, les besoins, les aspirations. Ce serait peu, si cette ignorance me rendait simplement sotte, mais elle me rend inutile.

On parle devant moi d'une foule de choses, on agite des questions que je ne comprends pas et que je devrais comprendre. Ainsi, une grève a éclaté dans notre voisinage la semaine dernière. Les ouvriers de M. Rochefer réclamaient le renvoi d'un contre-maître. Comme on n'a pas admis leur demande, ils ont quitté leurs métiers. Plusieurs n'ont aucune avance, c'est la misère pour eux et pour leur famille. Quelques-uns se sont présentés à la maison pour demander du pain. Devais-je accorder ou refuser cette aumône? Les avis sont fort partagés autour de moi à l'occasion de ces incidents. Nous avions hier quelques personnes à dîner. Madame de Monroi, fort animée, disait que la République était la cause de ce malheur, parce qu'elle brouillait toutes les têtes. Il paraîtrait que, sous le règne de Philippe VIII, les difficultés cesseraient d'elles-mêmes. M. Lefort conseillait vivement à M. Rochefer de ne pas céder. Il est, disait-il, ou il n'est pas maître de son usine. S'il est maître, il n'a de comptes à rendre à personne. — Mais les ouvriers aussi sont libres de le quitter, observa M. Blanchemain, et dans ce cas, c'est la ruine, la ruine pour tout le monde. La discussion continua, un peu confuse. M. le Curé n'y prenait part qu'avec beaucoup de réserve. Il est très bien, fort pieux, mais encore jeune, installé depuis votre départ, peut-être timide, peut-être aussi peu désireux d'exprimer ses idées et de formuler un avis.

Sur la prière de ces Messieurs, il exprima l'opinion que le mieux serait de constituer un syndicat... À ce mot la plupart des convives se récrièrent. Mais c'est la guerre, disait l'un. Oui, ajoutait l'autre, la révolution à l'usine, l'abdication du patron. Non pas, répondit M. le Curé, mais sans insister, en homme peu désireux de soulever une polémique. On se leva de table sans avoir rien approfondi. Ces Messieurs vidaient plus facilement une coupe de champagne qu'une question un peu épineuse.

Je suis restée rêveuse. Ces mots de grève, de syndicat, bien d'autres du même genre qui occupent de plus en plus la conversation, me mettent en présence d'un monde inconnu. Il y a sans doute beaucoup de tristesses, de douleurs ; puis-je les soulager — et comment? Ces grands problèmes ne passent-ils pas fort au-dessus de ma tête? C'est là-dessus que je voudrais vous consulter. Oh ! comme je le ferais volontiers en de longues conversations. Vous achèveriez la pensée que j'ose à peine exprimer, parce que je ne sais pas la préciser. Par lettres, c'est difficile, mais votre bienveillance m'aidera. Dites-moi que vous consentez à prolonger vos leçons, et soyez assurée, chère Mademoiselle, de ma reconnaissance qui grandira encore, ce que je croyais impossible...

Melle DEVIGNE A CHARLOTTE·DUVERGER

Votre lettre, ma chère Charlotte, ne me surprend pas, je puis même dire que je la prévoyais. Depuis longtemps je voyais lentement se former dans votre cœur les questions qui se posent aujourd'hui sur vos lèvres. Pour plusieurs motifs, j'ai préféré attendre leur éclosion. Je l'ai attendue avec confiance pour trois raisons. Vous êtes chrétienne, vous êtes sincère, vous êtes curieuse. Voilà un sermon, me direz-vous, un sermon en trois points. Non, ma chère enfant, ce n'est pas un sermon, ce n'est pas un compliment, ce sont quelques conseils, ceux que vous attendiez de ma vieille affection.

Vous êtes chrétienne. Donc, sous la lumière de notre foi, vous découvrez tout de suite les conséquences de grandes vérités qui vous rendront sociale. Vous savez que Dieu, notre Père commun, ne vous a pas donné vos biens — ce que tout le monde appelle vos biens — mais qu'il vous les a prêtés, moins pour votre utilité que pour l'utilité du prochain. Vous savez que vous serez interrogée — minutieusement — sur l'emploi de votre temps, de votre intelligence, de votre fortune. Vous savez que Notre-Seigneur regarde comme donné à Lui ce que vous donnez à votre frère, comme refusé à Lui ce que vous refusez à votre frère. Vous savez que les plus riches, les plus influents sont aussi les plus responsables. Oui, vous savez ces choses, ma chère enfant, mais laissez-moi vous dire que vous ne les savez pas assez. Le monde est là pour vous faire oublier par ses frivolités ces grandes pensées que nous connaissons si peu. Ici cependant vous avez la première réponse aux questions que vous m'avez posées. Tenez bien ces premiers principes, ces principes évidents, et déjà vous serez sociale, plus que beaucoup de sociaux qui ont oublié les leçons de leur catéchisme.

Vous avez, en germe du moins, une seconde qualité que j'estime bien précieuse : la sincérité. Peuh ! faites-vous, le mérite est vulgaire ! Pas si vulgaire, peut-être. Beaucoup de personnes se piquent de ne jamais mentir au prochain, qui ne cessent de se tromper elles-mêmes. Elles ne vont jamais au fond des choses ; elles se prononcent sur des apparences, elles décident avec impétuosité de jugement sur des choses complexes, délicates, dont elles ignorent le premier mot. N'est-ce point une sorte d'improbité?

Avant de condamner un pauvre, un ouvrier, un patron, avant même de décréter qu'une institution est mauvaise, qu'une mesure est révolutionnaire, attendez, examinez, interrogez les hommes compétents, interrogez-en plusieurs. Comme l'on dit, toutes les cloches n'ont pas le même son.

Vous consulterez volontiers, si vous êtes curieuse. Vous ne m'objecterez pas, en vous souvenant que je l'ai combattu chez vous, que la curiosité est un vilain défaut. Il y a curiosité et curiosité, celle des choses défendues que nous n'avons pas le besoin ou même le droit de connaître, et la curiosité des choses bonnes, utiles. Celle-ci est permise, conseillée. Comme il serait bon de ravir aux saints le secret de la sainteté, ou, dans un ordre différent, à la nature, à ses éléments, le secret de leurs énergies ! Vous le voyez, avec cette même chose, selon qu'on la tourne en bien ou en mal, on fait des âmes indiscrètes, on fait des âmes supérieures.

Prenez l'habitude de vous renseigner sur ce qu'il vous est bon de savoir. Rien de plus simple, suivez le mouvement de la vie. Commencez par chez vous, puisque déjà vous avez à gouverner une maison. Ne commandez rien sans savoir ce que demandera de peine et de travail la chose que vous aurez commandée. Le soir d'un dîner, d'une réception, sachez à quelle heure vos gens se couchent. Je ne vous conseille pas de payer immédiatement à un marchand le prix qu'il réclame d'un objet. Vous seriez trompée plus d'une fois par un commerçant peu scrupuleux. Mais ne vous récriez pas tout de suite, en disant que ce prix est exorbitant. En êtes-vous certaine? Si vous doutez, ne vous exposez pas à commettre une sorte d'injustice qui retombera en définitive sur l'ouvrier.

Vous visitez quelquefois les pauvres, dans la compagnie de votre tante Pauline, très bonne, très dévouée, mais peut-être trop occupée de l'aumône actuelle et ne prévoyant pas assez l'avenir. Elle nourrit la misère, elle ne la guérit pas. Vous souvenez-vous de cette petite Adolphine dont vous m'avez exposé la triste situation ? Son père aveugle l'emploie à mendier, elle tend la sébile pendant que l'infirme touche son accordéon. Mauvais métier pour cette jeunesse. Le plus urgent est de la tirer de ce désœuvrement et de ce péril.

Voulez-vous mieux vous instruire? Profitez de l'instruction de vos amies. Etudiez avec Claire, Alice, Denise, Hélène, vos cousines et vos voisines. Pourquoi ne pas fonder avec elles, sans en prendre

le nom, s'il effarouche, un Cercle d'études? Je ne
vous tracerai pas un programme, mais je vous indi-
querai un sujet ou deux. A la campagne, où vous
êtes souvent réunies, demandez-vous quelle est la
vie des petits bergers que les gros cultivateurs
envoient garder leurs troupeaux, sur la montagne.
Invitez les jeunes filles engagées comme servantes
dans les fermes à vous raconter leur histoire.
Quelquefois aussi, l'occasion s'en offrant, interrogez
un moissonneur qui s'en revient chez lui, la moisson
faite. Sachez de ce brave homme, quand il cause
volontiers, s'il a laissé une famille au pays, s'il en a
des nouvelles, combien il leur rapporte. Que
d'autres questions intéressantes, sur le repos domi-
nical par exemple, sur la vie de famille, l'épargne,
le crédit, sur la santé et sur la maladie !.. je m'arrête
me contentant de vous ouvrir une porte et de vous
dire : entrez.

Le profit de cette étude, ma chère Charlotte, sera
de vous rendre plus humaine, plus attentive à la vie
de ceux que la Providence a placés autour de vous.
S'intéresser aux autres, c'est sortir de l'égoïsme,
c'est tracer des chemins à la divine charité, diriger
la pitié. Vous vous plaignez affectueusement que
votre éducation ne soit pas finie. Une éducation
n'est jamais finie, toujours nous avons à apprendre,
à nous former et à nous réformer, mais je vous ai
proposé un excellent moyen de travailler à votre
achèvement. Mes modestes conseils vous sont
acquis à l'avance. Interrogez-moi, je vous répondrai. Je suis trop heureuse de m'associer à
toutes vos pensées.

Votre affectionnée...

Charlotte Duverger a Mᵉˡˡᵉ Devigne.

Le Val 15 Septembre 1910.

Chère Mademoiselle,

Vous connaissez Isidore. Le pauvre homme s'est blessé à la jambe en abattant un arbre, il avait mal pris ses mesures et une grosse branche est tombée sur lui. La blessure n'est pas mortelle, mais elle le condamne à une longue immobilité. En outre, il n'avait personne pour le soigner ; sa femme est morte l'année dernière ; de ses deux filles, l'une a quitté le pays, elle a trouvé à Paris une place de servante ; l'autre est restée à la maison, mais elle ne sait rien faire. On n'a pas idée d'une pareille ignorance et d'une pareille incurie. Toute la maison est dans le plus grand désordre et par suite, dans une profonde misère. Il n'y a rien nulle part. Pas de chèvre, pas de porc, pas même une poule ou un lapin. Dans les armoires, quelques hardes, quelques chiffons, aucune provision dans la cave. Tellement on vivait au jour le jour du salaire de chaque jour sans épargne, mais non sans s'endetter!

Que faire? Prendre à notre charge Isidore, sa fille, leur maison? Nous ne le pouvons pas. Le pourrions-nous, je ne sais si nous le devrions. Le délabrement reparaîtrait bientôt dans la maison restaurée, nos voisins seraient aussi misérables, à moins de leur constituer des rentes perpétuelles, à moins de mettre un domestique ou une femme de chambre à leur service. Et encore? Y a-t-il donc une pauvreté incurable?

J'ai fait l'essentiel. Avec la permission de mon

père, Justine, notre nouvelle lingère, vient chaque jour panser Isidore et lui apporter quelques reliefs du dîner. Il le faut bien; autrement ces pauvres gens mourraient de misère. En les aidant, j'accomplis mon devoir sans espérer aucune récompense. Le blessé, et sa fille plus encore, trouvent que nous agissons chichement. Mon malade sera guéri de sa reconnaissance plus vite que de sa maladie.

Ces pensées m'assombrissent. Je prends le mot à la lettre ; je ne suis pas découragée, mais j'hésite. On voulait faire le bien, on croyait que c'est chose facile et l'on se heurte à mille difficultés. Certainement je n'espérais aucun profit personnel de notre estropié, mais je suis désolée de le voir mécontent et ingrat.

Ici encore, chère Demoiselle, vous m'éclairerez par vos bons conseils. Soyez certaine qu'ils ne seront point perdus. J'ai lu et relu votre dernière lettre, afin de n'en pas perdre une seule syllabe. Je veux rester votre élève et quelque chose de plus que votre élève, votre amie et votre enfant.

Mᵉˡˡᵉ DEVIGNE A CHARLOTTE DUVERGER

Votre dernière lettre, ma bonne Charlotte, n'est pas très longue, mais à propos d'un incident assez commun, elle ouvre la carrière à de longues pensées. Si vous le voulez, philosophons, mais en chrétiennes.

Une première recommandation : Soyez bonne. Une seconde recommandation : Soyez bonne. J'en ajouterais volontiers une troisième et une quatrième, mais ce serait la même. C'est que la bonté est tellement nécessaire ! Nous avons lu ensemble dans Bossuet qu'elle fait le fond de la grandeur, Dieu l'ayant déposée dans les entrailles de ceux qu'il veut faire grands. Très souvent aussi elle est une des formes de la justice. Elle défend de juger et condamner, elle conseille d'excuser et de pardonner.

Appliquons ces principes à propos de l'histoire d'Isidore. Il est malheureux et facilement aigri ; son bonheur s'en est allé avec sa femme qu'il a mise en terre après dix ans de mariage. Elle lui laissait deux filles. Leur éducation n'était pas facile à faire, pour un pauvre homme de son état et tout le jour dans la forêt. L'école ne lui a pas été fort utile. Depuis le départ de nos bonnes religieuses, elle a été confiée à une laïque qui fait de nos jeunes paysannes, au lieu de bonnes ménagères et de bonnes chrétiennes, de petites demoiselles manquées.

Voulez-vous remonter à la cause d'une telle situation? Elle est double selon moi : l'une concerne la fille, l'autre le père.

La jeune fille — on pourrait dire les jeunes filles — n'ont pas été élevées. Elles savent peut-être ce dont elles n'ont guère besoin, elles ne savent pas ce qui leur serait nécessaire. Des deux sœurs, l'une s'est fatiguée bien vite, elle est partie. Elle se dit « bonne à tout faire », c'est-à-dire, trop souvent, incapable de rien faire. Quel sera son avenir? on tremble en y songeant. La plus jeune est restée, mais elle se sent incapable, inutile. Tout porte à croire qu'elle suivra l'exemple de son aînée, si vous ne prévenez ce malheur. Comment ? la Providence vous en fournit peut-être le moyen. Elle vous envoie une élève. Oui, ma chère Charlotte. Pourquoi ne pas recommencer l'éducation de cette pauvre fille? Vous ne lui apprendrez ni à lire ni à écrire. Vous lui apprendrez, près du lit de son père, à préparer une infusion, à faire un pansement, à plier le linge ; ce sera le très modeste commencement d'un cours d'enseignement ménager. Attirée par la curiosité, une voisine viendra peut-être. Qui sait si les deux ne seront pas trois bientôt? Le modeste programme de vos leçons est tout tracé. Vous enseignerez ce qui vous a été enseigné à vous-même. Aussi vous l'apprendrez vous-même et d'une manière plus parfaite. Au besoin, pour vous aider dans votre noviciat, vous aurez les avis des gens de la maison. Vous avez couturière, lingère, cuisinière, sans compter le vieux jardinier. C'est plus qu'il n'en faut pour donner quelques leçons élémentaires.

Une besogne plus difficile serait de rendre à Isidore, avec la santé, un peu de pain, de bien-être, de religion. Aucune aumône purement matérielle n'y suffirait ; c'est entre les mains d'Isidore qu'il faudrait mettre l'outil de son bonheur. Dans sa pauvre maison, dans son chétif enclos, je vois comme un coin « de la terre qui meurt », ce beau livre de René Bazin que nous avons lu ensemble, mais d'où s'exhale une infinie tristesse. Je vois bien un moyen, mais est-il à votre disposition? Ce serait d'attacher Isidore au sol et au foyer, de le rendre propriétaire de sa maison et de son jardin. Je referai à son occasion le rêve de Perrette, lequel n'est point tant chimérique. Il suffirait d'une caisse rurale. M. de Bizemont a raconté les merveilles qu'elle opère en ouvrant le crédit, en sollicitant l'épargne, en éveillant, même chez les plus frustes, des sentiments d'honneur, de responsabilité. Votre voisin, qui, après tout, est un ouvrier honnête et courageux, s'il était client de la caisse rurale, contracterait un emprunt qui le rendrait plus riche en lui remettant les instruments de son mieux-être, il achèterait pour peu de chose sa maisonnette, bientôt il l'agrandirait et l'embellirait, la basse-cour serait peuplée, il y aurait place pour une chèvre et un porc. Voilà du lard pour l'hiver et un peu de lait pour chaque jour.

Cela est fort beau, me direz-vous, mais comment arriver à fonder une caisse rurale? comment en expliquer le fonctionnement? lui susciter prêteurs et emprunteurs? Je n'y puis rien !

Prenez garde, ma chère Charlotte, époussetez bien ces dernières paroles ; elles sont couvertes au moins par un peu de poussière d'égoïsme et d'orgueil. L'égoïsme se replie en disant : je ne puis rien, tandis que l'on peut toujours quelque chose ; l'orgueil de même, parce qu'il aime à paraître et ne va pas là où il serait au second rang. Or, ce serait le vôtre ici. Ce que vous ne pouvez pas faire, vous aiderez à le faire. Cette idée d'une caisse rurale que vous êtes incapable de fonder, vous la suggéreriez à un autre, par exemple à Monsieur votre père. M. le Curé pressenti vous aiderait par l'autorité de ses conseils. Plusieurs ne vous refuseraient pas leur concours. Oh ! quel bien nous ferions au cours de notre frêle existence, nous qui sommes si peu, rien qu'en donnant de bonnes paroles ! Il y a dans beaucoup d'âmes un trésor qui ne demande qu'à se répandre. Le tout est de l'ouvrir et de trouver la clef. Comme il ferait beaucoup, celui qui ne ferait jamais rien, qu'on n'entendrait pas, qu'on ne verrait pas, dont on ne parlerait pas, mais qui toujours aiderait à faire ! La belle place ! ma bonne Charlotte ; elle est toujours libre, on n'y est ni gêné ni gênant. Point d'argent à dépenser, ce qui est fort appréciable quand on n'a pas d'argent, pas de responsabilité à porter, ce qui est très avantageux lorsque nos épaules sont faibles. Et encore, si nous avons récolté quelque mérite pour le ciel, la vanité n'y trouve rien à piller. Prenez cette place, ma chère Charlotte, vous la trouverez si bonne que vous voudrez y rester. Mon affection ne vous en souhaite pas de meilleure.

CHARLOTTE DUVERGER A Melle DEVIGNE

Grande nouvelle, très grosse pour le Val et nos vacances. Mon oncle l'abbé nous arrive de N... avec trente petits citadins, choisis dans son patronage. Ils passeront trois semaines au Val, assez, dit mon oncle pour se faire des muscles, des joues, de la santé, du bonheur et même de la piété. On fait aussi la classe, une classe particulière dont mon cher parent me transmet le programme, sous ce titre : les leçons de la colonie. Je transcris :

Quelles leçons ? Celles qu'on ne lit pas dans les livres, celles que ne donnent pas toutes les écoles.

On y apprend un peu d'hygiène et de propreté, les soins que réclame l'ordre ou la décence du lit, des vêtements.

On y apprend les égards mutuels, la politesse, l'oubli de soi pour penser aux autres, à préférer leur plaisir à son plaisir.

On y apprend, chose devenue rare, paraît-il, à s'amuser honnêtement par ces grands jeux qui plaisaient tant à nos pères, où les membres acquièrent la souplesse et la vigueur.

On y apprend à lire dans le grand livre de la nature que la ville ne sait ouvrir que d'une main hâtive et maladroite. L'épi, la fourmi, le brin d'herbe, les infiniment grands, les infiniments petits y racontent leur histoire.

On y apprend un peu d'art, de littérature, de poésie, de musique. Souvent la colonie avant son

départ, donne une fête rustique au village qui l'a
reçue. Chants, saynètes, dialogues, exercices de
gymnastique se succèdent. Souvent des rires,
parfois des larmes où les âmes se rafraîchissent
mieux encore. Combien préfèrent à un bon mot qui
ouvre les bouches, un grand mot qui ouvre les
cœurs !

On y apprend une science merveilleuse, le matin
dans le recueillement de l'église, le soir dans la
prière avant le sommeil. On apprend à voir Dieu,
à lui parler, à l'entendre, à solliciter sa grâce ou son
pardon, à savoir qu'il est le Père, l'Ami, le Maître,
le Juge, toujours présent. Quelques-uns donnent
à ces grandes vérités les dernières heures de leurs
vacances. C'est une retraite, la seule peut-être de
leur vie, mais sa lumière, tremblante quelquefois,
ne s'éteindra pas.

Des adolescents font quelquefois de grands progrès presque soudains, dans cette science qu'ils
ignoraient. Ils reviennent, sachant où est le devoir,
où est le bonheur, des bonnes pensées plein la tête,
des bons souvenirs plein le cœur. »

Ma charge est modeste. Bien entendu, je n'ai ni
à diriger, ni à surveiller. Je suis nommée intendante,
lisez cuisinière en chef, lingère. C'est bien assez,
c'est trop pour une inexpérience. Une fois encore
j'ai recours à vous.

Soyez certaine que vos conseils ne tombent pas
sur une terre absolument ingrate. La maison
d'Isidore commence petit à petit à se transformer.
C'est le père qui était malade, dit papa, et c'est la
fille qui se guérit. Du moins elle s'instruit, tandis
que l'infirme revient lentement à la santé. Comme
il me demandait un peu de lecture pour tromper
l'ennui de sa convalescence, je lui ai remis deux

tracts de l'« *Action Populaire* », le premier sur la caisse rurale, le second sur la caisse dotale. Les deux ont été lus, et même relus, avec une profonde émotion par le père et par la fille. Lorsque l'un disait : Ah ! si nous avions une caisse rurale ! L'autre répondait : Ah ! si nous avions une caisse dotale. M. le Curé et mon père se sont rencontrés dans la maison d'Isidore et ils ont surpris ces propos. Ils en furent étonnés et heureux. C'est la première fois que ces pauvres gens parlaient de crédit et d'épargne. Ils sont sortis rêveurs. N'est-ce point déjà quelque chose?

Autre incident. Un ouvrier de M. Rochefer est venu à la maison. Il nous a parlé de la grève au sujet de laquelle il nous a dit des choses fort édifiantes. Je ne sais où est le bon droit. Je pense qu'il est partagé entre M. Rochefer et ses ouvriers. Chacun a raison et chacun a tort. Mais si l'on s'obstine, tout le monde aura tort. Pourquoi ces hommes faits pour s'entendre ne se voient-ils jamais? Est-ce que vraiment, comme on le prétendait ici, un Syndicat serait un instrument de guerre? Hélas ! on se fait très bien la guerre sans le syndicat. J'ai soumis ces pensées à mon père au moment du dîner. Il a paru perplexe. Albert qui était à table, les a beaucoup appuyées, peut-être à cause d'elles, peut-être un peu à cause de moi.

A bientôt, très chère Demoiselle, je vous enveloppe tout entière de nos tendres remerciements.

Melle Devigne a Charlotte Duverger

Vous êtes sur le bon chemin, ma chère Charlotte, je n'ai qu'un mot à vous dire : continuez. Observez, interrogez, écoutez, commencez modestement. Les jeunes colons que vous conduit M. l'abbé Duverger vous offriront bien des occasions d'exercer votre activité. Le péril serait de trop faire. Ne gâtez pas les hôtes du Val par trop de prévenances. Laissez-les s'arranger, se servir, servir leurs camarades, mettre toutes choses en ordre. Leurs vacances ne seraient pas bonnes, si elles en faisaient des paresseux et des jouisseurs. Cependant votre tâche reste considérable et vous aurez peine à y suffire. Pourquoi ne vous chercheriez-vous pas des compagnes? Puisque Isidore est en bonne voie de guérison, sa fille sera toute disposée à vous seconder. A deux, vous trouverez une troisième. C'est assez pour inaugurer — oh ! très modestement — un cours d'enseignement ménager. On commencerait par la pratique, la théorie viendrait ensuite, après les vacances.

Mais après les vacances, serez-vous libre encore de votre temps? Je pose une question qui serait indiscrète dans une autre bouche. Je sais qu'elle ne le sera pas dans la mienne. Certains bruits sont venus jusqu'à mon oreille. Je serai très franche. On a remarqué l'assiduité de votre parent auprès de vous, la fréquence de ses visites, encouragées, dit-on, par Monsieur votre père, et aussi, si j'en crois mon petit doigt, par la fille de Monsieur votre père. Les qualités si sérieuses qui distinguent M. Albert, son âge, sa fortune, ses goûts semblables aux vôtres, ont rendu très plausible le bruit d'un mariage assez prochain.

Puisque je ne sais rien, c'est que rien n'est encore décidé. Je vous donnerai donc mes conseils, ma bonne Charlotte, en songeant plus à vous qu'à votre parent d'ailleurs éloigné. Je sais que le choix de M. Duverger ainsi que le vôtre ne s'arrêtera que sur un honnête homme, sur un chrétien. C'est beaucoup, et cependant, à mes yeux, ce n'est point assez. Je suis ambitieuse pour vous. Vous seriez malheureuse avec un homme dont l'intelligence ne serait pas ouverte, dont la vie ne serait pas sérieusement occupée, dont le cœur ne partagerait pas vos sollicitudes. Je ne connais pas assez M. Albert pour décider s'il répond ou s'il ne répond pas à mes exigences maternelles. Mais je compte sur vous pour rassurer mon affection. Ne constatez pas un malentendu, lorsqu'il sera trop tard pour le réparer. Pourquoi ne pas interroger votre cousin sur ses sentiments, ses projets? Vous verrez à ses réponses s'il est bien le compagnon que Dieu vous destine.

Et maintenant, j'ai assez parlé j'ai assez écrit. Je ne vous dirai pas toute l'émotion de ma tendresse elle vous est assez connue ; je me réfugierai dans la prière...

CHARLOTTE DUVERGER A Melle DEVIGNE

TRÈS CHÈRE DEMOISELLE,

Si vous ne saviez rien, c'est que j'étais moi-même ignorante. Toutefois, à quelques mots jetés de ci de là dans mes lettres, il vous a été facile de comprendre que mon cœur se prenait petit à petit. Pendant les vacances, les choses se précipitèrent. Albert servit de vicaire ou de lieutenant à mon oncle l'abbé. Il était toujours avec les enfants et, par suite, plus souvent avec moi. Pour être tout à fait sincère, je n'en étais pas trop fâchée. Avant-hier, sans que j'en fusse non plus trop surprise, cousine Rose, la mère du cousin Albert, est venue avec des allures un peu solennelles qui ne lui sont pas coutumières, faire une visite à la maison. Je me suis retirée, très certaine de ne pas être étrangère à l'entretien qui allait s'engager. Sans en avoir entendu le premier mot, je vous le répéterais fort aisément, mais vous l'avez pressenti aussi bien que moi. Monsieur Albert Rimon sollicite la main de Mademoiselle Charlotte Duverger. Le soir même, la proposition me fut transmise par mon cher père, rayonnant de joie.

« Cette union, me disait-il, réaliserait le plus cher de mes vœux ; elle aurait, j'en suis certain, l'assentiment de ta mère bien-aimée dont j'invoque souvent le souvenir. Toutes les convenances s'y trouvent réunies. Et, ajouta-t-il, avec un léger fléchissement dans la voix, même mon égoïsme est content. Albert désire se fixer au Val. Cependant je ne veux rien faire que sur ton avis, que dois-je répondre? » — J'étais fort gênée, un peu confuse, néanmoins j'ai répondu en m'armant de tout mon courage :

Cher père, la demande d'Albert ne me surprend, ni ne me déplaît. Je n'y réponds point par un refus, cependant avant de dire oui, j'ai besoin de prendre conseil. — Et de qui? demanda mon père — D'Albert lui-même. Mon père sourit. — Nous l'aurons demain à déjeuner.

Ce fameux déjeuner a eu lieu hier. Il a été rapidement servi, mon père était aussi heureux de nous donner la clef des champs que nous de la recevoir. Nous sommes descendus par le parc vers la rivière bordée par les grands arbres que vous connaissez si bien. On y jouit en même temps de la limpidité des eaux, de la beauté et de l'épaisseur des ombres, d'une large vue sur les champs, comme revêtus à cette heure de l'année de leurs plus riches couleurs.

Cependant l'automne se fait déjà sentir, il jette son or sur le feuillage moins opulent. C'est un signe de déclin, un avertissement que nos jours s'enfuient comme les flots de la petite rivière dont nous suivions le cours. J'aimais ce langage, où Albert et moi nous entendions la voix de Dieu. Quelque chose de grave se mêlait à la douceur de nos entretiens. Mon cousin me disait : Votre père vous a exprimé mon désir le plus cher. Consentirez-vous à être ma compagne sur le chemin de la vie? Peut-être bien, répondis-je, en souriant un peu, mais il faudrait faire ce chemin sans se quereller. Sommes-nous bien d'accord? Je ne vous interroge pas sur votre cœur, je sais qu'après Dieu j'y occuperai la première place et que vous me la garderez loyalement. Mais nos pensées sont-elles les mêmes? Je crois que oui, je voudrais en être certaine. Albert me remercia de cette ouverture, il l'avait désirée comme moi. C'est avec toute sa confiance qu'il poursuivit la conversation, en me laissant voir le fond d'une nature admirable..

Je ne vous redirai pas cette conversation, très chère Demoiselle. Même avec toutes les paroles, elle ne serait pas telle que je l'ai entendue. Il y a des silences, des regards, un accent, une simplicité qui ne se traduisent pas. L'écriture aurait je ne sais quoi de pédant qui n'était certainement pas dans la parole et le ton.

Albert me disait quelle était sa manière de concevoir l'existence et de l'occuper. Il était résolu de la donner à Dieu, au travail et au prochain. Les misères de notre pays lui sont connues, celles des ouvriers de l'agriculture aussi bien que des ouvriers de l'industrie ; il songe à y porter remède, moins par des aumônes toujours insuffisantes que par des institutions. La caisse rurale, la caisse de trousseau, le syndicat, le syndicat de consommation, le syndicat de production, le cercle d'études, le comité de paroisse ont en lui un partisan convaincu.

Comme j'objectai que nous n'avions personne pour entreprendre ces créations, il réfuta mon opinion — jugez si j'étais heureuse d'être battue — en disant que les hommes se font et que le propre de ces initiatives est de les susciter.

Singulière conversation, direz-vous peut-être, entre deux fiancés ! Mais non, très chère Demoiselle, le résumé de la conversation est peut-être étrange, la conversation elle-même ne l'était pas. Les moindres incidents de notre longue promenade y ajoutaient un je ne sais quoi de réel et de pratique. Une visite à Isidore, guéri deux fois, dans son âme et dans son corps, la rencontre d'un petit berger, celle de deux grévistes, quelques paroles échangées avec M. le Curé, obligeaient nos théories à toucher terre. Notre affection très tendre gagnait, je le sentais — gagnait en durée et en solidité. — Les objets que nous aimions resteront tels que nous les voyons aujourd'hui et nous vieillirons en restant jeunes dans leur intimité.

Vous n'étiez pas absente de notre entretien, très chère amie. Plusieurs fois Albert s'est étonné de trouver dans ma bouche des paroles qui répondaient si bien à ses sentiments. Je lui en ai découvert la source, qu'à vrai dire il soupçonnait un peu. C'est vous, chère Demoiselle, ce sont vos leçons qui m'ont formée. Lentement, vous avez incliné mon cœur non seulement vers les pauvres, mais vers tout ce qui est malheureux, tout ce qui a besoin d'un appui, d'un soutien. Mon fiancé se joint à moi pour vous exprimer mille et mille remerciements. Nous serons deux — chez nous — à vous aimer et à vous bénir.

Votre Charlotte

XI

VACANCES ET REPOS

Et le repos? et la retraite? La
question est posée. Voici un essai de
réponse. C'est un commencement et
aussi un encouragement, puisque ce
commencement est heureux.

Vacances et repos

L'institutrice, comme ses élèves, a besoin de vacances. A elle aussi, il arrive de compter les jours, de soupirer après le repos. Dix mois de labeur pèsent sur ses épaules, et les ennuis, les soucis, la tension constante de la volonté ne peuvent se supporter indéfiniment sans préjudice pour les forces physiques et morales.

Comment se distraient et se détendent nos institutrices?

Il y a les « voyageuses ». Toute l'année, elles thésaurisent pour aller voir du pays. Souvent elles prévoient et organisent une lointaine randonnée à plusieurs, dans les montagnes, ou une saison au bord de la mer. Rien de mieux, s'il ne se rencontrait parfois des inconvénients. Le premier et le principal est que ce genre de vacances est très coûteux. On prend du bon temps, sans doute ; mais on mange tout son avoir : pas d'économies. Vienne une circonstance qui brise la carrière, l'Institutrice est logée à l'enseigne de la cigale.

Les Institutrices libres sont plus volontiers du nombre des « casanières ». Faute de ressources, elles portent moins haut et moins loin leurs ambitions. N'est-ce pas déjà un repos et un renouveau

pour elles que la vie tranquille, au sein de la famille ?
Pour celles qui ont un nid de verdure à la campagne, c'est parfait. Mais pour les Directrices et adjointes des villes, que nul parent n'invite en province, les vacances ne sont pas un vrai délassement.
En ces dernières années, le désir de procurer quelques semaines de grand air et de paix à ces institutrices peu fortunées a provoqué des essais dont les
résultats sont excellents.

Messieurs Rondelet et Dupont paraissent bien
avoir donné le branle aux œuvres de repos en
faveur de nos Maîtres et Maîtresses. Le Rayon de
soleil ayant installé au château de Brainville, par
Bourmont (Haute-Marne) des colonies de vacances
pour jeunes filles, ils étendirent aux membres de
l'Enseignement libre les bienfaits de cette organisation, et en 1910, l'aile gauche du château leur
fut réservée. Le pavillon principal est à la disposition des instituteurs et institutrices. Le Syndicat
des Instituteurs privés de la rue Bellechasse a repris
cette fondation en 1911. Maîtres et Maîtresses,
moyennant 10 fr. par lit et par mois, y peuvent
demeurer pendant les deux mois de vacances. Ils
choisissent leur nourriture suivant leurs goûts et les
facilités que leur donne leur bourse. Une chapelle
est dans l'établissement, où M. le Curé vient dire la
messe tous les jeudis.

Le château reçoit aussi des instituteurs et institutrices qui voudraient refaire leur santé. Il servira
même, le cas échéant, de maison de retraite pour la
vieillesse. Le prix de la pension annuelle est de
500 à 600 francs. Les pensionnaires auront à leur
disposition une habitation spacieuse, une bibliothèque, des salons, une chapelle, etc. Il y aura

même une place pour les instituteurs et institutrices mariés.

C'est aux directeurs diocésains qu'il appartient de recommander cette œuvre et de fonder des bourses, qui permettront aux vétérans de l'Enseignement libre de vivre en paix dans un asile créé pour eux (1).

Brainville est surtout une œuvre de Vacances. Ailleurs, on a voulu ouvrir un asile permanent aux jeunes filles que le travail dans les ateliers, les bureaux, les grands magasins a épuisées, ou qui ont à redouter les dangers du chômage. Tel est le but de l'œuvre du Repos, organisée pour les jeunes Parisiennes de 16 à 28 ans. Elle est accueillante à toutes, aux institutrices comme aux autres. Ses deux maisons, situées l'une à Saint-Germer-de-Fly (Oise), l'autre à Beaumesnil (Eure), restent ouvertes toute l'année. Le temps de séjour n'est pas limité

Contribution

(Eclairage, chauffage, Blanchissage, etc. compris)

Beaumesnil	**Saint-Germer**
1,35 par jour	1,50 par jour
Le mois : 40 fr.	Le mois : 45 fr.
Frais de voyage... 10 fr.	Frais de voyage... 5 fr.
Total 50 fr.	Total 50 fr.

Il suffit de comparer le prix de la contribution demandée et les frais de la vie à Paris, pour cons-

1. Pour tous renseignements, s'adresser à M. Rondelet, 14, rue de l'Abbaye, Paris, ou à M. H. Dupont, directeur de l'Ecole libre à Saint-Mandé (Seine).

1. Pour tous renseignements s'adresser à

M. de Maistre, 51, rue du Rocher.

Mᵉˡˡᵉ la Secrétaire « de Repos », 167, rue de Rennes.

Mᵐᵉ Bayle, siège social, 15, cité du Retiro ; 35, rue Boissy-d'Anglas.

tater que le séjour au Repos est une économie en temps de chômage, indépendamment du confort, des soins et du régime.

Une institutrice qui aurait, en cours d'année, fait une épargne de cinquante francs, pourrait passer dans ces maisons un mois de vacances aussi reposantes pour l'âme que pour le corps.

« Le Repos » à Pau (Basses-Pyrénées) est une maison de convalescence et de repos pour les membres du personnel féminin enseignant catholique : professeurs libres, institutrices d'école ou de famille. Elle est ouverte toute l'année. Le temps de séjour n'est pas limité. Conditions : 60 fr. par mois en dortoir, 70 et 80 fr en chambre. — S'adresser à la direction diocésaine de l'Enseignement libre, à Paris,

Le *Syndical des Institutrices libres de Limoges* (1) a organisé une colonie de vacances en Auvergne où les institutrices peuvent aller refaire leur santé en payant 1 fr. 50 par jour.

Le Syndicat des Institutrices privées de l'Abbaye offre à ses adhérentes plusieurs lieux de repos et de vacances : à Montmélian-sur-Witz (Seine-et-Oise), à Neuilly-sur-Seine, 76, boulevard de la Saussaye ; au chalet de Notre-Dame des Grèves à Pornichet, (Loire-Inférieure), à Avernes, (Seine-et-Oise). Ces maisons sont ouvertes toute l'année, et les syndiquées y sont reçues moyennant 1 fr. 50 par jour en dortoir, ou 2 fr. 50 par jour en chambre, soit 45 ou 75 fr. par mois. (2).

A Beaumont de Lomagne, (Tarn-et-Garonne), la

1. 26, avenue Garibaldi, *Limoges.*

2. S'adresser à Mᵐᵉˢ les directrices de ces maisons — ou à la Secrétaire générale des Syndicats féminins, 5, rue de l'Abbaye, Paris — ou à Sœur Milcent, 140, rue du Bac, Paris.

maison de repos de Mme de Ligeac et ses Filles, où des terrasses ensoleillées permettent la cure de plein air pendant toute l'année, reçoit les institutrices fatiguées à des prix de pension très modérés, 50 fr. en dortoir et 75 fr. en chambre.

Grâce à l'intervention d'une main discrète et charitable, des bourses de convalescence ont été accordées depuis trois ans aux institutrices du Syndicat de l'Abbaye, aux seules conditions de produire un certificat du médecin prescrivant la campagne, la montagne ou la mer, d'être en règle pour la cotisation annuelle et de faire parvenir leur demande avant que le crédit ouvert au Syndicat ne soit épuisé. — La cure de montagne se fait à Chatel-Saint-Denis, canton de Fribourg (Suisse) où la pension habituelle serait de 3 fr. 50 ou 4 fr. par jour.

D'autres essais heureux ont été tentés, par exemple par le Syndicat des Institutrices libres de l'Ouest ; — quelques repos de vacances sont encore à la disposition des Syndiquées, en différents pensionnats qui font des offres chaque année, en l'absence de leurs élèves. La pension y varie de 2 fr. à 3 fr. par jour.

Ces initiatives charitables sont le fait de l'Enseignement libre.

L'Enseignement public a, lui aussi, témoigné de sa sollicitude pour la santé de ses instituteurs et institutrices. S'il n'a pas de villégiatures pour leurs vacances, il a son sanatorium, installé depuis 1902, à Sainte-Feyre (Creuse), par les soins de l'Union nationale de secours mutuels et des Amicales d'Instituteurs et d'Institutrices.

En août 1905, cette Union fit l'acquisition d'un terrain d'environ 17 hectares, situé sur les flancs du

Puy de Gandy. Les bâtiments qu'on y a construits s'étendent sur une longueur de 190 mètres. Ils ont été aménagés en vue de recevoir 102 pensionnaires dans les chambres séparées : soit 51 chambres pour instituteurs et 51 pour institutrices. Au centre, se trouve une vaste salle à manger commune, au-dessus d'une salle de réunion de même dimension.

Les premières ressources ont été constituées par une souscription et par les cotisations des 16,000 membres qui, répandus en 31 sociétés départementales, participent à l'Union. Les subventions communales et autres ne manqueront pas de grossir le capital, ce qui allègera les frais de séjour pour les pensionnaires. Jusqu'ici, le prix de la pension est fixé à 4 francs par jour, par les membres des Sociétés de Secours mutuels affiliés à l'Union. Ce tarif est majoré de 0,50 pour les instituteurs et institutrices n'appartenant pas à ces Sociétés.

Dans l'intérêt général des malades, la Direction du Sanatorium a édicté un règlement minutieux, « des prescriptions parfois impératives, mais toutes rigoureusement indispensables pour garantir les bons effets du traitement suivi à Sainte-Feyre ». Cette sévérité s'explique par ce fait que « le Sanatorium a pour objet de procurer aux instituteurs et aux institutrices atteints de tuberculose un traitement rationnel approprié à leur maladie; — de leur assurer en même temps, au sein de la grande famille enseignante, le réconfort moral et physique, condition nécessaire d'une guérison rapide et durable, »

Les malades ne sont admis à Sainte-Feyre que sur l'avis favorable de leur médecin, lequel doit remplir un questionnaire que lui envoie le médecin Directeur de l'établissement.

Les membres de l'Enseignement libre auront-ils tôt ou tard leur sanatorium? Nul vœu n'est plus légitime que celui-là. C'est au zèle des syndicats et à la charité française d'en hâter l'exécution. Il leur faudrait encore donner naissance à des maisons de retraite et multiplier les œuvres de vacances pour nos institutrices. Est-ce trop leur demander? Au moins, les efforts se poursuivront. Nous, catholiques, nous nous emploierons à faciliter les conditions d'existence de ces humbles femmes qui se dévouent pour nos petits enfants, et ayant payé de notre personne et de notre bourse, nous aurons le droit de compter sur la Providence, bonne et maternelle pourvoyeuse. « Aide-toi, le ciel t'aidera. »